古典文獻研究輯刊

二四編

潘美月・杜潔祥 主編

第 9 冊

先唐雜傳地記輯校
——雜傳輯校乙編
（第四冊）

王琳主編　劉銀清、王琳輯校

國家圖書館出版品預行編目資料

先唐雜傳地記輯校——雜傳輯校乙編（第四冊）／王琳主編
劉銀清、王琳輯校 -- 初版 -- 新北市：花木蘭文化出版社，
2017〔民 106〕
目 4+206 面；19×26 公分
（古典文獻研究輯刊 二四編；第 9 冊）
ISBN 978-986-404-995-0（精裝）
1. 藝文志 2. 唐代
011.08   106001864

ISBN-978-986-404-995-0

9 789864 049950

古典文獻研究輯刊
二四編　第 九 冊　　　　　　ISBN：978-986-404-995-0

先唐雜傳地記輯校——雜傳輯校乙編（第四冊）

編 校 者　王琳主編　　劉銀清、王琳輯校
主　　編　潘美月　杜潔祥
總 編 輯　杜潔祥
副總編輯　楊嘉樂
編　　輯　許郁翎、王筑　美術編輯　陳逸婷
企劃出版　北京大學文化資源研究中心
出　　版　花木蘭文化出版社
社　　長　高小娟
聯絡地址　235 新北市中和區中安街七二號十三樓
　　　　　電話：02-2923-1455／傳眞：02-2923-1452
網　　址　http://www.huamulan.tw 信箱 hml810518@gmail.com
印　　刷　普羅文化出版廣告事業
初　　版　2017 年 3 月
全書字數　526646 字
定　　價　二四編 32 冊（精裝）新台幣 62,000 元

先唐雜傳地記輯校

——雜傳輯校乙編

（第四冊）

王琳主編　劉銀清、王琳輯校

作者簡介

劉銀清，山東泰安人，文學博士，山東師範大學文學院講師，主要從事先唐文學與文論之教學與研究。發表《漢魏晉雜傳的轉變與融合》《漢魏六朝書信論學傳統的形成與發展》《〈嵇康傳〉與〈嵇康別傳〉關係之蠡測》等論文多篇，參與研究國家社科基金課題一項。

王琳，內蒙古包頭人。山東師範大學文學院教授，中國古代文學專業博士生導師。兼任山東省古典文學學會副會長。主要從事漢魏晉南北朝文學之教學與研究，兼及歷史地理和區域文化研究。出版《六朝辭賦史》《兩漢文學》《齊魯文人與六朝文風》等著作多種，發表《六朝地記：地理與文學的結合》《李陵〈答蘇武書〉的真偽》《魏晉南北朝子書撰作風貌的階段差異》等論文多篇。主持承擔國家及山東省人文社科研究課題多項。有關論著獲中國出版集團優秀圖書獎及山東省社科優秀成果獎多項。

提　　要

中國中古時期史學昌盛，作品繁榮，類型豐富，史部著述漸趨獨立。雜傳類與地理類書籍是本時期史部著述中尤爲活躍而且富有時代意義的兩種類型，但它們在流傳過程中亡佚嚴重，《隋志》所著錄雜傳、地記，在兩《唐志》著錄中減少了大約一半，至《郡齋讀書志》《直齋書錄解題》《玉海》《宋史藝文志》《文獻通考經籍考》等南宋、元代諸書目所著錄則所剩寥寥無幾。傳世的部分佚文，散見於各類書籍，查尋閱讀殊爲不便。有鑒於此，我們主要從六朝至宋元間的史書注、地理志書、類書，以及詩文集注等各類書籍中搜覽，輯得漢魏六朝時期雜傳四百餘種，分爲甲、乙兩編；輯得地記近四百種，也分爲甲、乙兩編，予以校理，然後匯合爲一帙，以期作爲輯錄較豐富而實用的中古雜傳地記讀本，給廣大讀者提供閱讀瞭解或參與研究的方便。編排順序，先雜傳，後地記。雜傳部分細分郡書、家傳、類傳、別傳（傳）、自傳（序）等不同類型，各類型的作品，大致按照作者年代先後編排；地記部分僅依據作者年代先後排列，不再細分類型。作者生平事蹟未詳者，則據篇中記述內容涉及年代之下限編排；某些作品產生年代不詳，則置於各部分之末。

本書為國家社會科學基金課題
《魏晉南北朝私撰史籍與文學之關係及其影響研究》
之相關成果

目次

雜傳輯校　乙編

類傳之屬

《逸民傳》　　漢梁鴻撰

　　《逸民傳》，梁鴻撰，《隋書‧經籍志》、兩《唐志》均不見著錄。《後漢書‧梁鴻傳》載梁鴻「仰慕前世高士，而爲四皓以來二十四人作頌」，《史通‧雜述篇》謂「若劉向《列女》、梁鴻《逸民》，此之謂別傳者也」。章宗源《隋經籍志考證》以爲《文苑英華》錄許南容、李令琛對策皆言梁鴻作《逸人傳》。侯康《補後漢書藝文志》認爲「本傳但稱鴻仰慕前世高士，爲四皓以來二十四人作頌，而劉知幾謂之別傳，則當日必已成書，每人各繫以傳也」。書今不存，僅見於《文選》李善注引一條。梁鴻字伯鸞，扶風平陵（今陝西咸陽）人，終生不仕，肅宗時東出關，易姓運期，名耀，字侯光，與妻子居於齊魯間，終於吳。主要事跡見於《後漢書》卷八十三。

　　無營無欲，澹爾淵清。（《文選》卷十三《雪賦》李善注、卷十九《補亡詩》李善注　案：原云出《安丘嚴平頌》，嚴可均《全後漢文》卷三十三以爲此蓋頌安丘望之、嚴君平二人，皇甫謐《高士傳序》所云梁鴻頌逸民即指此。）

《漢末英雄記》　　漢王粲撰

　　王粲（177-217），字仲宣，山陽高平（今山東鄒城）人。博聞強識，通經學，文多兼善，爲建安七子之冠冕，著詩、賦、論、議等數十篇，《隋書‧經籍志》錄《王粲集》十一卷，佚。明張溥輯有《王侍中集》，今人俞紹初《建安七子集》中王粲部分爲較完備之輯本。粲之《漢末英雄記》，《隋書‧經籍志》「雜史類」載：「《漢末英雄記》八卷（王粲撰，殘缺。梁有十

卷）。」《舊唐書·經籍志》「雜史類」著錄「《漢末英雄記》十卷，王粲等撰」。《新唐書·藝文志》「雜史類」著錄「王粲《漢書英雄記》十卷」。姚振宗《隋書經籍志考證》卷十三云：「《續漢郡國志》『會稽郡』注引《英雄交爭記》，言初平三年事，似其書本名《英雄交爭記》。其中不盡王粲一人之作，故《舊唐志》題王粲等撰，或以爲其非王粲一人之作。」《漢末英雄記》的題名和作者存有爭議。我們認爲，《英雄記》的作者是王粲，劉宋齊梁時期至少存有十卷，以《英雄記》之名行於世。後來又有人進行了增補，並冠以《漢末英雄記》《漢書英雄記》之名，仍題爲王粲作。《漢末英雄記》，明陶宗儀《說郛》卷五十七載有《英雄記鈔》一卷，清人黃奭輯有《英雄記》一卷。《說郛》（宛委山堂本）本載有四十餘人事跡，黃奭輯本據《三國志》輯得五十餘人事跡，較爲完備，今人俞紹初又在黃奭輯本基礎上補入九條佚文。《說郛》本所載多人事跡，爲黃奭輯本所無，然因未注出處，引文眞僞無從查考，對比《三國志》，《說郛》所有而黃奭未輯之人事跡，多出自《三國志》裴注之《吳書》《魏略》《江表傳》等，有的甚至是出自於《三國志》本傳，其文又多被清人《駢字類編》《子史精華》《佩文韻府》《淵鑒類函》等類書徵引。《說郛》本或引文有所本，或撮舉《漢末英雄記》《三國志》及引文而成《英雄記鈔》，今已不得而知。今又輯《英雄記》，亦不取《說郛》作爲文獻徵引之源，然其本雖備受懷疑，卻不可輕棄，爲便讀者，擬作如下處理：《說郛》本與他本所同之條目，則於文獻出處後標明《說郛》亦徵引，但不出校記；《說郛》本所有，而他本所無者，以存疑之目，列於最末。

曹操

曹操與劉備密〔一〕言，備泄之〔二〕於袁紹，紹知操有圖己〔三〕之意。操自咋其舌流血，以失言戒〔四〕後世。（《藝文類聚》卷十七　又見於《北堂書鈔》卷九《太平御覽》卷三百六十七）

〔校記〕

〔一〕密，《北堂書鈔》《太平御覽》皆無。

〔二〕之，《太平御覽》無。

〔三〕己，《太平御覽》作「國」。

〔四〕戒，《太平御覽》作「誡」，二字通假。

建安中，曹操於南皮攻袁譚，〔一〕斬之。操〔二〕作鼓吹，自稱萬歲，於馬上舞〔三〕。十二年，攻烏桓蹋頓，一戰斬蹋頓首，〔四〕繫馬鞍，於馬上抃舞。〔五〕（《太平御覽》卷五百七十四　又見於《水經·大遼水注》《太平御覽》卷三百五　陳暘《樂書》卷一百八十二《續後漢書》卷二十五　案：明人曹學佺《蜀中廣記》卷一百一載《英雄記》云「曹公破袁譚，馬上舞三巴」，并謂其爲「樂府歌舞之始也」。）

〔校記〕

〔一〕曹操於南皮攻袁譚，《樂書》作「曹操攻袁譚於南皮」。

〔二〕操，《樂書》無。

〔三〕舞，《太平御覽》卷三百五下有「也」字。

〔四〕一戰斬蹋頓首，《樂書》作「一戰斬之」。

〔五〕繫馬鞍，《樂書》作「繫鞍」；於馬抃舞，《續後漢書》作「於馬上抃舞」；「繫馬鞍」二句，《水經注》作「曹操於是擊馬𨏔，於馬上作十片」。

曹操進軍至江上，欲從赤壁渡江。無舡，作竹椑，使部曲乘之，從漢水來下，出大江，注浦口。未即渡，周瑜又夜密使輕舡走軻百艘燒椑，操乃夜走。（《太平御覽》卷七百七十一）

曹公赤壁之役〔一〕，行至〔二〕雲夢大澤中，遇大霧，迷失道〔三〕。（《藝文類聚》卷二　又見於《初學記》卷二《太平御覽》卷十五　案：黃奭輯本此條亦列《北堂書鈔》卷一百五十一，是將《漢記》之引文當作《漢末英雄記》之文，疑誤。）

〔校記〕

〔一〕赤壁之役，《初學記》《太平御覽》皆作「赤壁敗」。

〔二〕至，《初學記》無。

〔三〕迷失道，《初學記》《太平御覽》下皆有「路」字。

建安七年，鄴中大飢，米一斛二萬錢。（《太平御覽》卷三十五）

魏太祖討呂布於濮陽。濮有別屯在濮西，太祖夜襲，比明破之。未及還，會布救兵三面挑戰，太祖募陷陳，典韋先占，將應募，韋左手持十餘戟，大呼走起，所抵無不應手倒者。（《北堂書鈔》卷一百一十八）

曹純

純〔一〕字子和，年十四而〔二〕喪父，與同產兄仁別居。承父業，富於財，〔三〕僮僕人客〔四〕以百數，純綱紀督御〔五〕，不失其理，鄉里咸以爲能。〔六〕好學問，〔七〕敬愛學士〔八〕，學士多歸焉，由是爲〔九〕遠近所稱。年十八，爲黃門侍郎。〔八〕二十，從太祖到襄邑募兵，遂常從征戰。（《三國志·吳志·曹仁

傳》注 又見於《藝文類聚》卷四十八《太平御覽》卷二百二十一、卷三百八十四《職官分紀》卷六《説郛》卷五十七）

〔校記〕

〔一〕純，《藝文類聚》《太平御覽》皆作「曹純」。

〔二〕而，《太平御覽》卷三百八十四無。

〔三〕承父業，富於財，《太平御覽》卷三百八十四作「業富於財」，《御覽》疑有脱文。

〔四〕僮僕人客，《太平御覽》卷三百八十四作「僮使人僕」。

〔五〕御，《太平御覽》卷三百八十四下有「之」字。

〔六〕鄉里咸以爲能，《太平御覽》卷三百八十四無。

〔七〕好學問，《太平御覽》卷三百八十四作「好樂學問」，《職官分紀》上有「曹純」二字。

〔八〕學士，《職官分紀》作「博士」。

〔九〕爲，《職官分紀》無。

〔一○〕年十八，《藝文類聚》《太平御覽》《職官分紀》皆作「年十六」；爲黃門侍郎，《太平御覽》作「爲黃門郎」。

周毖、伍瓊

毖字仲遠，武威人。瓊字德瑜，汝南人〔一〕。（《三國志·魏志·董卓傳》注 又見於《後漢書·董卓傳》注《説郛》卷五十七）

〔校記〕

〔一〕「汝南人」三字，《後漢書》無。案：周毖，《後漢書·董卓傳》作周珌，故章懷引《英雄記》以見其異同。

橋瑁

瑁字元偉〔一〕，玄〔二〕族子。先爲兗州刺史，甚有威惠。（《三國志·魏志·武帝紀》注 又見於《後漢書·袁紹傳》注《續後漢書》卷九）

〔校記〕

〔一〕元偉，《後漢書》作「元瑋」，據古人名與字之關係，應爲「元瑋」。

〔二〕玄，《後漢書》作「橋玄」。

董卓

卓父君雅，由微官爲潁川綸氏尉。有三子：長子擢，字孟高，早卒；次即卓；卓弟旻，字叔穎。（《三國志·魏志·董卓傳》注 又見於《説郛》卷五十七）

卓數討羌胡，前後百餘戰。（《三國志·魏志·董卓傳》注 又見於《説郛》卷五十七）

河南中部掾閔貢扶帝及陳留王上至雒舍止。帝獨乘一馬，陳留王與貢共乘一馬，從雒舍南行。公卿百官奉迎於北芒阪下，故太尉崔烈在前導。卓將步騎數千來迎，烈呵使避，卓罵烈曰：「晝夜三百里來，何云避，我不能斷卿頭邪？」前見帝曰：「陛下令常侍小黃門作亂乃爾，以取禍敗，為負不小邪？」又趨陳留王曰：「我，董卓也，從我抱來。」乃於貢抱中取王。（《三國志・魏志・董卓傳》注　又見於《說郛》卷五十七）

一本云王不就卓抱，卓與王併馬而行也。（《三國志・魏志・董卓傳》注　又見於《說郛》卷五十七）

董卓攻得李昊、張安，畢圭苑中生烹之。二人臨入鼎，相謂曰：「不同日生，乃同日烹。」（《太平御覽》卷六百四十五）

董卓在顯陽苑，請官僚共議，欲有廢立，謂袁紹曰：「劉氏之種，不足復遺。」袁紹曰：「漢家君天下四百許年，恩澤深渥，兆民戴之，恐眾不從公議。」卓曰：「天下之事，豈不在我，我今為之，誰敢不從。」紹曰：「天下健者不唯董公，紹請立觀之。」橫刀長揖而去。坐中皆驚愕。時卓新至，見紹大家，故不敢害之。〔一〕卓於是遂策廢皇太后，遷之永安宮，其夜崩。廢皇帝史侯為弘農王，立陳留王為皇帝。卓聞東方州郡謀欲舉兵，恐其以弘農王為主，乃置王閣上，薦之以棘。召王太傅責問之曰：「弘農王病困，何故不白。」遂遣兵迫守大醫致藥。即日，弘農王及妃唐氏皆薨。（《太平御覽》卷九十二　又見於《後漢書・袁紹傳》注《續後漢書》卷九）

〔校記〕

〔一〕「橫刀長揖而去」以下五句，《後漢書》作「紹揖卓去，坐中驚愕。卓新至，見紹大家，故不敢害。」

卓侍妾懷抱中子，皆封侯，弄以金紫。孫女名白，時尚未笄，封為渭陽君。於郿城東起壇，從廣二丈餘，高五六尺，使白乘軒金華青蓋車，都尉、中郎將、刺史二千石在郿者，各令乘軒簪筆，為白導從，之壇上，使兄子璜為使者授印綬〔一〕。（《三國志・魏志・董卓傳》注　又見於《太平御覽》卷二百二《說郛》卷五十七）

〔校記〕

〔一〕印綬，《太平御覽》下有「也」字。

郿去長安二百六十里。（《三國志・魏志・董卓傳》注）

　　時有謠言曰：「千里艸，何青青，十日卜，猶不生。」又作《董逃》之歌。又〔一〕有道士書布爲「呂」字以示卓，卓不知其爲呂布也。卓當入會，陳列步騎，自營至宮，朝服導引行其中。馬躓不前，卓心怪欲止，布勸使行，乃衷甲而入。卓既死，當時日月清淨，微風不起。旻、璜等及宗族老弱悉在郿，皆還，爲其羣下所斫射。卓母年九十，走至塢門曰「乞脫我死」，即〔二〕斬首。袁氏門生故吏，改殯諸袁死于郿者，斂聚董氏尸於其側而焚之。暴卓尸于市，卓素肥，膏流浸地，草爲之丹。守尸吏暝以爲大炷，置卓臍中以爲燈，光明達旦，如是積日。後卓故部曲收所燒者灰，并以一棺棺之，葬于郿。卓塢中金有二三萬斤，〔三〕銀八九萬斤，珠玉錦綺奇玩雜物皆山崇阜積，不可知數。（《三國志·魏志·董卓傳》注　又見於《後漢書·董卓傳》注《藝文類聚》卷八十三《太平御覽》卷八百十一《事類賦》注卷九《事文類聚》續集卷二十五《説郛》卷五十七）

　　〔校記〕

　　〔一〕又，《後漢書》無。

　　〔二〕即，《後漢書》下有「時」字。

　　〔三〕卓塢中金有二三萬斤，《藝文類聚》《太平御覽》《事文類聚》皆作「董卓塢有金二三萬斤」。

　　昔〔一〕大人見臨洮而銅人鑄，臨洮生卓而銅人毀；世有卓而大亂作，大亂作而卓身滅，抑有以也。（《三國志·魏志·董卓傳論》注　又見於《史記》卷六《史記正義》《三輔黃圖》卷一《雍錄》卷十《長安志》卷三《類編長安志》卷二《説郛》卷五十七）

　　〔校記〕

　　〔一〕昔，《雍錄》無。

　　〔二〕臨洮生卓而銅人毀，《史記正義》作「至董卓而銅人毀也」。

　　〔三〕「世有卓而大亂作」以下三句，《雍錄》作「天下大亂有以也」，《長安志》作「時有卓而大亂，大亂而卓身滅，良有以也」，《類編長安志》作「天下大亂，卓身滅，抑有以也」。

　　京師〔一〕謠歌咸言「河臘叢進」，獻帝臘日生也。（《後漢書·五行志》注　又見於《冊府元龜》卷八百九十四《文獻通考》卷三百九）

　　〔校記〕

　　〔一〕京師，《文獻通考》作「京都」。

太祖作《董卓歌》，辭云：「德行不虧缺，變故自難常。鄭康成行酒，伏地氣絕，郭景圖命盡於園桑。」(《三國志・魏志・袁紹傳》注　又見於《續後漢書》卷六十五。案：《三國志》裴注原云「《英雄記》載太祖作《董卓歌》」，則原文不必如是。)

董常大會賓客，誘降反者以鑊之。會者戰慄，亡失匕箸。(《太平御覽》卷七百六十)

董卓少嘗遊羌中，與豪帥相結。後更歸耕於野，諸豪帥有來從之者，卓乃爲殺耕牛，與之共宴樂。(《太平御覽》卷九百)

何苗

苗，太后之同母兄，先嫁朱氏之子。進步曲將吳匡，素怨苗不與進同心，又疑其與宦官通謀，乃令軍中曰：「殺大將軍者，車騎也。」遂引兵與卓弟旻共攻殺苗於朱爵闕下。(《三國志・魏志・董卓傳》注　又見於《說郭》卷五十七)

卓欲震威，侍御史擾龍宗詣卓白事，不解劍，立撾殺之，京師震動。發何苗棺，出其屍，枝解節棄於道邊。又收苗母舞陽君殺之，棄屍於苑枳落中，不復收斂。(《三國志・魏志・董卓傳》注　又見於《說郭》卷五十七)

李傕、郭汜

傕，北地人。汜，張掖人，一名多。(《三國志・魏志・董卓傳》注　又見於《後漢書・董卓傳》注《說郭》卷五十七)

李傕〔一〕等相次戰長安中〔二〕，盜賊不禁，白日虜掠。是時，穀一斛五十萬，豆麥二萬。人相食啖，〔三〕白骨委積，屍穢滿路。(《太平御覽》卷三十五又見於《北堂書鈔》卷一百五十六、卷一百五十七)

〔校記〕
〔一〕李傕，《北堂書鈔》卷一百五十七同，卷一百五十六作「李霍」，皆誤，當爲「李傕」。
〔二〕相次，《北堂書鈔》作「相攻」，當作「相攻」；長安中，《北堂書鈔》無。
〔三〕「穀一斛五十萬」以下三句，《北堂書鈔》卷一百五十六作「人相噉食，穀一□五千萬，豆麥一斛二十萬」，「一」下缺一字，當爲「斛」。

楊奉、韓暹

備誘奉與相見，因於坐上執之。暹失奉勢孤，時欲走還并州，爲杼秋屯帥張宣所邀殺。(《三國志・魏志・董卓傳》注)

丁原

原字建陽。本出自寒家，〔一〕爲人麤略，有武勇，〔二〕善騎射。爲南縣吏，〔三〕受使不辭難〔四〕，有警急，追寇虜，輒在其〔五〕前。裁知書，少有吏用。〔六〕（《三國志·魏志·呂布傳》注　又見於《後漢書·董卓傳》注《説郛》卷五十七）

〔校記〕

〔一〕本出自寒家，《後漢書》無。

〔二〕爲人麤略，有武勇，《後漢書》作「爲人麤略有勇」。

〔三〕「善騎射」，「爲南縣吏」二句，《後漢書》無。

〔四〕難，《後漢書》無。

〔五〕其，《後漢書》無。

〔六〕裁知書，少有吏用，《後漢書》無。

呂布

郭汜在城北。布開城門，將兵就汜，言：「且卻兵，但身決勝負。」汜、布乃獨共對戰，布以矛刺中汜，汜後騎遂前救汜，汜、布遂各兩罷。（《三國志·魏志·呂布傳》注　又見於《説郛》卷五十七）

諸書，布以四月二十三日殺卓，六月一日敗走，時又無閏，不及六旬。（《三國志·魏志·呂布傳》注　又見於《説郛》卷五十七）

呂布刺殺董卓，與李傕戰，敗。乃將數百騎，以卓頭繫馬鞍，走出武關。（《太平御覽》卷三百五十八）

王允誅董卓。卓部曲將李傕、郭汜不自安，遂合謀攻圍長安，城陷，呂布奔走。布駐馬青瑣門外，招允曰：「公可以去乎？」允曰：「若國家社稷之靈，上安國家，吾之願也，如其不獲，則奉身以死之。」（《太平御覽》卷四百一十七）

布自以有功于袁氏，輕傲紹下諸將，以爲擅相署置，不足貴也。〔一〕布求還洛，紹假布司隸校尉〔二〕，外言當遣，內欲殺布。明日當發，紹遣甲士三十人，辭以送布。布使止于帳側，〔三〕僞〔四〕使人于〔五〕帳中鼓箏。紹兵臥，布〔六〕無何，出帳去，而兵不覺。夜半兵起，亂斫布牀被，謂爲〔七〕已死。明日，紹訊問，知布尚在，乃閉城門。布遂引去。（《三國志·魏志·呂布傳》注　又見於《後漢書·臧洪傳》注《説郛》卷五十七）

〔校記〕

〔一〕「布自以有功于袁氏」以下四句，《後漢書》無。

〔二〕司隸校尉，《後漢書》上有「領」字。

〔三〕布使止于帳側，《後漢書》作「止於帳側」。

〔四〕僞，《後漢書》上有「布」字。

〔五〕于，《後漢書》作「於」。案：因表示方位，故以「于」爲上。

〔六〕布，《後漢書》無。

〔七〕爲，《後漢書》無。

呂布詣袁紹，紹患布，欲殺之。遣三十六兵被鎧迎布，使著帳邊臥。布知之，使於帳中鼓箏。諸兵臥，布出帳去，兵不覺也。（《三國志·魏志·呂布傳》注　又見於《後漢書·臧洪傳》注《藝文類聚》卷四十四）

呂布詣袁紹，紹患之。布不自安，因求還洛陽，紹聽之，丞制使領司隸校尉。遣壯士送布而陰殺之。布疑其圖己，乃使人鼓箏於帳中，潛自遁出。夜中兵起，而布已亡。紹聞，懼爲患，募追之，皆莫敢近，遂復歸。（《太平御覽》卷五百七十六）

袁紹使鼓箏於帳中。（陳暘《樂書·樂圖論》卷一百四十六　又見於《文獻通考》卷一百三十七）

布見備，甚敬之，謂備曰：「我與卿同邊地人也。布見關東起兵，欲誅董卓。布殺卓東出，關東諸將無安布者，皆欲殺布耳。」請備于帳中坐婦牀上，令婦向拜，酌酒飲食，名備爲弟。備見布語言無常，外然之而內不說。（《三國志·魏志·張邈傳》注　又見於《說郛》卷五十七）

布初入徐州，書與袁術。術報書曰：「昔董卓作亂，破壞王室，禍害術門戶。術舉兵關東，未能屠裂卓。將軍誅卓，送其頭首，爲術掃滅讎恥，使術明目于當世，死生不愧，其功一也。昔將金元休向兗州，甫詣（封部）〔封丘〕，爲曹操逆所拒破，流離迸走，幾至滅亡。將軍破兗州，術復明目於遐邇，其功二也。術生年已來，不聞天下有劉備，備乃舉兵與術對戰；術憑將軍威靈，得以破備，其功三也。將軍有三大功在術，術雖不敏，奉以生死。將軍連年攻戰，軍糧苦少，今送米二十萬斛，迎逢道路。非直此止，當駱驛復致；若兵器戰具，它所乏少，大小唯命。」布得書大喜，遂造下邳。（《三國志·魏志·張邈傳》注　又見於《說郛》卷五十七）

布水陸東下，軍到下邳西四十里。備中郎將丹楊許耽夜遣司馬章誑來詣布，言「張益德與下邳相曹豹共爭，益德殺豹，城中大亂，不相信。丹楊兵有千人屯西白門城內，聞將軍來東，大小踊躍，如復更生。將軍兵向城西門，丹楊軍便開門內將軍矣」。布遂夜進，晨到城下。天明，丹楊兵悉開門內布兵。布于門上坐，步騎放火，大破益德兵，獲備妻子軍資及部曲將吏士家口。建

安元年六月夜半時，布將河內郝萌反，將兵入布所治下邳府，詣廳事閤外，同聲大呼攻閤，閤堅不得入。布不知反者爲誰，直牽婦，科頭袒衣，相將從溷上排壁出，詣都督高順營，直排順門入。順問：「將軍有所隱不？」布言「河內兒聲」。順言「此郝萌也」。順即嚴兵入府，弓弩並射萌眾；萌眾亂走，天明還故營。萌將曹性反萌，與對戰，萌刺傷性，性斫萌一臂。順斫萌首，牀輿性，送詣布。布問性，言：「萌受袁術謀。」「謀者悉誰？」性言：「陳宮同謀」。時宮在坐上，面赤，旁人悉覺之。布以宮大將，不問也。性言：「萌常以此問，性言呂將軍大將有神，不可擊也，不意萌狂惑不止。」布謂性曰：「卿健兒也！」善養視之。創愈，使安撫萌故營，領其眾。（《三國志·魏志·張邈傳》注）

初，天子在河東，有手筆版書召布來迎。布軍無畜積，不能自致，遣使上書。朝廷以布爲平東將軍，封平陶侯。使人於山陽界亡失文字，太祖又手書厚加慰勞布，說起迎天子，當平定天下意，并詔書購捕公孫瓚、袁術、韓暹、楊奉等。布大喜，復遣使上書於天子曰：「臣本當迎大駕，知曹操忠孝，奉迎都許。臣前與操交兵，今操保傳陛下，臣爲外將，欲以兵自隨，恐有嫌疑，是以待罪徐州，進退未敢自寧。」答太祖曰：「布，獲罪之人，分爲誅首，手命慰勞，厚見褒獎。重見購捕袁術等詔書，布當以命爲效。」太祖更遣奉車都尉王則爲使者，齎詔書，又封平東將軍印綬來拜布。太祖又手書與布曰：「山陽屯送將軍所失大封，國家無好金，孤自取家好金更相爲作印，國家無紫綬，自取所帶紫綬以籍心。將軍所使不良。袁術稱天子，將軍止之，而使不通章。朝廷信將軍，使復重上，以相明忠誠。」布乃遣登奉章謝恩，并以一好綬答太祖。（《三國志·魏志·張邈傳》注　又見於《說郛》卷五十七）

布令韓暹、楊奉取劉備地麥，以爲軍資。（《太平御覽》卷八百三十八）

劉備屯小沛，袁術遣將紀靈攻備，久之，呂布曰：「布不好鬭，好解鬭耳。」於營中舉一戟言：「諸君觀布射戟，小支一發，中者君當解去，不中可留鬭。」舉弓射戟，正中小支。（《北堂書鈔》卷一百二十四　案：呂布解鬭之事，《太平御覽》亦有記載，文字差異較大，故兩列之，以便觀覽。）

呂布，字奉先，劉備屯小沛，袁術遣將紀靈步士三萬攻備，備求救於布，布率騎千餘馳赴之，遣人招備，并請靈曰：「布性不喜合鬭，但喜解鬭耳。」（《太平御覽》卷四百九十六）

袁術遣將紀靈率步騎三萬攻劉備。呂布遣人招備，并請靈等饗飲，謂靈曰：「布性不喜合鬭，但喜解鬭耳。」乃令植戟於營門，彎弓曰：「諸君觀布

射戟，小支中者當解兵，不中留決鬭。」布一發中戟支，遂罷兵。（《太平御覽》卷七百四十六）

　　布後又與暹、奉二軍向壽春，水陸並進，所過虜略。到鍾離，大獲而還。既渡淮北，留書與術曰：「足下恃軍彊盛，常言猛將武士，欲相吞滅，每抑止之耳。布雖無勇，虎步淮南，一時之閒，足下鼠竄壽春，無出頭者。猛將武士，爲悉何在？足下喜爲大言以誣天下，天下之言安可盡誣？古者兵交，使在其閒，造策者非布先唱也。相去不遠，可復相聞。」布渡畢，術自將步騎五千揚兵淮上，布騎皆於水北大咍笑之而還。時有東海蕭建爲瑯邪相，治莒，保城自守，不與布通。布與建書曰：「天下舉兵，本以誅董卓耳。布殺卓，來詣關東，欲求兵西迎大駕，光復洛京，諸將自還相攻，莫肯念國。布，五原人也，去徐州五千餘里，乃在天西北角，今不來共爭天東南之地。莒與下邳相去不遠，宜當共通。君如自遂以爲郡郡作帝，縣縣自王也！昔樂毅攻齊，呼吸下齊七十餘城，唯莒、即墨二城不下，所以然者，中有田單故也。布雖非樂毅，君亦非田單，可取布書與智者詳共議之。」建得書，即遣主簿齎箋上禮，貢良馬五匹。建尋爲臧霸所襲破，得建貲實。布聞之，自將步騎向莒。高順諫曰：「將軍躬殺董卓，威震夷狄，端坐顧盼，遠近自然畏服，不宜輕自出軍，如或不捷，損名非小。」布不從。霸畏布（引還）鈔暴，果登城拒守。布不能拔，引還下邳。霸後復與布和。（《三國志・魏志・張邈傳》注　又見於《説郛》卷五十七）

　　呂布之來莒城，霸等畏布，登城上，藥箭亂射，頗中人馬。布不能拔，引還下邳。（《北堂書鈔》卷一百二十五　案：《北堂書鈔》孔廣陶校注本載，王石華校以原鈔，「霸等」三句誤移下條，又下條「爲諸」六句誤移入此，均移正。「布不能拔，引還下邳」，孔廣陶校注本無，俞紹初注曰「《書鈔》一百二十五陳禹謨補」，今從。）

　　呂布白〔一〕陳登〔二〕使詣曹操，求徐州牧，不得。登還，布怒，拔戟斫机〔三〕曰：「不惟吾所求無獲，但爲卿父子所賣耳。」登不爲動容，徐對曰：「登見曹公，言養將軍譬如養虎，當飽其肉，不飽則將噬人。公曰不如卿言，譬如養鷹，飢則爲用，飽則颺去。其言如此。」布意乃解。（《太平御覽》卷三百五十二　又見於《北堂書鈔》卷一百二十四、卷一百三十三）

　　〔校記〕
　　〔一〕白，《北堂書鈔》卷一百二十四作「因」。
　　〔二〕陳登，《北堂書鈔》卷一百三十三作「陳宮」，誤。
　　〔三〕拔戟斫机，《北堂書鈔》卷一百三十三作「拔刀以斫几」。

布遣許汜、王楷告急于術。術曰：「布不與我女，理自當敗，何爲復來相聞邪？」汜、楷曰：「明上今不救布，爲自敗耳！布破，明上亦破也。」術時僭號，故呼爲明上。術乃嚴兵爲布作聲援。〔一〕布恐術爲女不至，〔二〕故不遣兵救也，以〔三〕綿纏女身，縛著馬上，夜自送女出與術，與〔四〕太祖守兵相觸，格射不得過，復還城。布欲令陳宮、高順守城，自將騎斷太祖糧道。布妻謂曰：「將軍自出斷曹公糧道是也。宮、順素不和，將軍一出，宮、順必不同心共城守也，如有蹉跌，將軍當於何自立乎？願將軍諦計之，無爲宮等所誤也。妾昔在長安，已爲將軍所棄，賴得龐舒私藏妾身耳，今不須顧妾也。」布得妻言，愁悶不能自決。（《三國志·魏志·張邈傳》注　又見於《文選》任昉《奏彈曹景宗》李善注《太平御覽》卷八百一十九《説郛》卷五十七）

〔校記〕

〔一〕術乃嚴兵爲布作聲援，《文選》作「袁術嚴兵爲呂布作聲援也」，且引文僅此一句耳。

〔二〕布恐術爲女不至，《太平御覽》上有「呂布爲曹公所攻甚急，乃求救於袁術。術先求布女」三句。

〔三〕以，《太平御覽》上有「即」字。

〔四〕與，《太平御覽》無，循其句意，以有「與」爲上。

曹公擒呂布。布顧劉備曰：「玄德，卿爲上坐客〔一〕，我爲降虜，繩縛我急，獨不可一言耶〔二〕？」操曰：「縛虎〔三〕不得不急。」曹公欲緩之，〔四〕備曰：「不可。公不見布事丁建陽、董太師乎？」操憾〔五〕之，布目備曰：「大耳兒最叵信。」（《藝文類聚》卷十七　又見於《太平御覽》卷三百六十六、八百九十二《事類賦》卷二十）

〔校記〕

〔一〕上坐客，《太平御覽》《事類賦》皆作「座上客」。

〔二〕邪，《太平御覽》《事類賦》皆作「耶」，二字通。

〔三〕縛虎，《太平御覽》卷八百九十二、《事類賦》皆作「縛餓虎」。

〔四〕曹公欲緩之，《太平御覽》卷三百六十五作「乃命緩布縛」，《太平御覽》卷八百九十二、《事類賦》皆作「乃命緩縛布」。

〔五〕憾，《太平御覽》卷三百六十五作「領」。

布謂太祖曰：「布待諸將厚也，諸將臨急皆叛布耳。」太祖曰：「卿背妻，愛諸將婦，何以爲厚？」布默然。（《三國志·魏志·張邈傳》注　又見於《説郛》卷五十七）

呂布詣董卓，卓嘗拔戟擲之，言布亂其私室。（《太平御覽》卷三百五十二）

李叔節

李叔節與弟進先共在乘氏城中。呂布詣乘氏城下，叔節從城中出詣布，進先不肯出，為叔節殺數頭肥牛，提數十石酒，作萬枚胡餅，先持勞客。(《太平御覽》卷八百六十)

張楊

楊及部曲諸將，皆受催、氾購募，共圖布。布聞之，謂楊曰：「布，卿州里也。卿殺布，於卿弱。不如賣布，可極得氾、催爵寵。」楊於是外許氾、催，內實保護布。氾、催患之，更下大封詔書，以布為潁州太守。(《三國志·魏志·呂布傳》注　又見於《說郛》卷五十七)

楊性仁和，無威刑。下人謀反，發覺，對之涕泣，輒原不問。(《三國志·魏志·張楊傳》注　又見於《說郛》卷五十七)

高順

順為人清白有威嚴，不飲酒，不受饋遺。所將七百餘兵，號為千人，鎧甲鬬具皆精練齊整，每所攻擊無不破者，名為陷陳營。順每諫布，言：「凡破家亡國，非無忠臣明智者也，但患不見用耳。將軍舉動，不肯詳思，輒喜言誤，誤不可數也。」布知其忠，然不能用。布從郝萌反後，更疏順。以魏續有外內之親，悉奪順所將兵以與續。及當攻戰，故令順將續所領兵，順亦終無恨意。(《三國志·魏志·張邈傳》注　又見於《後漢書·呂布傳》注《說郛》卷五十七　案：《後漢書》引文與《三國志·魏志》文字頗有不同，附列於後，不再一一出校。)

附：

順為人不飲酒，不受饋。所將七百餘兵，號為千人，名「陷陣營」。布後疏順，奪順所將兵，亦無恨意。(《後漢書·呂布傳》注)

臧洪

袁紹以臧洪為東都太守。時曹操圍張超於雍丘，洪始聞超被圍，乃徒跣號泣，並勒所領將赴其難。從紹請兵，〔一〕而紹竟〔二〕不聽之，超城遂陷，張氏族滅〔三〕，洪由是怨紹〔四〕，絕〔五〕不與通。紹增兵急攻，洪城中糧盡，廚米三升，使為薄麋，遍頒眾。又〔六〕殺其愛妾以食，兵將咸〔七〕流涕，無能仰視，男女七八千相枕而死，莫有離叛。城陷，生執洪，紹謂曰〔八〕：「臧洪，何相負若是，今日服未？」洪據地瞋目曰：「諸袁事漢，四世五公，可謂

－643－

受恩。今王室衰弱，無輔翼之意，而欲〔九〕因際會觖望非冀，惜洪力劣〔一〇〕，不能推刃爲天下報仇，〔一一〕何爲〔一二〕服乎？」紹乃命殺之。〔一三〕洪邑人陳容在坐〔一四〕，見洪當死，起謂紹曰：「將軍今舉大事，欲爲天下除暴，〔一五〕而先誅忠義，豈合天意？」紹慙，遣〔一六〕人牽出，謂曰：「汝非臧洪儔歟？空復尔爲？」〔一七〕容顧曰：「夫仁義豈有常，所蹈之則君子，背之則〔一八〕小人。今日寧與臧洪同日死，不與將軍同日生。」遂復見殺。在紹坐者無不歎息。（《太平御覽》卷四百二十二、卷四百一十八）

〔校記〕

〔一〕從紹請兵，《太平御覽》卷四百一十八作「臧洪從袁紹請兵，將赴其難」。

〔二〕竟，《太平御覽》卷四百一十八無。

〔三〕滅，《太平御覽》卷四百一十八無。

〔四〕紹，《太平御覽》卷四百一十八作「袁紹」。

〔五〕絕，《太平御覽》卷四百一十八無。

〔六〕又，《太平御覽》卷四百一十八作「洪」。

〔七〕咸，《太平御覽》卷四百一十八無。

〔八〕謂曰，《太平御覽》卷四百一十八作「問」。

〔九〕而欲，《太平御覽》卷四百一十八無。

〔一〇〕劣，《太平御覽》卷四百一十八作「弱」。

〔一一〕不能推刃爲天下報仇，《太平御覽》卷四百一十八作「不能爲天下推刃報仇」。

〔一二〕爲，《太平御覽》卷四百一十八作「謂」。

〔一三〕紹乃命殺之，《太平御覽》卷四百一十八作「紹命殺焉」。

〔一四〕坐，《太平御覽》卷四百一十八作「座」，二字通。

〔一五〕欲爲天下除暴，《太平御覽》卷四百一十八無。

〔一六〕遣，《太平御覽》卷四百一十八作「使」。

〔一七〕「謂曰：汝非臧洪儔歟？空復尔爲？」，《太平御覽》卷四百一十八作「曰：汝臧洪儔，空復汝爲」。

〔一八〕則，《太平御覽》卷四百一十八下有「爲」字。

公孫瓚

公孫瓚字伯珪〔一〕，爲〔二〕上計吏。部太守劉基爲事被徵，〔三〕伯珪〔四〕御車到洛陽，身執徒養。〔五〕基〔六〕將徙日南，伯珪具豚米於北邙〔七〕，上祭先人〔八〕。觴酹，祝曰〔九〕：「昔爲人子，今爲人臣，當詣日南，多瘴氣〔一〇〕，恐或不還，與先人辭於此。」再拜，慷慨而起，觀者莫不歔欷。〔一一〕在道得赦俱還。（《太平御覽》卷四百二十二　又見於卷五百二十六、卷六百八十七　案：《太平御覽》卷五百二十六原云出《漢末英雄記》。）

〔校記〕
〔一〕字伯珪，《太平御覽》卷六百八十七無。
〔二〕爲，《太平御覽》卷五百二十六、卷六百八十七皆無。
〔三〕部太守劉基爲事被徵，《太平御覽》卷五百二十六作「郡太守劉其以事犯法，檻車徵」，卷六百八十七作「郡太守劉基以事公車徵」。
〔四〕伯珪，《太平御覽》卷五百二十六、卷六百八十七下皆有「褠衣平幘」。
〔五〕身執徒養，《太平御覽》卷五百二十六無，卷六百八十七引文正此。
〔六〕基，《太平御覽》卷五百二十六作「其」。
〔七〕北邙，《太平御覽》卷五百二十六作「墓」。
〔八〕先人，《太平御覽》卷五百二十六作「先」。
〔九〕觴醊，祝曰，《太平御覽》卷五百二十六作「舉觴醊祝曰」。
〔一〇〕多瘴氣，《太平御覽》卷五百二十六上有「日南」二字。
〔一一〕「觀者」句，《太平御覽》卷五百二十六上有「其時州里人在京師者送行見之及」。

公孫伯圭追討叛胡丘力居等于管子城。伯圭力戰乏食，馬盡，煑弩楯，啖食之。（《太平御覽》卷三百五十七）

公孫瓚與諸屬郡縣，每至節會，屠牛作脯，每酒一觴，致脯一豆。（《北堂書鈔》卷一百四十五　案：《北堂書鈔》卷一百四十五「觴酒致脯」下引《英雄記》曰：公孫瓚與諸屬城都縣，每至節會，屠牛作脯。邯鄲日子亦聞大漢相安昌侯也。孔廣陶案：「作脯」以上，詳本篇上條。惟無「觴酒」句及邯鄲以下。考《欽定圖書集成·食貨典》三百五卷引《英雄記》作「脯」下有云，「每酒一觴，致脯一豆」，此即標目之出典也，但亦無邯鄲以下。故「每酒一觴，致脯一豆」句據此補入，另，《淵鑒類函》卷三百八十九、《佩文韻府》卷三十七之七亦徵引有此。然「邯鄲」句無從查考，疑非《英雄記》原文。）

公孫瓚與破虜校尉鄒靖俱追胡，靖爲所圍，瓚回師奔救，胡即破散，解靖之圍，乘勢窮追，日入之後，把炬逐北。（《太平御覽》卷八百七十）

公孫瓚每聞邊警，輒厲色作氣，如赴讎。常乘〔一〕白馬，又白馬〔二〕數十疋，選騎射之士，〔三〕號爲「白馬義從」，〔四〕以爲左右翼，胡甚畏之，相告曰：「當避白馬長史。」（《太平御覽》卷八百九十七　又見於《藝文類聚》卷九十三《北堂書鈔》卷一百一十七《事類賦》注卷二十一）

〔校記〕
〔一〕乘，《藝文類聚》作「乗」，「乗」爲「乘」之異體字。
〔二〕白馬，《藝文類聚》上有「揀」字。

〔三〕「又白馬」二句，《事類賦》注作「又選數十白馬，爲騎射之士」。

〔四〕「常乘白馬」以下五句，《北堂書鈔》作「公孫瓚有健騎數千，多乘白馬者，號爲白馬義從」。

公孫瓚除遼東屬國長史，連接邊寇，每有驚，輒厲色憤怒，如赴讎，敵望塵奔。繼之夜戰，虜識瓚聲，憚其勇，莫敢犯之。（《太平御覽》卷四百三十七）

幽州歲歲〔一〕不登，人相食，有蝗旱之災，民人始知採稆，以棗椹爲糧，穀一石十萬錢。公孫伯圭開置屯田，稍稍得自供給。（《太平御覽》卷三十五　又見於《北堂書鈔》卷一百五十六）

〔校記〕

〔一〕歲歲，《北堂書鈔》作「穀」。

〔二〕「人相食」以下四句，《北堂書鈔》作「民人以桑椹爲糧」。

瓚統內外，衣冠子弟有材秀者，必抑使困在窮苦之地。或問其故，答曰：「今取衣冠家子弟及善士富貴之，皆自以爲職當得之，不謝人善也。」所寵遇驕恣者，類多庸兒，若故卜數師劉緯臺、販繒李移子、賈人樂何當等三人，與之定兄弟之誓，自號爲伯，三人者爲仲叔季，富皆巨億，或取其女以配己子，常稱古者曲周、灌嬰之屬以譬也。（《三國志・魏志・公孫瓚傳》注）

公孫瓚擊青州黃巾賊，大破之，還屯廣宗，改易守令，冀州長吏無不望風響應，開門受之。紹自往征瓚，合戰于界橋南二十里。瓚步兵三萬〔一〕餘人爲方陳，騎爲兩翼，左右各五千餘匹，白馬義從爲中堅，亦分作兩校，左射右，右射左，旌旗鎧甲，光照天地。紹令麴義以八百兵爲先登，彊弩千張夾承之，紹自以步兵數萬結陳于後。義久在涼州，曉習羌鬥，兵皆驍銳。瓚見其兵少，便放騎欲陵蹈之。義兵皆伏楯下不動，未至數十步，乃同時俱起，揚塵大叫，直前衝突，彊弩雷發，所中必倒，臨陳斬瓚所署冀州刺史嚴綱甲首千餘級，瓚軍敗績，步騎奔走，不復還營。義追至界橋，瓚殿兵還戰橋上，義復破之，遂到瓚營，拔其牙門，營中餘眾皆復散走。紹在後，未到橋十數里，下馬發鞍，見瓚已破，不爲設備，惟帳下彊弩數十張，大戟士百餘人自隨。瓚部迸騎二千餘匹卒至，便圍紹數重，弓矢雨下，別駕從事田豐扶紹欲卻入空垣，紹以兜鍪撲地曰：「大丈夫當前鬥死，而入牆閒，豈可得活乎？」彊弩乃亂發，多所殺傷。瓚騎不知是紹，亦稍引卻；會麴義來迎，乃散去。瓚每與虜戰，常乘白馬，追不虛發，數獲戎捷，虜相告云「當避白馬」。因虜所忌，簡其白馬數千匹，選騎射之士，號爲白馬義從；一曰胡夷健者常乘白

馬，瓚有健騎數千，多乘白馬，故以號焉。紹既破瓚，引軍南到薄落津，方與賓客諸將共會，聞魏郡兵反，與黑山賊于毒共覆鄴城，遂殺太守栗成。賊十餘部，眾數萬人，聚會鄴中。坐上諸客有家在鄴者，皆憂怖失色，或起啼泣，紹容貌不變，自若也。賊陶升者，故內黃小吏也，〔二〕有善心，獨將部眾踰西城入，閉守州門，不內他賊，以車載紹家及諸衣冠在州內者，身自扞衛，送到斥丘乃還。紹到，遂屯斥丘，以陶升為建義中郎將，乃引軍入朝歌鹿場山蒼巖谷討于毒，圍攻五日，破之，斬毒及長安所署冀州牧壺壽。遂尋山北行，薄擊諸賊（左髮丈八）〔左髭丈八〕等，皆斬之。又擊劉石、青牛角、黃龍、左校、郭大賢、李大目、于氐根等，皆屠其屯壁，奔走得脫，斬首數萬級。紹復還屯鄴。初平四年，天子使太傅馬日磾、太僕趙岐和解關東。岐別詣河北，紹出迎於百里上，拜奉帝命。岐住紹營，移書告瓚。瓚遣使具與紹書曰：「趙太僕以周召之德，銜命來征，宣揚朝恩，示以和睦，曠若開雲見日，何喜如之？昔賈復、寇恂亦爭士卒，欲相危害，遇光武之寬，親俱陛見，同輿共出，時人以為榮。自省邊鄙，得與將軍共同此福，此誠將軍之眷，而瓚之幸也。」麴義後恃功而驕恣，紹乃殺之。(《三國志‧魏志‧袁紹傳》注　又見於《後漢書‧袁紹傳》注《水經‧淇水注》《太平御覽》卷七十三、卷三百五十六《續後漢書》卷九《說郛》卷五十七　案：《水經‧淇水注》《太平御覽》所引《英雄記》文字較為簡略，不若史書之詳盡，當為節引，附列於後，以便閱讀。)

　　〔校記〕
　　〔一〕兵三萬，《續後漢書》有云：謹案「兵三萬」與《後漢書》合，陳《志》、《英雄記》
　　　　俱作「二萬」。查《三國志》《英雄記》均作三萬，不知郝氏何據？
　　〔二〕賊陶升者，故內黃小吏也，《後漢書》作「升故為內黃小吏」，且引文止此。

　附：

　　公孫瓚擊青州黃巾賊，大破之，還屯廣宗。袁本初自往征瓚，合戰于界橋南二十里，紹將麴義破瓚于界城橋，斬瓚。冀州刺史嚴綱又破瓚殿兵于橋上。(《水經‧淇水注》　案：《太平御覽》卷七十三《英雄記》引文與此同，而文後又有「即此梁也」一句，可證《太平御覽》引文出自《水經注》且未加辨析，將「即此梁也」當作《英雄記》原文，當刪去。)

　　袁紹為公孫瓚所圍，別駕田豐扶紹入空垣，紹脫兜鍪抵地，云：「丈夫當前鬭死，而返逃入牆間，豈可得活。」(《太平御覽》卷三百五十六　案：《御覽》此條引文後小字注：一云入匿牆間。)

先是有童謠曰：「燕南垂，趙北際，中央不合大如礪，惟有此中可避世。」瓚以易當之，乃築京固守。瓚別將有爲敵所圍，義不救也。其言曰：「救一人，使後將恃救不力戰；今不救此，後將當念在自勉。」是以袁紹始北擊之時，瓚南界上別營自度守則不能自固，又知必不見救，是以或自殺其將帥，或爲紹兵所破，遂令紹軍徑至其門。（《三國志·魏志·公孫瓚傳》注　又見於《説郛》卷五十七）

瓚諸將家家各作高樓，樓以千計〔一〕。瓚作鐵門，居樓上，屏去左右，婢妾侍側，汲上文書。（《三國志·魏志·公孫瓚傳》注　又見於《冊府元龜》卷四百五十二《説郛》卷五十七）

〔校記〕
〔一〕計，《冊府元龜》作「記」。

袁紹分部攻者掘地爲道，穿穴其樓下，稍稍施木柱之，度足達半，便燒所施之柱，樓輒傾倒。（《三國志·魏志·公孫瓚傳》注　又見於《説郛》卷五十七）

關靖

關靖字士起，太原人。本酷吏也，諂而無大謀，特爲瓚所信幸。（《三國志·魏志·公孫瓚傳》注　又見於《説郛》卷五十七）

袁紹

成字文開，〔一〕壯健有部分，〔二〕貴戚權豪自大將軍梁冀以下皆與結好，〔三〕言無不從。故京師爲作諺曰：「事不諧，問文開〔四〕。」（《三國志·魏志·袁紹傳》注　又見於《太平御覽》卷三百八十六、卷四百九十六《續後漢書》卷九《説郛》卷五十七）

〔校記〕
〔一〕成字文開，《太平御覽》作「袁紹父成，字文開」。
〔二〕壯健有部分，《太平御覽》卷三百八十六作「名壯健」。
〔三〕「貴戚權豪」句，《太平御覽》卷三百八十六作「貴戚權豪自大將軍梁冀以下皆與交結恩好」，《太平御覽》卷四百九十六作「貴盛自梁冀以下皆與交」，「貴盛」形近而訛，當爲「貴戚」。
〔四〕問文開，《太平御覽》作「詣文開」。

紹生而父死，二公愛之。幼使爲郎，弱冠除濮陽長，有清名。遭母喪，服竟，又追行父服，凡在家廬六年。禮畢，隱居洛陽，〔一〕不妄通〔二〕賓客，非海內知名，不得相見。又〔三〕好游俠，與張孟卓、何伯求、吳子卿、許子遠、伍德瑜等〔四〕皆爲〔五〕奔走之友，不應辟命。中常侍趙忠謂諸黃門曰：「袁

本初坐作聲價，不應呼召而養死士，不知此兒欲何所爲乎？」紹叔父隗聞之，責數紹曰：「汝且破我家！」紹於是乃起應大將軍之命。（《三國志・魏志・董卓傳》注　又見於《後漢書・袁紹傳》注《太平御覽》卷四百五、卷四百九《續後漢書》卷九《說郛》卷五十七）

〔校記〕

〔一〕禮畢，隱居洛陽，《太平御覽》卷四百五作「袁紹居雒陽西北陬」。
〔二〕不妄通，《後漢書》上有「紹」字，《太平御覽》卷四百九上有「袁紹」二字。
〔三〕又，《太平御覽》卷四百九無。
〔四〕伍德瑜等，《後漢書》無。
〔五〕爲，《太平御覽》卷四百九無。

袁紹生而孤，幼爲郎，容兒端正，威儀進止，動見傚效。弱冠除復陽，長有清能名。（《太平御覽》卷三百八十九　案：「除復陽」，疑誤，《三國志・魏志・董卓傳》注載紹曾「弱冠除濮陽長」，「復陽」疑爲「濮陽」之誤。）

袁紹有姿兒威容，愛士養名。既累世臺司，賓客所歸，加以傾心折節，莫不爭赴其庭，士無貴賤，與之抗禮。（《太平御覽》卷四百七十五）

袁紹辟大將軍府，不得已，起從命，舉高第，遷侍御史。弟術爲尚書，紹不欲爲臺下，告疾求退。（《太平御覽》卷二百二十七）

董卓謂袁紹曰：「劉氏種不足復遺。」紹勃然曰：「天下建者豈惟董公？〔一〕」橫刀長揖徑出，懸節於上東門而奔冀州。（《北堂書鈔》卷一百二十三　又見於《太平御覽》卷三百四十五）

〔校記〕

〔一〕劉氏種不足復遺，黃奭作「皇帝沖暗，非萬機之主。陳留王猶勝，今欲立之」，謂出自於《北堂書鈔》，未知何據。
〔二〕建，《太平御覽》作「健」，「健」爲「健」之異體字；「惟」作「唯」。

是時年號初平，紹字本初，自以爲年與字合，必能克平禍亂。（《三國志・魏志・袁紹傳》注　又見於《說郛》卷五十七）

紹遣使即拜烏丸三王爲單于，皆安車、華蓋、羽旄、黃屋、左纛。版文曰：「使持節大將軍督幽、青、并領冀州牧阮鄉侯紹，承制詔遼東屬國率眾王頒下、烏丸遼西率眾王蹋頓、右北平率眾王汗盧維：乃祖募義遷善，款塞內附，北捍玁狁，東拒濊貊，世守北陲，爲百姓保鄣，雖時侵犯王略，命將徂征厥罪，率不旋時，悔悉變改，方之外夷，最又聰惠者也。始有千夫長、百夫長以相統領，用能悉乃心，克有勳力於國家，稍受王侯之命。自我王室多故，公孫瓚作難，

殘夷厥土之君，以侮天慢主，是以四海之內，並執干戈以衛社稷。三王奮氣裔土，忿姦憂國，控弦與漢兵爲表裏，誠甚忠孝，朝所嘉焉。然而虎兒長蛇，相隨塞路，王官爵命，否而無聞。夫有勳不賞，俾勤者怠。今遣行謁者楊林，齎單于璽綬車服，以對爾勞。其各綏靜部落，教以謹愼，無使作凶作慝。世復爾祀位，長爲百蠻長。厥有咎有不臧者，泯於爾祿，而喪於乃庸，可不勉乎！烏丸單于都護部眾，左右單于受其節度，他如故事。」（《三國志‧魏志‧烏丸傳》注）

袁遺

袁遺字伯業。（《後漢書‧袁紹傳》注　又見於《施注蘇詩》卷四十一）

紹後用遺爲揚州刺史，爲袁術所敗。太祖〔一〕稱「長大而能勤學者，惟吾與袁伯業耳」。（《三國志‧魏志‧武帝紀》注　又見於《施注蘇詩》卷四十一《説郛》卷五十七　案：今本《建安七子集》俞紹初謂，「敗」下，原本有「太祖稱『長大而能勤學者，惟吾與袁伯業耳』」十七字。案此係曹丕《典論‧自敘》文句，故裴注緊接下云：「語在文帝《典論》。」黃氏誤錄於此，今刪去。俞氏這一説法是從文句理解上來判斷的，然《施注蘇詩》徵引魏太祖稱「長大而能勤學者，惟吾與袁伯業耳」直接註明出自《英雄記》，我們認爲，不可輕易刪卻。）

〔校記〕
〔一〕太祖，《施注蘇詩》作「魏太祖」。

袁術

紹從弟術字公路，汝南汝陽人也。（《後漢書‧袁紹傳》注　案：明人何良俊《語林》卷四引《英雄記》云：袁術字公路，汝南汝陽人。司空逢之子，後僭號於壽春。然「司空逢之子，後僭號於壽春」，是爲《英雄記》原文，抑或爲《語林》何氏語，不敢妄加決斷矣，姑以案語列之。）

袁熙

袁尚、熙俱入，未及坐，康叱兵擒之，坐於凍地，尚謂康曰：「未死之間，寒不可忍。」（《北堂書鈔》卷一百五十六）

麴義

袁紹討〔一〕公孫瓚，先令麴義領精兵八百、強弩千張，以爲前登〔二〕。瓚輕其兵少，縱騎騰之。義兵伏楯下，一時同發，瓚軍大敗。（《太平御覽》卷三百五十七　又見於《北堂書鈔》卷一百二十五《太平御覽》卷三百四十八）

〔校記〕

〔一〕《北堂書鈔》、《太平御覽》卷三百四十八皆作「擊」。

〔二〕前登，《北堂書鈔》作「前發」，疑傳寫之訛誤。

麴義後恃功而驕恣，紹乃殺之。（《三國志・魏志・袁紹傳》注　又見於《說郛》卷五十七）

逢紀

逢紀說紹曰：「將軍舉大事而仰人資給，不據一州，無以自全。」紹答云：「冀州兵彊，吾士飢乏，設不能辦，無所容立。」紀曰：「可與公孫瓚相聞，導使來南，擊取冀州。公孫必至而馥懼矣，因使說利害，為陳禍福，馥必遜讓，於此之際，可據其位。」紹從其言而瓚果來。（《三國志・魏志・董卓傳》注　又見於《說郛》卷五十七）

紀字元圖。初，紹去董卓出奔〔一〕，與許攸及紀俱詣冀州，紹以紀聰達有計策，甚親〔二〕信之，與共舉事。後審配任用，與紀不睦。或有讒配于紹，紹問紀，紀稱「配天性烈直，古人之節，不宜疑之」。紹曰：「君不惡之邪？」紀答曰：「先日所爭者私情，今所陳者國事。」紹善之，卒不廢配。配由是更與紀為親善。（《三國志・魏志・袁紹傳》注　又見於《後漢書・袁紹傳》注《後漢書・荀彧傳》注《續後漢書》卷九《說郛》卷五十七）

〔校記〕

〔一〕出奔，《後漢書・袁紹傳》無。

〔二〕親，《後漢書・袁紹傳》無。案：《後漢書・袁紹傳》引文止此。

審配

審配任用，與紀不睦，辛評、郭圖皆比於譚。（《後漢書・袁紹傳》注）

袁尚使審配守鄴。曹操進軍攻鄴，審配將馮禮為內應，開突門內操兵三百餘人。配覺之，從城上以大石擊門，門閉，入者皆死。操乃鑿塹圍迴四十里，初令淺，示若可越，配望見笑而不出。操令一夜潛之，廣深二丈，決漳水灌之，自五月至八月，城中餓死者過半。尚聞鄴急，將兵萬餘人還救，操逆擊破之。尚走依曲漳為營，操復圍之，尚懼，遣陰夔、陳琳請降，不聽，尚還走藍田，操復進急圍之。尚將馬迎等臨陣降，眾大潰，尚奔中山，盡收其輜重，得尚印綬、節鉞及衣物，以示城中，城中崩沮。審配命士卒曰：「堅守死戰，操軍疲矣。幽州方至，何憂無主。」以其兄子榮為東門校尉，榮夜開門內操兵，配猶

拒戰，城陷，生獲配。意活之，配意氣壯烈，終無撓辭，見者莫不歎息，遂斬之。(《太平御覽》卷三百一十七，又見於《北堂書鈔》卷一百一十八)

袁尚使審配守鄴，曹操攻之。〔一〕操出行圍配，伏弩射之，幾中。及城陷，生獲配，操〔二〕謂曰：「吾近行圍，弩何多也？」配曰：「猶恨其少！」操曰：「即忠於袁氏，不得不爾。」志欲活之，配意氣壯烈，終無撓辭，遂斬之。(《太平御覽》卷四百三十八　又卷三百四十八)

〔校記〕

〔一〕曹操攻之，《太平御覽》卷三百四十八作「曹操進軍攻鄴」。

〔二〕操，《太平御覽》卷三百四十八無。

郭圖

譚、尚戰於外門，譚軍敗奔北。郭圖說譚曰：「今將軍國小兵少，糧匱勢弱，顯甫之來，久則不敵。愚以爲可呼曹公來擊顯甫。曹公至，必先攻鄴，顯甫還救。將軍引兵而西，自鄴以北皆可虜得。若顯甫軍破，其兵奔亡，又可斂取以拒曹公。曹公遠僑而來，糧餉不繼，必自逃去。比此之際，趙國以北皆我之有，亦足與曹公爲對矣。不然，不諧。」譚始不納，後遂從之。問圖：「誰可使？」圖答：「辛佐治可。」譚遂遣毗詣太祖。(《三國志·魏志·辛毗傳》注　又見於《説郛》卷五十七)

韓珩

袁譚既死，弟熙、尚爲其將焦觸、張南所攻，奔遼西烏桓。觸自號幽州刺史，陳兵數萬，殺白馬盟曰：「違命者斬。」各以次歃，至別駕代郡韓珩，曰：「吾受袁公父子厚恩，今其破亡，智不能救，勇不能死，北面曹氏，所不能爲也。」一坐爲珩失色。觸曰：「舉大事，當立大義，事之濟否，不待一人。可卒珩志，以屬事君。」曹操聞珩節，甚高之，屢辟不至。(《太平御覽》卷四百二十二)

陳溫　陳瑀

陳溫字元悌，汝南人。先爲揚州刺史，自病死。袁紹遣袁遺領州，敗散，奔沛國，爲兵所殺。袁術更用陳瑀爲揚州。瑀字公瑋，下邳人。瑀既領州，而術敗于封丘，南向壽春，瑀拒術不納。術退保陰陵，更合軍攻瑀，瑀懼走歸下邳。(《三國志·魏志·袁術傳》注)

溫卒，遺敗而瑀爲之。(《續後漢書》卷九)

韓馥

　　馥字文節，穎川人。〔一〕爲御史中丞。董卓舉爲冀州牧。于時冀州民人殷盛，兵糧優足。袁紹之在渤海，馥恐其興兵，遣數部從事守之，不得動搖。東郡太守橋瑁詐作京師三公移書與州郡，陳卓罪惡，云見逼迫，無以自救，企望義兵，解國患難。馥得移，請諸從事問曰：「今當助袁氏邪？助董卓邪？」治中從事劉子惠曰：「今興兵爲國，何謂袁、董！」馥自知言短而有慚色。子惠復言：「兵者，凶事，不可爲首。今宜往視他州，有發動者，然後和之。冀州於他州不爲弱也，他人功未有在冀州之右者也。」馥然之，乃作書與紹，道卓之惡，聽其舉兵。（《三國志·魏志·武帝紀》注　又見於《後漢書·董卓傳》注《說郛》卷五十七）

　　〔校記〕
　　〔一〕《後漢書·董卓傳》注引文止此。

　　冀州刺史韓馥問諸從事曰：「馥有何長何短治中。」治中劉子曰：「前勞賜，有餘肉百觔，賣之，一州調度，奢儉不復在。是猶可勞賜勤勞吏士，賣之可示儉。」（《太平御覽》卷八百六十三　案：俞紹初認爲「治中劉子」下當脫「惠」字，是爲確論，可從。）

　　袁紹使張景明、郭公則、高元才等說韓馥，使讓冀州。〔一〕（《三國志·魏志·臧洪傳》注，又見於《後漢書·臧洪傳》注）

　　〔校記〕
　　〔一〕此條《後漢書·臧洪傳》注引「冀州」下有「與紹」二字。然《後漢書》李賢等此注意在說明「景明亦有其功」，乃爲節引，循其語氣，「與紹」二字顯然是注者所加，故當刪卻。案：此條黃奭標註出自《後漢書·郡國志》注，俞紹初本《建安七子集》亦沿用此說，然翻檢《後漢書·郡國志》不見著錄，未知何據。

劉子惠

　　劉子惠，中山人。兗州刺史劉岱與其書，道：「卓無道，天下所共攻，死在旦暮，不足爲憂。但卓死之後，當復回師討文節。擁強兵，何凶逆，寧可得置。」封書與馥，馥得此大懼，歸咎子惠，欲斬之。別駕從事耿武等排閤伏子惠上，願并見斬，得不死，作徒，被赭衣，埽除宮門外。（《後漢書·袁紹傳》注）

趙浮

紹在朝歌清水口，浮等從後來，船數百艘，眾萬餘人，整兵鼓過紹營，紹甚惡之。浮等到，謂馥曰：「袁本初軍無斗糧，各欲離散，旬日之間，必土崩瓦解。明將軍但閉戶高枕，何憂何懼？」（《後漢書・袁紹傳》注）

耿武　閔純

耿武字文威。閔純字伯典。後袁紹至，馥從事十餘人棄馥去，唯恐在後，獨武、純杖刀拒，兵不能禁。紹後令田豐殺此二人。（《後漢書・袁紹傳》注）

朱漢

紹以河內朱漢爲都官從事。漢先時爲馥所不禮，內懷怨恨〔一〕，且欲邀〔二〕迎紹意，擅發城郭兵圍守馥第，拔刃登屋，馥走上樓，收得馥大兒，槌折兩腳〔三〕。紹亦立收漢，殺之。馥猶有〔四〕憂怖，故報紹索去。（《三國志・魏志・袁紹傳》注　又見於《後漢書・袁紹傳》注《説郛》卷五十七）

〔校記〕
〔一〕怨恨，《後漢書》作「忿恨」。
〔二〕邀，《後漢書》作「徼」，二字通假。
〔三〕槌，《後漢書》作「搥」。
〔四〕有，《後漢書》無。

王匡

匡字公節，泰山人。〔一〕輕財好施，〔二〕以任俠聞。〔三〕辟大將軍何進府進符使〔四〕，匡於徐州〔五〕發彊弩〔六〕五百，西詣京師。會進敗，匡還州里。〔七〕起家，拜河內太守。（《三國志・魏志・武帝紀》注　又見於《後漢書・獻帝紀》注《後漢書・董卓傳》注《後漢書・袁紹傳》注《北堂書鈔》卷一百二十五《太平御覽》卷三百四十八、卷四百七十七《説郛》卷五十七）

〔校記〕
〔一〕「匡字公節」二句，《北堂書鈔》無「泰山人」，《後漢書・袁紹傳》、《太平御覽》卷四百七十七作「王匡字公節，泰山人也」，《後漢書・袁紹傳》引文止此，《太平御覽》卷三百四十八作「王匡字公節，太山人也」，太與泰同。
〔二〕輕財好施，《北堂書鈔》、《太平御覽》卷三百四十八皆無。
〔三〕以任俠聞，《後漢書・獻帝紀》注、《後漢書・董卓傳》注下有「爲袁紹河內太守」，而「辟大將軍何進府」以下諸句皆無。

〔四〕辟大將軍何進府進符使，《北堂書鈔》《太平御覽》皆無。案：疑中華書局標點本《三國志》斷句有誤，似應爲「辟大將軍何進府，進符使匡於徐州發彊弩五百」。

〔五〕匡於徐州，《北堂書鈔》上有「進使」二字，《太平御覽》上有「使」字。

〔六〕彊弩，《北堂書鈔》《太平御覽》作「強弩」，「彊」、「強」，皆爲「强」之異體字。

〔七〕匡還州里，《太平御覽》卷三百四十八作「匡還鄉」，卷四百七十七作「匡還鄉里」。

孔伷

伷字公緒，〔一〕陳留人〔二〕。（《三國志・魏志・武帝紀》注，《後漢書・董卓傳》注　又見於《後漢書・袁紹傳》注《說郛》卷五十七）

〔校記〕

〔一〕《後漢書・董卓傳》注引文止此。

〔二〕陳留人，《後漢書・袁紹傳》注下有「也」字。

劉虞

虞爲博平令，治正推平，高尚純樸，境內無盜賊，災害不生。時鄰縣接壤，蝗蟲爲害，至博平界，飛過不入。（《三國志・魏志・公孫瓚傳》注　又見於《說郛》卷五十七）

虞讓太尉，因薦衛尉趙謨、益州牧劉焉、豫州牧黃琬、南陽太守羊續，並任爲公。（《三國志・魏志・公孫瓚傳》注　又見於《說郛》卷五十七）

幽州刺史劉虞，食不重肴，藍縷繩履〔一〕，常懷廉退。（《職官分紀》卷四十　又見於《北堂書鈔》卷三十八、卷一百三十六《太平御覽》卷二百五十八）

〔校記〕

〔一〕履，《太平御覽》作「屨」。

虞之見殺，故常山相孫瑾、掾張逸、張瓚等忠義憤發，相與就虞，罵瓚極口，然後同死。（《三國志・魏志・公孫瓚傳》注　又見於《說郛》卷五十七）

劉岱

岱孝悌仁恕，以虛己受人。（《三國志・吳志・劉繇傳》注）

劉翊

劉翊字子相，潁川人。遷陳留太守，出關數百里，見士大夫病亡道次，翊以馬易棺，脫衣殮之；又逢知故困餓於路，不忍委去，因殺所駕牛以救之。眾人止之，翊曰：「視沒不救，非志士。」遂俱餓死。（《太平御覽》卷四百一十九）

劉表

州界群寇既盡，表乃開立學官，博求儒士，使綦母闓、宋忠等撰定《五經章句》，謂之《後定》。（《三國志·魏志·劉表傳》注）

張羨

張羨，南陽人。先作零陵、桂陽長〔一〕，甚得江湖間〔二〕心，然性屈彊不順。表薄其爲人，不甚禮也。羨由是〔三〕懷恨，遂叛表焉〔四〕。（《三國志·魏志·劉表傳》注　又見於《後漢書·劉表傳》注《續後漢書》卷五《說郭》卷五十七）

〔校記〕

〔一〕桂陽長，《後漢書》作「桂陽守」。

〔二〕間，《後漢書》作「閒」，閒爲間之異體字。

〔三〕由是，《後漢書》作「因是」。

〔四〕叛，《後漢書》作「畔」，二字通假；焉，《後漢書》、《續後漢書》皆無。

劉焉

劉焉起兵，不與天下討董卓，保州自守。犍爲太守任歧自稱將軍，與從事陳超舉兵擊焉，焉擊破之。董卓使司徒趙謙將軍向州，說校尉賈龍，使引兵還擊焉，焉出青羌與戰，故能破殺。岐、龍等，皆蜀郡人。（《三國志·蜀志·劉焉傳》注　又見於《說郭》卷五十七）

劉範

範聞父焉爲益州牧，董卓所徵發，皆不至。收範兄弟三人，鎖械於郿塢，爲陰獄以繫之。（《三國志·蜀志·劉焉傳》注　又見於《說郭》卷五十七）

範從長安亡之馬騰營，從焉求兵，焉使校尉孫肇將兵往助之，敗於長安。（《三國志·蜀志·劉焉傳》注　又見於《說郭》卷五十七）

劉璋

焉死，子璋代爲刺史。會長安拜穎川扈瑁爲刺史，入漢中。荊州別駕劉闔、璋將沈彌、婁發、甘寧反，擊璋不勝，走入荊州。璋使趙韙進攻荊州，屯朐䏰。（《三國志·蜀志·劉焉傳》注　又見於《說郭》卷五十七）

先是，南陽、三輔人流入益州數萬家，收以爲兵，名曰東州兵。璋性寬柔，無威略，東州人侵暴舊民，璋不能禁，政令多闕，益州頗怨。趙韙素得

人心，璋委任之。趙因民怨謀叛，乃厚賂荊州請和，陰結州中大姓，與俱起兵，還擊璋。蜀郡、廣漢、犍爲皆應趙。璋馳入成都城守，東州人畏（威）〔趙〕〔一〕，咸同心并力助璋，皆殊死戰，遂破反者，進攻趙於江州。趙將龐樂、李異反殺趙軍〔二〕，斬趙。（《三國志‧蜀志‧劉璋傳》注　又見於《冊府元龜》卷四百五十二《說郛》卷五十七　案：「東州兵」事，陳傅良《歷代兵制》卷三亦有徵引，循其文意，似爲節引，姑存之於後：劉璋時，三輔流人數萬，收以爲，兵號「東州兵」。）

〔校記〕

〔一〕威，中華書局標點本《三國志》改爲「趙」，今從之，《冊府元龜》作「威」。

〔二〕殺趙軍，《冊府元龜》無。

龐羲

龐羲與璋有舊，又免璋諸子於難，故璋厚德羲，以羲爲巴西太守，遂專權勢。（《三國志‧蜀志‧劉璋傳》注）

劉備

靈帝末年，備嘗在京師，後與曹公俱還沛國，募召合眾。會靈帝崩，天下大亂，備亦起軍從討董卓。（《三國志‧蜀志‧先主傳》注　又見於《續後漢書》卷二《說郛》卷五十七　案：《續後漢書》「董卓」下尚有「爲賊所破，奔奮威將軍公孫瓚」二句，郝氏謂出自《英雄記》，實則爲《三國志‧蜀志》原文，《說郛》之引文與《三國志‧蜀志》同，亦可旁證之。）

備留張飛守下邳，引兵與袁術戰於淮陰石亭，更有勝負。陶謙故將曹豹在下邳，張飛欲殺之。豹眾堅營自守，使人招呂布。布取下邳，張飛敗走。備聞之，引兵還，比至下邳，兵潰。收散卒東取廣陵，與袁術戰，又敗。（《三國志‧蜀志‧先主傳》注　又見於《說郛》卷五十七）

備軍在廣陵，飢餓困踧，吏士大小自相啖食，窮餓侵逼，欲還小沛，遂使吏請降布。布令備還州，并勢擊術。具刺史車馬童僕，發遣備妻子部曲家屬於泗水上，祖道相樂。（《三國志‧蜀志‧先主傳》注　又見於《說郛》卷五十七）

建安三年春，布使人齎金欲詣河內買馬，爲備兵所鈔。布由是遣中郎將高順、北地太守張遼等攻備。九月，遂破沛城，備單身走，獲其妻息。十月，曹公自征布，備於梁國界中與曹公相遇，遂隨公俱東征。（《三國志‧蜀志‧先主傳》注　又見於《說郛》卷五十七）

表病，上備領荊州刺史。（《三國志‧蜀志‧先主傳》注　又見於《續後漢書》卷二《說郛》卷五十七）

孫堅

　　劉表將呂公〔一〕將兵緣山向堅，堅輕騎尋山討公〔二〕。公兵下石，中堅頭，應時腦出物故。（《三國志・吳志・孫堅傳》注　又見於《後漢書・劉表傳》注《續後漢書》卷四十九　案：《英雄記》所記孫堅之卒與卒日，《三國志・吳志》與《建康實錄》亦有徵引，然文字稍異，附列於後，以便觀覽。）

　　〔校記〕

　　〔一〕呂公，《後漢書》作「呂介」。

　　〔二〕公，《後漢書》作「介」。

　　〔三〕「公兵下石」以下三句，《後漢書》作「介下兵射中堅頭，應時物故。」

　附：

　　堅以初平四年正月七日死。（《三國志・吳志・孫堅傳》注）

　　堅以漢初平四年正月七日討劉表，爲表將呂公引兵緣山向堅，堅尋山討公，公兵士下石中堅，應時死。（《建康實錄》卷一）

胡軫

　　初堅討董卓，到梁縣之陽人。卓亦遣兵步騎五千迎之，陳郡太守胡軫爲大督護，呂布爲騎督，其餘步騎將校都督者甚眾。軫字文才，性急，預宣言曰：「今此行也，要當斬一青綬，乃整齊耳。」諸將聞而惡之。軍到廣成，去陽人城數十里。日暮，士馬疲極，當止宿，又本受卓節度宿廣成，秣馬飲食，以夜進兵，投曉攻城。諸將惡憚軫，欲賊敗其事，布等宣言「陽人城中賊已走，當追尋之，不然失之矣」，便夜進軍。城中守備甚設，不可掩襲。於是吏士饑渴，人馬甚疲，且夜至，又無塹壘。釋甲休息，而布又宣言相驚，云「城中賊出來」。軍眾擾亂奔走，皆棄甲，失鞍馬。行十餘里，定無賊，天明，便還，拾取兵器，欲進攻城。城守已固，穿塹已深，軫等不能攻而還。（《三國志・吳志・孫堅傳》注）

張咨

　　咨字子議，潁川人，亦知名。（《三國志・吳志・孫堅傳》注　又見於《後漢書・袁術傳》注）

周瑜

　　周瑜鎮江夏。曹操欲從赤壁渡江南，無舡，乘簰從〔一〕漢水下，住〔二〕浦口。未即渡，瑜夜密使輕舡走舸百所〔三〕艘，艘有五十人移棹〔四〕，人持

炬火，〔五〕火燃則迴，〔六〕舡走去，去復還燒者，〔七〕須臾燒數千簿〔八〕。火大〔九〕起，光上照天，操夜走〔一○〕。（《藝文類聚》卷八十，又見《太平御覽》卷八百六十八、卷八百七十）

〔校記〕

〔一〕乘簿，《太平御覽》卷八百六十八作「乘？」；「從」，作「沿」，沿爲沿之俗體字。

〔二〕住，《太平御覽》卷八百六十八作「至」。

〔三〕所，《太平御覽》卷八百六十八作「餘」，以「餘」字爲上。

〔四〕移棹，《太平御覽》卷八百六十八作「拖棹」。

〔五〕「未即渡」以下四句，《太平御覽》卷八百七十作「周瑜敗曹操於赤壁，密使輕舡走舸百餘艘，艘有五十人拖掉，人持炬火」。

〔六〕火燃則迴，《太平御覽》卷八百六十八上有「持火者數千人，立於舡上，以萃於簿，至乃放火」數句；「迴」，作「回」，「則」作「即」。

〔七〕去復還燒者，《太平御覽》卷八百六十八無。

〔八〕簿，《太平御覽》卷八百六十八作「簿」。

〔九〕大，《太平御覽》卷八百六十八無。

〔一○〕夜走，《太平御覽》卷八百六十八上有「乃」字。

孔融

孔文舉爲東萊賊所攻，城欲破。其〔一〕治中左承祖以官棗賦與戰士。（《太平御覽》卷九百六十五　又見於《事類賦》注卷二十六）

〔校記〕

〔一〕其，《事類賦》注上有「而」字。

向栩

向栩坐板牀，有兩踝處，入板中二寸許。（《太平御覽》卷三百七十二）

向栩常坐梨牀上，兩膝足皆有餘處。（《北堂書鈔》卷一百三十三）

向栩，字甫興，性卓詭不倫。恒讀《老子》，狀如學道；又似狂生，好被髮着幓頭。常於竈北坐板牀上，如是積久，板乃有膝踝足指之處。（《太平御覽》卷七百三十九）

向栩爲性卓詭不凡，好讀《老子》，狀如學道，又復似狂。居嘗北坐，被髮，喜長嘯。人客從就，輒伏不視人，有於栩前獨拜，栩不答。（《太平御覽》卷三百九十二）

尚子平

尚枂先人〔一〕尚子平有道術，爲縣功曹。休歸，自入山擔薪，賣以食飲。（《太平御覽》卷二百六十四　又見於《文選》嵇康《與山巨源絕交書》李善注《文選》孔稚珪《北山移文》李善注《續後漢書》卷七十三　案：《六臣注文選》本《與山巨源絕交書》《北山移文》李善注文相同，《文選》李善注本《北山移文》注文則省略爲「以見上文」，足見《文選》注文所引《英雄記》相同。另，胡紹煐《文選箋證》卷二十八謂：「陳氏景雲曰：『王粲《英雄記》皆記漢末英雄事，尚子平乃建武中隱士，不應載入，當是誤也。』紹煐按《御覽》引《英雄記》『尚枂先人尚子平有道術，爲縣功曹』云云，蓋因尚枂而及尚子平耳，陳氏未見及此。」）

〔校記〕
〔一〕尚枂先人，《文選》無。「尚子平」，《後漢書・逸民傳》作「向子平」，疑此尚枂即爲上文之向枂。

閻忠

涼州賊王國等起兵，共劫忠爲主，統三十六部，號車騎將軍。忠感慨發病而〔一〕死。（《三國志・魏志・賈栩傳》注　又見於《後漢書・皇甫嵩傳》注《後漢書・董卓傳》注《續後漢書》卷三十一）

〔校記〕
〔一〕而，《後漢書・皇甫嵩傳》注無。
〔二〕忠感慨發病而死，《後漢書・董卓傳》注無。

涼茂

茂名在八友中。（《三國志・魏志・涼茂傳》注　又見於《續後漢書》卷三十六）

張儉

先是張儉等相與作衣冠紏彈，彈中人相調，言：「我彈中誠有八后、八乂，猶古之八元、八凱也。」（《世說新語・品藻篇》注　又見於《後漢書・郡國志》注《太平御覽》卷七十六）

劉裕

劉裕，後漢司農，中山人。（梁元帝蕭繹《古今同姓名錄》卷上　案：此條記載可知《英雄記》原記載有劉裕之信息，然此是否爲《英雄記》原文，則不可知矣，姑列於此。）

蓋勳

董卓廢少帝，自公卿已〔一〕下，莫不卑下於卓，唯京兆尹蓋勳長揖爭禮，見者皆〔二〕爲失色。(《太平御覽》卷二百五十二　又見於《職官分紀》卷三十八)

〔校記〕

〔一〕已，《職官分紀》作「以」。

〔二〕皆，《職官分紀》作「咸」。

董卓謂王允〔一〕曰：「欲得一快司隸校尉，誰可作者？〔二〕」允曰：「唯有蓋勳元、周京兆耳。〔三〕」卓曰：「此明智有餘，不可假以雄職。〔四〕」(《太平御覽》卷二百五十　又見於《職官分紀》卷三十八)

〔校記〕

〔一〕董卓謂王允，《職官分紀》作「卓問王允」。

〔二〕「欲得」二句，《職官分紀》作「欲得快司隸，誰可者」。

〔三〕「唯有」句，《職官分紀》作「唯有蓋京兆可」。

〔四〕「不可假以雄職」句，《職官分紀》上有「然」字，下有「乃以爲越騎校尉，復出爲潁川太守」二句。

成瑨

成**瑨**爲南陽守，用岑晊爲功曹，褒善詘惡。(《北堂書鈔》卷三十四)

成**瑨**爲南陽太守，善用士也。(《北堂書鈔》卷七十七)

許靖

許靖過仇池，樹下有碑，靖駐馬，一覽無遺。(《杜詩詳注》卷七　又見於《杜臆》卷三　案：此條《分門集注杜工部詩》卷四、《補注杜詩》卷二十亦著錄，且「一覽無遺」下尚有「人皆稱賞」一句，然二書皆註明「蘇曰」，不知蘇軾是否引錄《英雄記》原文？)

佚文

變化無方。(《北堂書鈔》卷十三)

在尊者前宜各具一手巾，不宜借人巾用。(《太平御覽》卷七百一十六)

卓鑄小錢，獨袁有五銖。(洪遵《泉志》卷四　案：此條非爲《英雄記》文，《泉志》用《英雄記》信息而別語出之，然《英雄記》中有此類信息則可以確定無疑也，姑存之。)

存疑

袁紹

袁紹字本初，汝南汝陽人也。高祖父安爲漢司徒，自安以下四世居三公位，由是勢傾天下。（《説郛》卷五十七　案：此條實截取《三國志・魏志・袁紹傳》原文。）

劉表

劉表字景升，山陽高平人，少知名，號八俊。（《説郛》卷五十七　案：此條實截取《三國志・魏志・劉表傳》原文。）

孔融

孔融在郡八年，僅以身免。帝初都許，融以爲宜略依舊制，定王畿，正司隸所部爲千里之封，乃引公卿上書言其義。是時，天下草創，曹、袁之權未分，融所建明，不識時務。又天性氣爽，頗推平生之意，狎侮太祖。太祖制酒禁，而融書啁之曰：「天有酒旗之星，地列酒泉之郡，人有旨酒之德，故堯不飲千鍾，無以成其聖。且桀紂以色亡國，今令不禁婚姻也。」太祖外雖寬容，而內不能平。御史大夫郗慮知旨，以法免融官。歲餘，拜太中大夫。雖居家失勢，而賓客日滿其門，愛才樂酒，常嘆曰：「坐上客常滿，樽中酒不空，吾無憂矣。」虎賁士有貌似蔡邕者，融每酒酣，輒引與同坐，曰：「雖無老成人，尚有典刑。」其好士如此。（《説郛》卷五十七　案：此條實《三國志・魏志・崔琰傳》裴注引張璠《漢紀》之文。）

劉備

劉備在荆州數年，嘗於表坐起至廁，見髀裏肉生，慨然流涕。還坐，表怪問備，備曰：「吾常身不離鞍，髀肉皆消。今不復騎，髀裏肉生。日月若馳，老將至矣，而功業不建，是以悲耳。」（《説郛》卷五十七　案：此條實《三國志・蜀志・先主傳》裴注引張璠《漢紀》之文。）

袁紹攻公孫瓚，劉備與田楷東屯齊，曹公征徐州，徐州牧陶謙遣使告急於田楷，楷與備俱救之。時備自有兵千餘人及幽州、烏丸雜胡騎，又略得飢民數千人。既到，謙以丹楊兵四千益備，備遂去楷歸謙，謙表備爲豫州刺史，屯小沛，謙病篤，謂別駕麋竺曰：「非劉備不能安此州也。」（《説郛》卷五十七　案：此條實截取《三國志・蜀志・先主傳》原文。）

張紘

紘與張昭並與參謀。常令一人居守，一人從征討。後呂布襲取徐州，因為之牧，不欲令紘與策從事。追舉茂才，移書發遣紘。紘心惡布，恥爲之屈。策亦重惜紘，欲以自輔，答記不遣，曰：「海產明珠，所在爲寶。楚雖有才，晉實用之。英偉君子，所游見珍，何必本州哉？」（《説郛》卷五十七　案：此條實《三國志·吳書·張紘傳》裴注引《吳書》之文。）

魯肅

魯肅體貌魁奇，少有壯節，好爲奇計。天下將亂，乃學擊劍騎射，招聚少年，給其衣食。往來南山中射獵，陰相部勒，講武習兵。後雄傑並起，中州擾亂。肅乃命其屬曰：「中國失綱，寇賊橫暴，淮、泗間非遺種之地。吾聞江東沃野萬里，民富兵彊，可以避害，寧肯相隨俱至樂土，以觀時變乎？」其屬皆從命。乃使細弱在前，彊壯在後，男女三百餘人行。州追騎至，肅等徐行，勒兵持滿，謂之曰：「卿等丈夫，當解大數。今日天下兵亂，有功弗賞，不追無罰，何爲相偪乎？」又自植盾，引弓射之，矢皆洞貫。騎既嘉肅言，且度不能制，乃相率還。（《説郛》卷五十七　案：此條實《三國志·吳書·魯肅傳》裴注引《吳書》之文。）

虞翻

虞翻字仲翔，會稽餘姚人也。少好學，有高氣，年十二，客有候其兄者，不過翻，翻追與書曰：「僕聞虎魄不取腐芥，磁石不受曲鍼。過而不存，不亦宜乎？」客得書奇之，由是見稱。（《説郛》卷五十七　又見於《駢字類編》卷一百七十　案：「虞翻字仲翔」二句，實截於《三國志·吳志·虞翻傳》原文；餘則爲裴注引《吳書》之文。）

諸葛亮

諸葛亮在荊州，以建安初與穎川石廣元、徐元直、汝南孟公威等俱游學。三人務於精熟，而亮獨觀其大略，每晨夜從容，常抱膝長嘯，而謂三人曰：「卿三人仕進，可至刺史郡守也。」三人問其所至，亮但笑而不言。後公威思鄉里，欲北歸，亮謂曰：「中國饒士大夫，遨遊何必故鄉邪！」（《説郛》卷五十七案：此條實《三國志·蜀志·諸葛亮傳》裴注引《魏略》之文。）

張遼

張遼字文遠，雁門馬邑人也。本聶壹之後，以避怨變姓。少爲郡吏。（《説郛》卷五十七）

太祖既征孫權還，使遼與樂進、李典等將七千餘人屯合肥。太祖征張魯，教與護軍薛悌，署函邊曰「賊至乃發」。俄而權率十萬眾圍合肥，乃共發教，教曰：「若孫權至者，張、李將軍出戰；樂將軍守護軍，勿得與戰。」諸將皆疑。遼曰：「公遠征在外，比救至，彼破我必矣。是以教指及其未合逆擊之，折其盛勢，以安眾心，然後可守也。成敗之機，在此一戰，諸君何疑？」李典亦與遼同。於是遼夜募敢從之士，得八百人，椎牛饗將士，明日大戰。平旦，遼被甲持戟，先登陷陣，殺數十人，斬二將，大呼自名，衝壘入，至權麾下。權大驚，眾不知所爲，走登高冢，以長戟自守。遼叱權下戰，權不敢動，望見遼所將眾少，乃聚圍遼數重。遼左右麾圍，直前急擊，圍開，遼將麾下數十人得出，餘眾號呼曰：「將軍棄我乎！」遼復還，突圍，拔出餘眾。權人馬皆披靡，無敢當者。自旦戰至日中，吳人奪氣。還修守備，眾心乃安，諸將咸服。權守合肥十餘日，城不可拔，乃引退。遼率諸軍追擊，幾復獲權。太祖大壯遼，拜征東將軍。（《説郛》卷五十七　案：此兩條實截取《三國志·魏志·張遼傳》原文。）

文聘

孫權嘗自將數萬眾卒至。時大雨，城柵崩壞，人民散在田野，未及補治。聘聞權到，不知所施，乃思惟莫若潛默可以疑之。乃敕城中人使不得見，又自臥舍中不起。權果疑之，語其部黨曰：「北方以此人忠臣也，故委之以此郡，今我至而不動，此不有密圖，必當有外救。」遂不敢攻而去。（《説郛》卷五十七　案：此條實《三國志·魏志·文聘傳》裴注引《魏略》之文。）

許褚

太祖將北渡，臨濟河，先渡兵，獨與褚及虎士百餘人留南岸斷後。超將步騎萬餘人，來奔太祖軍，矢下如雨。褚白太祖賊來多，今兵渡以盡，宜去。乃扶太祖上船。賊戰急，軍爭濟，船重欲沒。褚斬攀船者，左手舉馬鞍蔽太祖。船工爲流矢所中死，褚右手並泝船，僅乃得渡。是日，微褚幾危。其後太祖與遂、超等單馬會語，左右皆不得從，唯將褚。超負其力，陰欲前突太祖，素聞褚勇，疑從騎是褚。乃問太祖曰：「公有虎侯者安在？」太祖顧指褚，

褚瞋目眄之。超不敢動，乃各罷。後數日會戰，大破超等，褚身斬首級，遷武衛中郎將。武衛之號，自此始也。軍中以褚力如虎而癡，故號曰虎癡。(《說郛》卷五十七　案：此條實截取《三國志・魏志・許褚傳》原文。)

周瑜

　　程普頗以年長，數陵侮瑜。瑜折節容下，終不與校。普後自敬服而親重之，乃告人曰：「與周公瑾交，若飲醇醪，不覺自醉。」時人以其謙讓服人如此。初，曹公聞瑜年少有美才，謂可游說動也。乃密下揚州，遣九江蔣幹往見瑜。幹有儀容，以才辯見稱，獨步江、淮之間，莫與爲對。乃布衣葛巾，自託私行詣瑜。瑜出迎之，立謂幹曰：「子翼良苦，遠涉江湖，爲曹氏作說客邪？」幹曰：「吾與足下州里，中間別隔，遙聞芳烈，故來敘闊，並觀雅規。而云說客，無乃逆詐乎？」瑜曰：「吾雖不及夔、曠，聞弦賞音，足知雅曲也。」因延幹入，爲設酒食。畢，遣之曰：「適吾有密事，且出就館。事了，別自相請。」後三日，瑜請幹與周觀營中，行視倉庫軍資器仗訖，還飲宴，示之侍者服飾珍玩之物，因謂幹曰：「丈夫處世，遇知己之主，外託君臣之義，內結骨肉之恩，言行計從，禍福共之，假使蘇、張更生，酈叟復出，猶撫其背而折其辭，豈足下幼生所能移乎？」幹但笑，終無所言。幹還，稱瑜雅量高致，非言辭所閒。中州之士，亦以此多之。(《說郛》卷五十七　案：此條實《三國志・吳志・周瑜傳》裴注引《江表傳》之文。)

　　瑜少，精意于音樂。雖三爵之後，其闕誤，瑜必知之。知之，必顧。故時人謠曰：「曲有誤，周郎顧。」(《說郛》卷五十七　案：此條實截取《三國志・吳志・周瑜傳》原文。)

凌統

　　凌統怨寧殺其父操，寧常備統，不與相見，權亦命統不得讎之。嘗與呂蒙舍會，酒酣，統乃以刀舞，寧起曰：「寧能雙戟舞。」蒙曰：「寧雖能，未若蒙之巧也。」因操刀持楯，以身分之。後權知統意，因令寧將兵，遂徙屯於半州。
(《說郛》卷五十七　案：此條實爲《三國志・吳志・甘寧傳》裴注引《吳書》之文。)

華歆

　　華歆淡於財欲，前後寵賜，諸公莫及，然終不殖產業。陳羣常歎曰：「若華公可謂通而不泰，清而不介者矣！」(《說郛》卷五十七　案：此條實《三國志・魏志・華歆傳》裴注引華嶠《譜敘》之文。)

張昭

權於武昌，臨釣臺，飲酒大醉。權使人以水灑羣臣曰：「今日酣飲，惟醉墮臺中，乃當止耳。」昭正色不言，出外車中坐。權遣人呼昭還，謂曰：「爲共作樂耳，公何爲怒乎？」昭對曰：「昔紂爲糟丘酒池長夜之飲，當時亦以爲樂，不以爲惡也。」權默然，有慚色，遂罷酒。（《説郛》卷五十七　案：此條實截取《三國志・吳志・張昭傳》原文。）

顧雍

權嫁從女，女顧氏甥，故請雍父子及孫譚，譚時爲選曹尚書，見任貴重。是日，權極歡。譚醉酒，三起舞，舞不知止。雍內怒之。明日召譚，訶責之曰：「君王以含垢爲德，臣下以恭謹爲節。昔蕭何、吳漢並有大功，何每見高帝，似不能言；漢奉光武，亦信恪勤。汝之於國，寧有汗馬之勞、可書之事邪？但階門戶之資，遂見寵任耳。何有舞不復知止？雖爲酒後，亦由恃恩忘敬，謙虛不足。損吾家者必爾也。」因背向壁臥，譚立過一時，乃見遣。（《説郛》卷五十七　案：此條實爲《三國志・吳志・顧雍傳》裴注引《江表傳》之文。）

黃蓋

黃蓋字公覆，零陵泉陵人也。故南陽太守黃子廉之後也，枝葉分離，自祖遷於零陵，遂家焉。蓋少孤，嬰丁凶難，辛苦備嘗。然有壯志，雖處貧賤，不自同於凡庸，常以負薪餘閒，學書疏，講兵事。（《説郛》卷五十七　案：「黃蓋字公覆」二句，疑截取自《三國志・吳志・黃蓋傳》原文，餘文乃《三國志・吳志・黃蓋傳》裴注引《吳書》之文。）

赤壁之役，黃蓋爲流矢所中，時寒墮水，爲吳軍人所得，不知其蓋也。置廁牀中，蓋自彊以一聲呼韓當，當聞之，曰：「此公覆聲也。」解易其衣，遂以得生。（《説郛》卷五十七　案：此條實爲《三國志・吳志・黃蓋傳》裴注引《吳書》之文。）

甘寧

甘寧，字興霸，巴郡陵江人也。（《説郛》卷五十七　案：此條截取自《三國志・吳志・甘寧傳》原文。）

寧輕俠殺人，藏舍亡命，聞於郡中。其出入，步則陳車騎，水則連輕舟。侍從被文繡，所如光道路。住止常以繒錦維舟，去或割棄，以示奢也。（《説郛》卷五十七　案：此條實爲《三國志・吳志・甘寧傳》裴注引《吳書》之文。）

丁奉

　　丁奉字承淵，廬江安豐人也。少以驍勇爲小將，屬甘寧、陸遜、潘璋等。數隨征伐，戰鬬常冠軍。每斬將搴旗，身被創夷，稍遷偏將軍。孫亮即位，爲冠軍將軍，封都亭侯。魏遣諸葛誕、胡遵等攻東興，諸葛恪率軍拒之。諸將皆曰：「敵聞太傅自來，上岸必遁走。」奉獨曰：「不然。彼動其境內，悉許、洛兵大舉而來，必有成規，豈虛還哉？無恃敵之不至，恃吾有以勝之。」及恪上岸，奉與將軍唐諮、呂據、留贊等，俱從山西上。奉曰：「今諸軍行遲，若敵據便地，則難與爭鋒矣。」乃辟諸軍，使下道，帥麾下三千人徑進。時北風，奉舉帆二日至，遂據徐塘。天寒雪，敵諸將置酒高會。奉見其前部兵少，相謂曰：「取封侯爵賞，正在今日！」乃使兵解鎧著冑，持短兵。敵人從而笑焉，不爲設備。奉縱兵斫之，大破敵前屯。會據等至，魏軍遂潰。(《説郛》卷五十七　案：此條實《三國志・吳志・丁奉傳》原文，疑《説郛》編者截取《丁奉傳》而成。)

王修

　　修一子，名儀，字殊表。(《説郛》卷五十七)

孔伷

　　伷字公緒，陳留人。張璠《漢紀》載鄭泰説董卓曰：「孔公緒能清談高論，噓枯吹生。」(《説郛》卷五十七　案：此條乃《三國志・魏志・武帝紀》裴注原文，裴注引《英雄記》與《漢紀》兩書內容，《説郛》編者並云出《英雄記》，實乃誤鈔也。「伷字公緒，陳留人」係出《英雄記》，已見於前。)

《八賢贊》　　晉孫楚撰

　　《八賢贊》，孫楚撰，《隋書・經籍志》、兩《唐志》均不見著錄，佚文見於《初學記》。孫楚，字子荊，西晉文學家，太原中都（今山西平遙）人，曾任左著作郎、石苞驃騎參軍、衛將軍司馬、馮翊太守。擅詩文，有文集十二卷，今已佚。

　　季子聰哲，思心精微，玄覽幽寤，觸類應機。(《初學記》卷十七)

管生鸞弓，與桓是讐，駿奔從糾，塊爲累囚。沐浴西郊，鸞飛詹丘。（《初學記》卷十七　案：原云出《八賢管仲贊》）

《晉諸公贊》　晉傅暢撰

傅暢（？-330），字世道，北地泥陽（今甘肅寧縣附近）人。諳識朝儀，恒居機密，石勒甚重之。作《晉諸公敍贊》二十二卷，又爲《公卿故事》九卷。《隋書·經籍志》《史通》著錄其著作《晉秘書丞傅暢集》五卷，并參與撰寫後趙史書，其書皆散佚。《晉諸公贊》，《晉書》本傳載「《晉諸公敍贊》二十二卷」，《隋書·經籍志》載「傅暢《晉諸公贊》二十一卷」，兩《唐志》並載「二十二卷」。章宗源《隋書經籍志》考證曰：「《晉書》、《左傳·莊公》正義引一事，題《晉語諸公贊》，『語』字誤增。他書徵引，或稱《傅暢《晉贊》，省『諸公』二字。」姚振宗《隋書經籍志考證》則謂：「本傳稱敍贊者，各爲敍傳於前，而繫以贊，猶劉中壘《列女傳贊》之體。」清人黃奭輯有傅暢《晉諸公讚》一卷，傅以禮則輯有《晉諸公讚》二卷，計有百餘人事，三百餘節，較爲完備。傅氏謂此書宋人尚有徵引，「則其湮沒或在元代未可知也」。

序

魏舒雖有宇量，眾望未能悉歸。侍中任愷爲世祖所委任，秦始〔一〕中，啓舒散騎常侍、侍中、尙書令，又爲吏部，遷僕射。舒雖體度弘雅，而才鈍無所創設，遷光祿大夫、開府領司徒，世祖臨軒使太常任愷拜授。朝廷以愷前啓拔舒而爲王，人人爲愷怨之也。（《太平御覽》卷六百三十一　案：黃奭《晉諸公贊》輯本作「魏舒」，未標明其爲「序」。就其內容而言，主要記述魏舒且此內容亦見於《晉書·任愷傳》，然《御覽》題爲《晉諸公贊序》當有所據，故從之。）

〔校記〕
〔一〕秦始，誤，當爲「泰始」，當爲傳抄之訛誤。

晉文王

晉文王，晉臺置強弩將軍，掌宿衛。（《太平御覽》卷二百三十九）

晉世祖

世祖時，西域獻孔雀，解人語，馴指〔一〕，應節〔二〕起舞。（《藝文類聚》卷九十一　又見於《太平御覽》卷九百二十四　案：《御覽》原云出《晉公卿贊》）

〔校記〕

〔一〕馴指，《太平御覽》作「彈指」。彈指者，捻彈手指作聲，原爲印度風俗。審其前後文意，似以「彈指」爲上。

〔二〕節，《太平御覽》作「聲」，皆通。

世祖時，西域獻三足烏，遂累有赤烏來集此昌陵縣。按〔一〕昌字重日〔二〕，烏者日中之烏。有託〔三〕體陽精，應期曜質，以顯至德者也。（《藝文類聚》卷九十九　又見於《太平御覽》卷九百二十）

〔校記〕

〔一〕按，《太平御覽》作「案」，古通。

〔二〕日，《太平御覽》作「曰」，「昌」，《說文解字》在「日部」，當以「日」爲上，爲傳寫之訛誤。

〔三〕託，《藝文類聚》作「記」。託體者，意爲寄附軀體，而記體文意不通，當爲傳寫時形近而誤，據《太平御覽》改。又《淵鑒類函》作「托體」。

義陽王司馬望

帝常與中護軍司馬望、侍中王沈、散騎常侍裴秀、黃門侍郎鍾會等講宴於東堂，並屬文論〔一〕。名秀爲儒林丈人〔二〕，沈爲文籍先生，望、會亦各有名號。帝性急，請召欲速。秀等在內職，到得及時，以望在外〔三〕，特給追鋒車，虎賁卒五人，每有集會，望〔四〕輒奔馳而至。（《三國志・魏志・高貴鄉公紀》注　又見於《資治通鑑・魏紀》）

〔校記〕

〔一〕「並屬文論」句，《資治通鑑》卷七十七魏紀九後有「特加禮異」一句。案：《資治通鑑》亦有此條，僅個別之處不同，雖未明言出自《晉諸公贊》，然《通鑑》史臣當本諸此。

〔二〕名，《資治通鑑》作「謂」。丈人，《橘山四六》《資治通鑑》皆同，然姚振宗《隋書經籍志考證》卷三十九作「大人」，當爲傳寫之誤。

〔三〕在外，《資治通鑑》作「職在外」。

〔四〕望，《資治通鑑》無。

望字子初，孚之長子。有才識，早知名。咸熙中位至司徒，入晉封義陽王，遷太尉、大司馬。時孚爲太宰，父子居上公位，自中代已來未之有也。洪字孔業，封河間王。（《三國志・魏志・司馬朗傳》注）

義陽王

義陽王爲太尉〔一〕、大司馬時，父孚〔二〕爲太宰，父子居上公，中代以來未之有也。（《通典》卷二十　又見於《太平御覽》卷二百九《文獻通考》卷四十八《職官分紀》卷三）

〔校記〕

〔一〕太尉，《太平御覽》《職官分紀》無。

〔二〕父孚，《文獻通考》作「父子」，形近而訛，當爲「父孚」。

汝南王亮

汝南王亮爲大司馬，正旦大會，乘車入殿。（《通典》卷二十　又見於《文獻通考》卷四十八）

陳騫

陳騫爲大司馬，賜袞冕之服。（《通典》卷二十　又見於《文獻通考》卷四十八）

司馬珪

司馬珪，時多令望，〔一〕早〔二〕歷顯職，晉受禪，爲〔三〕尚書左僕射〔四〕，時年三十七〔五〕，眾論以爲美〔六〕。（《藝文類聚》卷四十八　又見於《北堂書鈔》卷五十九《太平御覽》卷二百一十一《職官分紀》卷八）

〔校記〕

〔一〕時多令望，《北堂書鈔》《太平御覽》作「少時有令望」，《職官分紀》作「少有令望」。

〔二〕早，《北堂書鈔》無。

〔三〕爲，《北堂書鈔》上有「後」字。

〔四〕左僕射，《太平御覽》同，《北堂書鈔》《職官分紀》作「右僕射」。檢《晉書》本傳「拜尚書，遷右僕射」，應爲「右僕射」，當爲傳抄訛誤。

〔五〕三十七，《北堂書鈔》作「四十七」。《太平御覽》《職官分紀》皆作「三十七」，《藝文類聚》卷四十八引《晉公卿禮秩》曰「司馬珪，三十七，爲尚書僕射。魏晉以來，或置左右，或不置」，則以「三十七」爲是。

〔六〕美，《北堂書鈔》下有「者也」二字。

司馬滕

司馬滕〔一〕字元邁，文獻王泰之第三子也。性沉壯，起家爲冗從僕射。滕意欲業官〔二〕以自顯，出爲郡守。〔三〕（《太平御覽》卷二百四十二　又見於《北堂書鈔》卷六十三《職官分紀》卷二十六）

〔校記〕

〔一〕司馬滕，《北堂書鈔》上有「新蔡」二字；《職官分紀》作「司馬騰」，《晉書》卷三十七亦作「司馬騰」，當從《晉書》。

〔二〕業官，《北堂書鈔》作「索官」，《職官分紀》作「棄官」。案：「業官」語意不通，「索官」、「棄官」當爲形近之訛，未知孰是。

〔三〕出爲郡守，《北堂書鈔》作「由此出爲南陽魏郡太守」。

東嬴王滕〔一〕於常山屯營，時大積雪，常山門前方數丈融液，滕怪而掘之，得玉馬，高尺餘。(《藝文類聚》卷二)

〔校記〕

〔一〕東嬴王滕，《晉書》卷三十七司馬騰曾被封爲「東嬴公」，《藝文類聚》卷八十三引《異苑》作「東瀛王騰」，《太平御覽》卷十二引《晉書》則作「東瀛公騰」，當從《晉書》作「東嬴公」，是爲司馬騰也。

司馬模

司馬模居關中，鑄壞銅人鍾簴爲金器以易穀。(《藝文類聚》卷八十四)

司馬駿

駿八歲爲散騎常侍，侍魏齊王講。晉受禪，封扶風王，鎮關中，爲政最美。薨，贈武王。西土思之，但見其碑贊者，皆拜之而泣。其遺愛如此。(《世說新語·德行篇》注)

司馬駿五六歲能書數，魏王爲帝，駿八歲爲散騎常侍侍講〔一〕，十二遷步兵校尉。(《北堂書鈔》卷五十八　又見於《太平御覽》卷二百二十四《職官分紀》卷六)

〔校記〕

〔一〕侍講，《太平御覽》作「常侍講」；《御覽》《職官分紀》引文止此。

司馬駿鎮西戎，既葬，每見碑贊，無不悲泣。(《北堂書鈔》卷一百二)

司馬駿鎮西戎，既薨，每見其碑，讀者無不拜之。(《太平御覽》卷五百四十二)

扶風王入朝，恆不遷，世祖以至親，晚乃敘用。惠帝即位，爲光祿大夫，秩比三司，開府辟士劍履上殿入朝不趨。(《北堂書鈔》卷五十六)

扶風王〔一〕，年八歲，聰明善詩賦，中表奇之，魏烈祖以爲齊王芳〔二〕文學。(《太平御覽》卷二百四十八　又見於《職官分紀》卷三十二《事文類聚》外集卷四)

〔校記〕

〔一〕扶風王，《職官分紀》下有「子」字，誤，當刪。

〔二〕齊王芳，《事文類聚》外集作「齊芳王」，當爲傳抄之誤。

齊王攸

任愷、王俊〔一〕、齊王攸皆爲魏員外散騎常侍，於時公族務在閑任，故置外位。（《北堂書鈔》卷五十八）

〔校記〕

〔一〕黃奭校本謂，「俊」當作「浚」，當從之。

司馬倫

司馬倫，字子彝，咸熙中封趙王，進征西假節都督雍、梁、晉諸軍事。倫誅羌大酋數十人，胡遂反，朝議召倫還。（《文選》潘安仁《關中詩》李善注）

夫人九嬪

舊制，貴嬪、夫人比三公，假金紫；淑媛、淑儀、修容、修儀、婕妤、容華、充華爲九嬪，比九卿，假銀青。（《唐六典》卷二　又見於《太平御覽》卷一百四十五）

繁昌公主

初，衛瓘子宣尚世祖女繁昌公主，宣遇黃門不厚，致有讒構。楊駿欲專朝政，諷內外奪宣公主，瓘由此去位。上玄諸妃主議，問主：「宣待汝薄，今欲離，汝意云何？」主素訥，不能自申，但泣，泣是不欲離。諸主因言：「泣是婦人重於再出，故泣耳。」於是遂離。與姑妹書稱故新婦。（《太平御覽》卷一百五十二）

宣華公主

賈后女宣華公主葬，用羽葆、鼓吹、熊渠、伙飛爲鹵簿。（《太平御覽》卷五百五十四）

王祥

祥字休徵，琅邪臨沂人。（《世說新語·德行篇》注）

王覽

覽率素有至行。覽子孫繁衍，頗有賢才相係，弈世之盛，古今少比焉。（《三國志·魏志·呂虔傳》注　案：此條上有「《晉諸公贊》稱」云云，則所引不必爲原文也。）

郭德　郭喜

德字彥孫。司馬景王輔政，以女妻德。妻早亡，文王復以女繼室，即京兆

長公主。景、文二王欲自結于郭后，是以頻繁爲婚。德雖無才學，而恭謹謙順。甄溫字仲舒，與郭建及德等皆后族，以事宜見寵。咸熙初，封郭建爲臨渭縣公，德廣安縣公，邑皆千八百戶。溫本國侯，進爲輔國大將軍，加侍中，領射聲校尉，德鎮軍大將軍。泰始元年，晉受禪，加建、德、溫三人位特進。德爲人貞素，加以世祖姊夫，是以遂貴當世。德暮年官更轉爲宗正，遷侍中。太康中，大司馬齊王攸當之藩，德與左衛將軍王濟共諫請，時人嘉之。世祖以此望德，由此出德爲大鴻臚，加侍中、光祿大夫，尋疾薨，贈中軍大將軍，開府侍中如故，諡恭公，子喜嗣。喜精粹有器美，歷中書郎、右衛將軍、侍中，位至輔國大將軍，加散騎常侍。喜與國姻親，而經趙王倫、齊王冏事故，能不豫際會，良由其才短，然亦以退靜免之。（《三國志·魏志·文昭甄皇后傳》注）

郭建

建字叔始，有器局而強問，泰始中疾薨。子嘏嗣，爲給事中。（《三國志·魏志·明元郭皇后傳》注）

郭配

淮弟配，字仲南，有重名，位至城陽太守。裴秀、賈充皆配女婿。子展，字泰舒。有器度幹用，歷職著績，終於太僕。次弟豫，字泰寧，相國參軍，知名，早卒。女適王衍。配弟鎮，字季南，謁者僕射。鎮子奕，字泰業。（《三國志·魏志·郭淮傳》注　又見於《續後漢書》卷四十六）

郭豫

郭豫字太寧，太原人。仕至相國參軍，知名。早卒。（《世說新語·規箴篇》注）

郭奕

奕字泰業，太原陽曲人。累世舊族。奕有才望，歷雍州刺史、尚書。（《世說新語·賞譽篇》注）

郭展

郭展爲太僕，留心於〔一〕養生〔二〕，是以廄馬充丁〔三〕，其後征吳，得以濟事。〔四〕（《藝文類聚》卷四十九　又見於《北堂書鈔》卷三十六、卷五十四《太平御覽》卷二百三十《通典》卷二十五《職官分紀》卷十九）

〔校記〕
〔一〕於，《北堂書鈔》卷五十四無。

〔二〕養生，《職官分紀》作「養畜」。

〔三〕充丁，《太平御覽》作「充牣」，《通典》作「充多」，《職官分紀》作「充足」。

〔四〕其後征吳，得以濟事，《北堂書鈔》卷五十四作「其後征吳濟事」，《通典》作「征吳得以濟事」，《職官分紀》作「其後伐吳得以濟事」。

崔隨　崔瑋　崔林

述弟隨，晉尚書僕射。爲人亮濟。趙王倫篡位，隨與其事。倫敗，隨亦廢錮而卒。林孫瑋，性率而疏，至太子右衛率也。初，林識拔同郡王經于民伍之中，卒爲名士，世以此稱之。（《三國志‧魏志‧崔林傳》注）

王經

沈、業將出，呼王〔一〕經。經〔二〕不從，曰：「吾子行矣！」（《三國志‧魏志‧三少帝紀》注　又見於《世說新語‧賢媛篇》注）

〔校記〕

〔一〕王，《世說新語》無。

〔二〕經，《世說新語》無。

何曾

何曾字穎考，陳郡陽夏人。父夔，魏太僕。曾以高雅稱，加性仁孝，累遷司隸校尉。用心甚正，朝廷師之。仕晉至太宰。（《世說新語‧任誕篇》注）

曾以高雅稱，加性純孝，位至太宰，封朗陵縣公。年八十餘薨。諡曰元公。子邵嗣。邵字敬祖，才識深博，有經國體儀。位亦至太宰，諡康公。子蕤嗣。邵庶兄遵，字思祖，有幹能。少經清職，終於太僕。遵子綏，字伯蔚，亦以幹事稱。永嘉中爲尚書，爲司馬越所殺。（《三國志‧魏志‧何夔傳》注）

高俊　高誕　高光

柔長子儁，大將軍掾；次誕，歷三州刺史、太僕。誕放率不倫，而決烈過人。次光，字宣茂，少習家業，明練法理。晉武帝世，爲黃沙御史，與中丞同，遷守廷尉，後即眞。兄誕與光異操，謂光小節，常輕侮之，而光事誕愈謹。終於尚書令。追贈司空。（《三國志‧魏志‧高柔傳》注　又見於《續後漢書》卷四十一　案：此條《太平御覽》亦有節引，附列於後。）

高柔長子攜，大將軍掾。次誕，歷三州刺史，放率不倫，決烈過人。次光字宣茂，少習家業，明練法治，晉武帝世爲廷尉。兄誕與光異操，謂光小

節，常輕侮之。光事誕愈謹。(《太平御覽》卷五百一十六　案:「高攜」，實應依《三國志》作「高儁」，《御覽》形近而訛。)

羊祜

羊祜字叔子，太山平陽人也。世長吏二千石，至祜九世，以清德稱。為兒時，遊汶濱，有行父止而觀焉，歎息曰:「處士大好相，善為之，未六十，當有重功於天下。即富貴，無相忘。」遂去，莫知所在。累遷都督荊州諸軍事。自在南夏，吳人說服，稱曰羊公，莫敢名者。南州人聞公喪，號哭罷市。(《世說新語·言語篇》注)

羊祜薨，贈太傅。南州以市日聞喪，即號哭罷市。(《文選》沈休文《齊故安陸昭王碑文》李善注)

李熹

喜字季和，上黨銅鞮人也。少有高行，研精藝學。宣帝為相國，辟喜，喜固辭疾。景帝輔政，為從事中郎，累遷光祿大夫，特進。贈太保。(《世說新語·言語篇》注)

喜〔一〕字季和，上黨人。少有高行，為僕射，年老遜位，拜光祿大夫。(《文選》羊祜《讓開府表》李善注　又見於《水經注》卷十)

〔校記〕

〔一〕喜，《水經注》作「熹」，且上有一「李」字。

杜預

尚書杜預欲為平底釜，謂於薪火為省。黃門郎賈彝於世祖前面質預曰:「釜之尖下，以備沃洗;今若平底，無以去水。」預亦不能折之。(《太平御覽》卷七百五十七)

杜預元凱作連機水碓〔一〕，由此洛下穀米豐賤。(《白氏六帖事類集》卷二十四　又見於《太平御覽》卷七百六十二《山谷內集詩注》內集卷二)

〔校記〕

〔一〕杜預元凱作連機水碓，《太平御覽》作「征南杜預作連機碓」，且引文止此，《山谷內集詩注》內集作「杜預作連機水碓」。

杜瑕　杜乂

瑕有器局。預從兄武，字世將，亦有才望，為黃門郎，為趙王倫所枉殺。

蝦子乂，字洪治。少有令名，爲丹陽丞，早卒。阮武者，亦拓落大才也。(《三國志・魏志・杜恕傳》注)

杜育

杜育字方叔，襄城鄧陵人，杜襲孫也。育幼便岐嶷，號神童。及長，美風姿，有才藻，時人號曰「杜聖」。累遷國子祭酒。洛陽將沒，爲賊所殺。(《世說新語・品藻篇》注)

文俶

俶後爲將軍，破涼州虜，名聞天下。太康中爲東夷校尉、假節。當之職，入辭武帝，帝見而惡之，託以他事免俶官。東安公繇，諸葛誕外孫，欲殺俶，因誅揚駿，誣俶謀逆，遂夷三族。(《三國志・魏志・諸葛誕傳》注)

文淑破虜之後，名聞天下。當爲東夷校尉，入辭，世祖見而惡之，恐居邊不信，密諷監司奏淑作陽遂四望車，僭飾過制，免官。(《太平御覽》卷七百七十五　案：文俶即文欽中子文鴛，《御覽》所引「文淑」，當是形近而訛，應從《三國志》作「文俶」。)

賈充

充字公閭，甘露中爲大將軍長史。高貴鄉公之難，司馬文王賴充以免。爲晉室元功之臣，位至太宰，封魯公。諡曰武公。(《三國志・魏志・賈逵傳》注)

充字公閭，襄陵人。父逵，魏豫州刺史。充起家爲尚書，遷廷尉，聽訟稱平。晉受禪，封魯郡公。充有才識，明達治體，加善刑法，由此與散騎常侍裴楷共定科令，蠲除密網，以爲《晉律》。薨，贈太宰。(《世說新語・政事篇》注)

賈充以太尉領太子太保，〔一〕錄尚書事，〔二〕以公位重，堪〔三〕爲保傅，或行領，各隨其時。(《北堂書鈔》卷六十五　又見於《太平御覽》卷二百四十四)

〔校記〕

〔一〕賈充以太尉領太子太保，《太平御覽》作「賈充爲太尉，行太子太保」。

〔二〕錄尚書事，《太平御覽》無。

〔三〕堪，《太平御覽》作「其」。

李婉

李氏有才德，世稱《李夫人訓》者。生女合，亦才明，即齊王妃。(《世說新語・賢媛篇》注)

世祖踐阼，李氏赦還，而齊獻王妃欲令充遣郭氏，更納其母。充不許，爲李氏築宅而不往來。充母柳氏將亡，充問所欲言者。柳曰：「我教汝迎李新婦尚不肯，安問他事！」（《世說新語·賢媛篇》注）

世祖以李豐得罪晉室，又郭氏是太子妃母，無離絕之理，乃下詔勅斷，不得往還。（《世說新語·賢媛篇》注）

郭氏

郭氏即賈后母也。爲性高朗，知后無子，甚憂愛愍懷，每勸屬之。臨亡，誨賈后，令盡意於太子，言甚切至。趙充華及賈謐母，並勿令出入宮中。又曰：「此皆亂汝事！」后不能用，終至誅夷。（《世說新語·惑溺篇》注）

韓壽　賈謐　韓蔚

自暨已下，世治素業，壽能敦尚家風，性尤忠厚。早歷清職，惠帝踐阼，爲散騎常侍，遷守河南尹。病卒，贈驃騎將軍。壽妻賈充女。充無後，以壽子謐爲嗣，弱冠爲秘書監侍中，性驕佚而才出眾。少子蔚，亦有器望，並爲趙王倫所誅。韓氏遂滅。（《三國志·魏志·韓暨傳》注　又見於《續後漢書》卷四十一）

壽字德眞，南陽赭陽人。曾祖暨，魏司徒，有高行。（《世說新語·惑溺篇》注）

胡遵　胡奮　胡廣　胡烈　胡歧　胡喜　胡淵

胡烈兒名淵，字世元，遵之孫也。遵，安定人，以才兼文武，累居藩鎭，至車騎將軍。子奮，字玄威，亦歷方任。女爲晉武帝貴人，有寵。太康中，以奮爲尙書僕射，加鎭軍大將軍、開府。弟廣，字宣祖，少府。次烈，字玄武，秦州刺史。次歧，字玄嶷，並州刺史。廣子喜，涼州刺史。淵小字鷂鴟，時年十八，既殺會救父，名震遠近。後趙王倫簒位，三王興義，倫使淵與張泓將兵禦齊王，屢破齊軍。會成都戰克，淵乃歸降伏法。（《三國志·魏志·鍾會傳》注）

裴秀

司空裴秀以舊天下大圖，用縑八十疋，省視既難，事又不審，乃裁減爲《方丈圖》，以一分爲十里，一寸爲百里，從率數計里，備載名山都邑，王者可不下堂而知四方也。（《北堂書鈔》卷九十六）

裴頠

裴頠談理，與王夷甫不相推下。(《世説新語・文學篇》注)

自魏太常夏侯玄、步兵校尉阮籍等，皆著《道德論》。于時侍中樂廣、吏部郎劉漢亦體道而言約，尚書令王夷甫講理而才虚，散騎常侍戴奥以學道爲業，後進庾敳之徒皆希慕簡曠。頠疾世俗尚虚無之理，故著《崇有》二論以折之。才博喻廣，學者不能究。後樂廣與頠清閒欲説理，而頠辭喻豐博，廣自以體虚無，笑而不復言。(《世説新語・文學篇》注)

裴頠，惠帝時拜爲國子祭酒，〔一〕奏立國子太學，起講堂，築門闕，刻石以寫五經〔二〕。(《北堂書鈔》卷六十七　又見於《藝文類聚》卷三十八《太平御覽》卷五百三十四《玉海》卷四十三)

〔校記〕

〔一〕裴頠，惠帝時拜爲國子祭酒，《藝文類聚》《太平御覽》皆作「惠帝時，裴頠爲國子祭酒」，《玉海》作「裴頠爲國子祭酒」。

〔二〕刻石以寫五經，《藝文類聚》《太平御覽》皆作「刻石寫經」。

裴楷

裴楷字叔則，河東聞喜人，司空秀之從弟也。父徽，冀州刺史，有俊識。楷特精《易》義。累遷河南尹、中書令，卒。(《世説新語・德行篇》注)

楷息瓚，取楊駿女。駿誅，以相婚黨，收付廷尉。侍中傅祗證楷素意，由此得免。(《世説新語・雅量篇》注)

裴楷字叔則，爲中書令加侍中光祿大夫。與張華俱處機密，華、楷一時名望，而華獨開府，時皆責之，華不敢授，尋進楷開府。(《北堂書鈔》卷五十七)

裴康　裴綽　裴楷　裴純　裴盾　裴合　裴廓　裴瓚　裴憲　裴遐

康有弘量，綽以明達爲稱，楷與琅邪王戎俱爲掾發名，鍾會致之大將軍司馬文王曰：「裴楷清通，王戎簡要。」文王即辟爲掾，進歷顯位。謝鯤爲《樂廣傳》，稱楷俊朗有識具，當時獨步。黎子苞，秦州刺史。康子純，黃門侍郎。次盾，徐州刺史。次合，有器望。晉元帝爲安東將軍，合爲長史，侍中王曠與司馬越書曰：「裴合在此，雖不治事，然識量弘淹，此下人士大敬附之。」次廓，中壘將軍。楷子瓚，中書郎。次憲，豫州刺史。綽子遐，太傅主簿。瓚遐並有盛名，早卒。(《三國志・魏志・裴潛傳》注)

裴憲

憲有清識。(《三國志·魏志·裴潛傳》注)

裴康

康有弘量,歷太子左率。(《世說新語·品藻篇》注)

裴瓚

瓚字國寶,楷之子。才氣爽儁,終中書郎。(《世說新語·品藻篇》注)

裴遐

裴遐字叔道,河東人。父緯,長水校尉。〔一〕遐〔二〕少有理稱,辟司空
掾〔三〕、散騎郎。(《世說新語·文學篇》注　又略見於高似孫《史略》卷三)

〔校記〕

〔一〕父緯,長水校尉,《史略》無。

〔二〕遐,《史略》無。

〔三〕司空掾,《史略》無。

裴邈

邈字景聲,河東聞喜人。少有通才,從兄頠器賞之,每與清言,終日達曙。
自謂理構多如,輒每謝之,然未能出也。歷太傅從事中郎、左司馬,監東海王軍
事。少爲文士,而經事爲將,雖非其才,而以罕重稱也。(《世說新語·方正篇》注)

諸葛靚

靚字仲思,琅邪人,司空誕少子也。雅正有才望。誕以壽陽叛,遣靚入
質於吳,以靚爲右將軍、大司馬。(《世說新語·言語篇》注)

諸葛靚　嵇紹

吳亡,靚入洛,以父誕爲太祖所殺,誓不見世祖。世祖叔母琅邪王妃,
靚之姊也。帝後因靚在姊間,往就見焉,靚逃於廁中,於是以至孝發名。時
嵇康亦被法,而康子紹死蕩陰之役。談者咸曰:「觀紹、靚二人,然後知忠孝
之道,區以別矣。」(《世說新語·方正篇》注)

衛瓘

瓘字伯玉,河東安邑人。少以明識清允稱。傅嘏極貴重之,謂之寧武子。
仕至太保,爲楚王瑋所害。(《世說新語·識鑒篇》注)

衛玠

衛玠字叔寶，河東安邑人。祖父瓘，太尉。父恒，黃門侍郎。（《世說新語·言語篇》注）

張華　盧浮　盧珽　盧皓　盧志　盧諶

張華博識名聞，無物不知。浮高朗經博，有美於華，〔一〕起家太子舍人，〔二〕病疽，截手，遂廢。朝廷器〔三〕重之，就家〔四〕以爲國子博士，遷祭酒。永平中爲秘書監。珽及子皓、志並至尚書。志子諶，字子諒。溫嶠表稱諶清出有文思。（《三國志·魏志·盧毓傳》注　又略見於《北堂書鈔》卷六十六《藝文類聚》卷四十九《太平御覽》卷四百七十五《職官分紀》卷二十八《冊府元龜》卷八百九十五）

〔校記〕

〔一〕《冊府元龜》引文止此。有美於華，《職官分紀》作「有美於張華」。

〔二〕起家太子舍人」，《北堂書鈔》作「盧浮起家爲太子舍人」，且引文止此；「起家」，《藝文類聚》《太平御覽》《職官分紀》下皆有「爲」字。《藝文類聚》《職官分紀》引文皆止此。

〔三〕器，《太平御覽》無。

〔四〕家，《太平御覽》無。

張華大駕征鍾會，兼中書郎，奏議眾文多所施行，久而即眞。（《北堂書鈔》卷五十七）

張華博識多聞，問無不知，爲太子舍人。（《北堂書鈔》卷六十六）

陳准　張華

陳准爲中書令，張華爲監，准與華俱處機密而推〔一〕崇之。每直日有詔書，〔二〕無小大輒先示華，〔三〕了不措意；〔四〕華得詔書不以示准〔五〕。省中〔六〕號准爲中書五郎，其從容如此。（《太平御覽》卷二百二十　又見於《藝文類聚》卷四十八《職官分紀》卷七《事文類聚》新集卷五）

〔校記〕

〔一〕推，《藝文類聚》作「准」。

〔二〕每直日有詔書，《藝文類聚》作「每至宣日，有詔書」，《職官分紀》、《事文類聚》新集作「每至直詔書」。

〔三〕無小大輒先示華，《藝文類聚》作「無大小輒先示華」《職官分紀》作「無大小先示華」，《事文類聚》新集作「無小大先示華」。

〔四〕了不措意，《職官分紀》作「了不厝意」，《事文類聚》新集作「了方措意」。

〔五〕不以示准,《藝文類聚》引文止此,《職官分紀》、《事文類聚》新集作「不復示准」。

〔六〕省中,《事文類聚》新集上有「故」字。

楚王瑋矯詔害汝南王亮。其夜,帝臨東堂,張華唱議,乃遣左右以白虎幡麾之,然後眾散。(《太平御覽》卷三百四十一)

陳准字道基,有德器,爲太子舍人。(《北堂書鈔》卷六十六)

滿奮

奮體量清雅,有曾祖寵之風,〔一〕遷尚書令,爲荀顗所害。(《世說新語·言語篇》注　又見於《三國志·魏志·滿寵傳》注)

〔校記〕

〔一〕曾祖,《三國志》無,且引文止於此。

荀顗

顗字景倩,或之子。蹈禮立德,思義溫雅,加深識國體,累遷光祿大夫。晉受禪,封臨淮公。典朝儀,刊正國式,爲一代之制。轉太尉,爲台輔,德望清重,留心禮教。卒,謚康公。(《世說新語·品藻篇》注)

荀勖

世祖時,以荀勖所造律,得周時玉律,以校正同,荀勖奏曰:中所出御府銅管律〔一〕二十五具,其三具與杜夔、左延年法同。(《藝文類聚》卷五　又見於《緯略》卷二)

〔校記〕

〔一〕銅管律,《緯略》作「銅竹律」。

荀勗奏曰:「御府銛竹律二十五具,劉秀等校試,其三具與杜左法同,其二十二具是笛律也。」問協律中郎將列和云:「昔魏文帝時令和承受笛聲,以作此律。」(《北堂書鈔》卷一百一十二)

世祖時,以荀勖所造律班示朝臣,散騎侍郎阮咸唱議,謂勖所造聲高,必由古今尺有長短所致,然勖亦依案經典算而制之,又求古器得周時玉律比較正同。荀勖奏曰:「中所出御府銅竹律二十五具,部太常樂郎正劉秀等校試,其三具與杜夔、左延年法同,其二十二具視其銘題尺寸,是笛律也。」問協律中郎將列和云:「昔魏明帝時,令和丞受笛聲,以作此律,欲使學者別居一坊,歌詠講習,依此律調至於都合樂時,但識其尺寸之名,則絲竹歌皆得均

合。歌聲濁者用長笛長律，歌聲輕者用短笛短律。凡弦歌調張清濁之制，不依笛寸尺名之，則不可知也。」（《太平御覽》卷十六）

荀勖領秘書監。太康二年，汲郡塚中得竹書，勖躬自撰次注寫，以爲《中經》，列於秘書，經傳闕文，多於〔一〕證明。（《初學記》卷十二　又見於《太平御覽》卷二百三十三《職官分紀》卷十六《錦繡萬花谷》後集卷十一）

〔校記〕

〔一〕於，《太平御覽》、《職官分紀》、《錦繡萬花谷》後集皆作「所」。

王濟

王濟字武子，太原晉陽人，司徒渾第二子也。有儁才，能清言。起家中書郎，終太僕。（《世說新語·言語篇》注）

齊王當出藩，而王濟諫請無數，又累遣常山主與婦長廣公主共入稽顙，陳乞留之。世祖甚恚，謂王戎曰：「我兄弟至親，今出齊王，自朕家計，而甄德、王濟連遣婦入來，生哭人邪？濟等尚爾，況餘者乎？」濟自此被責，左遷國子祭酒。（《世說新語·方正篇》注）

濟與從兄恬不平，濟爲河南尹，未拜，行過王宮，吏不時下道，濟於車前鞭之，有司奏免官。論者以濟爲不長者。尋轉太僕，而王恬已見委任，濟遂斥外。（《世說新語·汰侈篇》注　又略見於《北堂書鈔》卷七十六）

〔校記〕

〔一〕「濟爲河南尹」以下四句，《北堂書鈔》作「王濟爲河南尹，未拜，遇王官吏，不得下道，濟鞭之」，《北堂書鈔》引文止此。

王濟左遷國子祭酒，數年，入爲侍中。（《文選》傅長虞《贈何劭王濟》李善注）

任愷

愷字元褒，樂安博昌人。有雅識國幹，萬機大小多綜之。與賈充不平，充乃啓愷掌吏部，又使有司奏愷用御食器，坐免官，世祖情遂薄焉。（《世說新語·任誕篇》注）

山濤

山濤爲吏部尙書，官人稱允也〔一〕。（《北堂書鈔》卷卷六十　又見於三十六）

〔校記〕

〔一〕也，《北堂書鈔》卷三十六無。

劉邠　劉粹　劉宏　劉漢　劉咸　劉耽　劉恢

邠本名炎，犯晉太子諱，改爲邠。位至太子僕。子粹，字純嘏，侍中。次宏，字終嘏，太常。次漢，字仲嘏，光祿大夫。漢清沖有貴識，名亞樂廣。宏子咸，徐州刺史。次耽，晉陵內史。耽子恢，字眞長，尹丹楊，爲中興名士也。（《三國志・魏志・管輅傳》注　又見於《續後漢書》卷七十二）

陸亮

亮字長興，河內野王人，太常陸乂兄也。性高明而率至，爲賈充所親待。山濤爲左僕射領選，濤行業即與充異，自以爲世祖所敬，選用之事，與充咨論，充每不得其所欲。好事者說充：「宜授心腹人爲吏部尙書，參同選舉。若意不齊，事不得諧，可不召公與選，而實得敘所懷。」充以爲然。乃啓亮公忠無私。濤以亮將與己異，又恐其協情不允，累啓亮可爲左丞相，非選官才。世祖不許，濤乃辭疾還家。亮在職果不能允，坐事免官。（《世說新語・政事篇》注）

許猛　許奇　許式

猛禮樂儒雅，當時最優。奇子遐，字思祖。以清尙稱，位至侍中。猛子式，字儀祖。有才幹，至濮陽內史、平原太守。（《三國志・魏志・夏侯玄傳》注）

鄭默　鄭質　鄭舒　鄭詡　鄭球　鄭豫

默遵守家業，以篤素稱，位至太常。默弟質、舒、詡，皆爲卿。默子球，清直有理識，尙書右僕射、領選。球弟豫，爲尙書。（《三國志・魏志・鄭渾傳》注）

邢喬李順

喬字曾伯，河間人。有才學，仕至司隸校尉。順字曼長，仕至太僕卿。（《世說新語・賞譽篇》注）

李胤

李胤〔一〕爲吏部尙書，正身率職不橈，〔二〕故能行其所見，〔三〕遂刊定選例，而著於令。〔四〕（《藝文類聚》卷四十八　又見於《白氏六帖事類集》卷二十一《北堂書鈔》卷三十七、卷六十〔兩引〕　案：《北堂書鈔》卷六十兩引之。）

〔校記〕

〔一〕李胤，《北堂書鈔》卷六十下有「字宣伯」三字。

〔二〕正身率職不橈，《白氏六帖事類集》作「正身率職」，《北堂書鈔》卷三十七作「正身率下，職不傾撓」，《北堂書鈔》卷六十一作「正身居職」，一作「正身率職，不傾不撓」。

〔三〕故能行其所見，《北堂書鈔》卷六十皆無。

〔四〕遂刊定選例，而著於令，《白氏六帖事類集》作「刊定選例」，《北堂書鈔》卷三十七作「遂定選例」，《北堂書鈔》卷六十一作「遂刪定選例而著於令」，一作「遂刊定選制著於令」。

華廙　華嶠　華澹　華昆　華薈　華恒　華軼

廙有文翰，歷位尚書令、太子少傅，追贈光祿大夫開府。嶠字叔駿，有才學，撰《後漢書》，世稱爲良史。爲秘書監、尚書。澹字玄駿，最知名，爲河南尹。廙三子。昆字敬倫，清粹有檢，爲尚書。薈字敬叔。《世語》稱薈貴正。恒字敬則，以通理稱。昆，尚書；薈，河南尹；恒，左光祿大夫開府。澹子軼，字彥夏。有當世才志，爲江州刺史。（《三國志·魏志·華歆傳》注）

嶠撰《後漢書》，世稱爲良史。范史《班固傳論》略華嶠之辭。（《玉海》卷四十六）

華廙

華廙字長駿，爲中書監。時戎事多不泄，廙啓世祖召受子，薈筆草詔。先時荀勖爲監，末年亦使息組書草詔。傅祇爲監，病風年老，復俠息暢書啓事，前後相承。以子弟管之，自此議始也。（《北堂書鈔》卷五十七　案：《太平御覽》卷二百二十亦引之，言辭頗有差異，不再一一出校，兩存之耳。）

華廙爲中書監時，事多不泄，啓世祖乞授子薈答詔。先時荀勖爲中書監，末年亦使息組書詔草。傅祇爲中書監，病風，復使息暢書啓事，〔一〕皆前後相承，以子弟管之。（《太平御覽》卷二百二十　又見於《職官分紀》卷七《事文類聚》新集卷五）

〔校記〕

〔一〕末年亦使息組書詔草。傅祇爲中書監，病風，復使息暢書啓事，《職官分紀》作「病風，亦使息但書啓事」。《職官分紀》、《事文類聚》新集傳寫過程中誤將荀勖、傅祇事混爲一談，以《太平御覽》所引爲是。

劉毅

劉毅，字仲雄。爲司隸，奏太尉何曾、尚書劉寔父子及羊琇、張佗等，所犯狼藉。司郡守令〔二〕事相連及，觀風〔三〕投印綬者甚眾，皆以爲毅能繼諸葛豐、蓋寬饒〔四〕。（《通典》卷三十二　又見於《太平御覽》卷二百五十）

〔校記〕

〔一〕張佗，《太平御覽》作「張他」，佗爲他的異體字。

〔二〕司郡守令，《太平御覽》作「司部守令」。

〔三〕觀風，《太平御覽》作「睹風」。

〔四〕蓋寬饒，《太平御覽》下有「也」字。

劉曜

曜字長升，爲侍御史，尚書郭彰呵曜，不敢絕君角。曜厲色曰：「天子法官而李截角，彰何以敢爾。」索紙癭之，彰伏坐上不敢與校，衆解而止。曜嚴直名望，聞於內外。（《北堂書鈔》卷三十七）

劉曜字長升，遵其家業，用心厲正，爲侍御史之職。（《北堂書鈔》卷六十二）

劉曜爲侍御史，脩復庫事及軍器。尚書郭彰豪強，曜小官，上呵之，彰曰：「我不能截君角耶。」以侍御史著法冠有兩角，故上共也。（《北堂書鈔》卷一百二十七）

奏司徒王渾，蒙國厚恩，備位鼎司，不能上佐於天子，下遂萬物之宜，舉動輕速，無大臣之節，請免官。諸聞曜此奏，皆歎美之。（《北堂書鈔》卷六十）

和嶠

嶠字長輿，汝南西平人。父逌，太常，知名。嶠少以雅量稱，深爲賈充所知，每向世祖稱之。歷尚書、太子少傅。（《世說新語·方正篇》注）

和嶠　和郁

和嶠字長輿，逌之子也。少知名，以雅重稱。常慕其舅夏侯玄之爲人，厚自封植，嶷然不羣。於黃門郎遷中書令，〔一〕轉尚書。愍懷太子初立，以嶠爲少保，加散騎常侍。家產豐富，擬於〔二〕王公，而性至儉吝。〔三〕嶠同母弟郁，素無名〔四〕，嶠輕侮之，以此爲損〔五〕。卒於官，贈光祿大夫。郁以公彊當世，致位尚書令。（《三國志·魏志·和洽傳》注　又見於《太平御覽》卷四百七十一、卷五百一十六）

〔校記〕

〔一〕於黃門郎遷中書令，《太平御覽》卷四百七十一作「拜黃門郎，遷中書令」。

〔二〕於，《太平御覽》卷四百七十一無。

〔三〕而性至儉吝，《太平御覽》卷四百七十一引文止此。《太平御覽》卷五百一十六無「而」字」，然上有「和嶠爲少保散騎常侍」一句。

〔四〕名，《太平御覽》卷五百一十六下有「稱」字。

〔五〕損，《太平御覽》卷五百一十六下有「一」字，疑「一」爲衍文。《太平御覽》卷五百一十六引文止此。

嶠性不通，治家富擬王公，而至儉，將有犯義之名。（《世說新語·儉嗇篇》注）

嶠常慕其舅夏侯玄爲人，故於朝士中峨然不羣，時類憚其風節。（《世說新語·賞譽篇》注）

惠帝以吏部尚書和嶠爲太子少保。（《太平御覽》卷二百四十四　又見於《職官分紀》卷二十七）

羊琇

羊琇字稺舒〔一〕，泰山人。通濟有才幹〔二〕，與世祖同年相善，謂世祖曰：「後富貴時，見用作領護軍各十年。〔三〕」世祖即位，累遷左將軍〔四〕、特進。（《世說新語·方正篇》注　又見於《文選》沈休文《齊故安陸昭王碑文》李善注）

〔校記〕

〔一〕稺舒，《文選》作「稚舒」，稺爲稚之異體字。

〔二〕有才幹，《文選》作「才術」。

〔三〕後富貴時，見用作領護軍各十年，《文選》作「後富貴時見用作領護軍、太子詹事」。

〔四〕左將軍，《文選》下有「中護軍」三字。

都官從事程偉案狀羊琇所犯狼籍，琇即遣家人持銅弩牙首入重法。時人皆謂琇有權智，世祖詔遷琇官。（《太平御覽》卷三百四十八）

李重　李尚　李矩　李式

重以清尚稱。相國趙王倫以重望取爲右司馬。重以倫將爲亂，辭疾不就。倫逼之不已，重遂不復自活，至於困篤，扶曳受拜，數日卒，贈散騎常侍。重二弟，尚字茂仲，矩字茂約，永嘉中並典郡；矩至江州刺史。重子式，字景則，官至侍中。（《三國志·魏志·李通傳》注）

李重字茂曾，江夏鍾武人。少以清尚見稱。歷吏部郎、平陽太守。（《世說新語·品藻篇》注）

趙王爲相國，取重爲左司馬，重以倫將篡，辭疾不就。敦喻之，重不復自治，至於篤甚。扶曳受拜，數日卒。時人惜之。贈散騎常侍。（《世說新語·品藻篇》注）

王浚

王浚〔一〕，字彭祖，爲幽州刺史，尋洛陽破，浚承制建〔二〕行臺，以宗廟焚毀，設壇，望祀七室及功臣配食者〔三〕。（《藝文類聚》卷三十八　又見於《初學記》卷十三《太平御覽》卷五百三十一《錦繡萬花谷》後集卷十八）

〔校記〕

〔一〕王浚，《初學記》、《錦繡萬花谷》後集皆作「王俊」，《太平御覽》作「王浚」，皆誤，當爲王浚。

〔二〕建，《初學記》無。

〔三〕設壇，《初學記》、《太平御覽》、《錦繡萬花谷》後集皆作「設壇」。

〔四〕者，《初學記》、《太平御覽》、《錦繡萬花谷》後集皆無。

潘滔

滔以博學才量爲名。永嘉末，爲河南尹，遇害。（《三國志·魏志·衛覬傳》注）

武陔

武陔遷爲右光祿，開府公以身率職，朝論歸美。（《北堂書鈔》卷五十六）

邢喬

顒曾孫喬，字曾伯。有體量局幹，美於當世。歷清職。元康中，與劉渙俱爲尚書吏部郎，稍遷至司隸校尉。（《三國志·魏志·邢顒傳》注）

阮咸

律成，散騎侍郎阮咸謂勖所造聲高，高則悲。夫亡國之音哀以思，其民困。今聲不合雅，懼非德政中和之音，必是古今尺有長短所致。然今鍾磬是魏時杜夔所造，不與勖律相應，音聲舒雅，而久不知夔所造，時人爲之，不足改易。勖性自矜，乃因事左遷咸爲始平太守，而病卒。後得地中古銅尺，校度勖今尺，短四分，方明咸果解音，然無能正者。（《世說新語·術解篇》注）

中護軍長史阮咸唱議，荀勖所造樂，聲高則悲，亡國之音哀以思，今聲不合雅，懼非德政中和之善，必古今長短之所致。後掘地得古銅尺，歲久欲腐壞，以此尺度於勖，今尺短四分，時人明咸爲解。（《文選》顏延年《五君詠五首》李善注　又見於《文章正宗》卷二十二）

荀勖造〔一〕鍾律，時人並稱其精密，唯〔二〕陳留阮咸，譏其聲高。後始平掘地，得古銅尺，歲久欲腐，以校荀勖今尺，短校四分。時人以咸爲解〔三〕。（《隋書》卷十六　又見於《文獻通考》卷一百三十三《律呂新書》卷二）

〔校記〕

〔一〕造，《文獻通考》、《律呂新書》上皆有「新」字。

〔二〕唯，《律呂新書》作「惟」，以「唯」爲上。

〔三〕解，《律呂新書》上有「神」字。

向純　向悌

洛陽敗，純、悌出奔，爲賊所害。（《世說新語‧賞譽篇》注）

王恂兄弟

恂兄弟八人。其達者，虔字恭祖，〔一〕以功幹見稱，位至尚書。弟愷，字君夫，少有才力而無行檢，與衛尉石崇友善，俱以豪侈競於世，終於後將軍。虔子康、隆，仕亦宦達，爲後世所重。（《三國志‧魏志‧王肅傳》注　又略見於《續後漢書》卷六十五）

〔校記〕

〔一〕《續後漢書》引文僅有「虔字恭祖，愷字君夫」兩句。

王愷

王愷字君夫，東海人，王肅子也。雖無檢行，而少以才力見名，有在公之稱。既自以外戚，晉氏政寬，又性至豪。舊制，鴆不得過江，爲其羽櫟酒中，必殺人。愷爲翊軍時，得鴆於石崇而養之，其大如鵝，喙長尺餘，純食蛇虺。司隸奏按愷、崇，詔悉原之，即燒於都街。愷肆其意色，無所忌憚。爲後軍將軍，卒，謚曰醜。（《世說新語‧汰侈篇》注）

鴆鳥食蝮，以羽翮櫟酒水中，飲之則殺人。〔一〕舊制，鴆不得渡江，有重法。石崇爲南中郎，得鴆，以與王愷，養之，大如鵝，喙長尺餘，純食蛇虺。司隸傅祗於愷家得此鳥，奏之，宣示百官，燒於都街。（《春秋左傳正義》卷十　又見於魏了翁《春秋左傳要義》卷十二《能改齋漫錄》卷十五）

〔校記〕

〔一〕《能改齋漫錄》引文止此。

石崇

崇性好俠，與王愷競相誇衒也。（《世說新語‧汰侈篇》注）

石崇爲南中郎將得鴆，以與王愷爲鴆害之事，司傅祗於愷家得鴆，奏而免之。（《北堂書鈔》卷六十三）

石崇爲南中郎將。(《太平御覽》卷二百四十一)

嵇紹

紹與山濤子簡、弘農楊準同好友善，而紹最有忠正之情。以侍中從惠帝北伐成都王，王師敗績，百官皆走，惟紹獨以身扞衛，遂死於帝側。故累見褒崇，追贈太尉，諡曰忠穆公。(《三國志‧魏志‧嵇康傳》注)

康遇事後二十年，紹乃爲濤所拔。(《世說新語‧政事篇》注)

山該

山該字伯倫，司徒濤長子也。雄有器識，仕至左衛將軍。(《世說新語‧方正篇》注)

王烈

烈字陽秀，蚤知名。魏朝，爲治書御史。(《世說新語‧賞譽篇》注)

郝隆

隆字弘始，高平人。爲人通亮清識。爲吏部郎、楊州刺史。齊王冏起義，隆應檄稽留，爲參軍王遂所殺。(《世說新語‧品藻篇》注)

王堪

堪字世冑，東平壽張人，少以高亮義正稱。爲尚書左丞，有準繩操。爲石勒所害，贈太尉。(《世說新語‧賞譽篇》注)

王堪字世冑，行車騎將軍征討諸軍事，爲石勒所襲。左右將勸堪上馬，歎曰：「我國家大將，不能禦難，何面目復還朝廷。」終不動，遂至被害，官僚百人守屍不去，皆死孝懷悼之。(《北堂書鈔》卷六十四)

惠帝幸長安，東海王越表王堪爲尚書右僕射，假節都督奉迎諸軍事，進于灞水上，與郭偉力戰。堪杖節臨陣，慷慨氣冠六軍。即斬偉，迎惠帝還洛陽。其後爲石勒所襲，壘破，左右扶堪上馬。堪慷慨歎曰：「我國家大將，不能禦難，以至於此，奈何面目復還朝廷！」終不動騎，遂至被害。(《初學記》卷十七)

袁亮

亮子粲，字儀祖，文學博識，累爲儒官，至尚書。(《三國志‧魏志‧袁渙傳》注)

劉弘　劉璠

于時天下雖亂，荊州安全。弘有劉景升保有江漢之志，不附太傅司馬越。越甚銜之。會弘病卒。子璠，北中郎將。（《三國志·劉馥傳》注　又見於《續後漢書》卷四十三）

劉禪

劉禪乘騾車詣艾，〔一〕不具亡國之禮。（《三國志·蜀志·后主傳》注　又見於《太平御覽》卷九百一《續後漢書》卷三）

〔校記〕

〔一〕劉禪乘騾車詣艾，《太平御覽》作「劉禪降，乘騾車，詣鄧艾。

劉淮

淮字君平，沛國杼秋人。少以清正稱。累遷河內太守、侍中、尚書僕射、司徒。（《世說新語·方正篇》注）

劉粹　劉宏

粹，沛國人。歷侍中、南中郎將。宏，歷秘書監、光祿大夫。（《世說新語·賞譽篇》注）

劉維

劉維字公平，遷吏部尚書，執心平當，不能顧憚也。（《北堂書鈔》卷六十）

劉寔

劉寔爲太常，與諸博士窮道義，以理趣異同顯於聲色。（《職官分紀》卷十八　又見於《翰苑新書》前集卷二十一）

傅祗

祗字子莊，嘏少子也。晉永嘉中至司空。祗子宣，字世弘。（《三國志》卷二十一）

衛尉傅祗以風疾遜位，加光祿大夫，門施行馬。（《太平御覽》卷二百四十三　又略見有《職官分紀》卷四十八）

司徒傅柷以足疾〔一〕遜位，不許，板輿〔二〕上殿。（《太平御覽》卷七百七十四　又見於《文選》潘安仁《閒居賦》李善注《北堂書鈔》卷一百四十《太平御覽》卷二百八《職官分紀》卷二《事類賦》注卷十六《玉海》卷七十九）

〔校記〕
〔一〕司徒傅柩以足疾，《北堂書鈔》同，《文選》作「傅祇以足疾」，《太平御覽》卷二百
八、《職官分紀》皆作「司徒傅祇疾」。「傅柩」，誤，當爲「傅祇」。
〔二〕板輿，《文選》、《玉海》皆作「版輿」，且《玉海》「版輿」上有「傅祇」二字。

孫秀　孫儉

吳平，降爲伏波將軍，開府如故。永寧中卒，追贈驃騎、開府。子儉，字仲節，給事中。（《三國志·吳志·孫匡傳》注）

孫秀字俊忠，琅邪人。初，趙王倫封琅邪，秀給爲近職小吏。倫數使秀作書疏，文才稱倫意。倫封趙，秀徙戶爲趙人，用爲侍郎，信任之。（《世說新語·賢媛篇》注）

孫楷

吳平，降爲渡遼將軍，永安元年卒。（《三國志·吳志·孫韶傳》注）

王戎

戎性簡要，不治儀望，自遇甚薄，而產業過豐，論者以爲台輔之望不重。（《世說新語·儉嗇篇》注）

王戎爲選官，時李重、李毅二人操異，俱處要職，戎以識會待之，各得其所。（《文選》任彥升《王文憲集序》李善注）

王戎爲荊州刺史、揚烈將軍，領南蠻校尉。（《太平御覽》卷二百四十二　又見於《職官分紀》卷三十七）

戎字濬沖，琅邪人，太保祥宗族也。文皇帝輔政，鍾會薦之曰：「裴楷清通，王戎簡要。」即俱辟爲掾。晉踐祚，累遷荆州刺史，以平吳功，封安豐侯。（《世說新語·德行篇》注）

王澄

王澄，字平子，有達識，荆州刺史。（《世說新語·德行篇》注）

王衍

夷甫好尚談稱，爲時人物所宗。（《世說新語·言語篇》注）
夷甫性矜峻，少爲同志所推。（《世說新語·品藻篇》注）

王玄

王玄字眉子，夷甫子也。東海王越辟爲掾，後行陳留太守。大行威罰，爲塢人所害。(《世説新語‧識鑒篇》注)

玄少希慕簡曠。(《世説新語‧賞譽篇》注)

王綏

王綏字萬子，辟太尉掾，不就。年十九卒。(《世説新語‧賞譽篇》注)

梅頤

頤字仲眞，汝南西平人。少好學隱退，而求實進止。(《世説新語‧方正篇》注)

溫幾

溫幾字元甫，太原人。才性清婉。歷司徒右長史、湘州刺史，卒官。(《世説新語‧賞譽篇》注)

楊喬

喬似淮而疎，皆爲二千石。髦爲石勒所害。(《世説新語‧品藻篇》注)

許允

允有正情，與文帝不平，遂幽殺之。(《世説新語‧賢媛篇》注)

許奇

奇，泰始中爲太常丞，世祖嘗祠廟，奇應行事，朝廷以奇受害之門，不令接近，出爲長史。世祖下詔，述允宿望，又稱奇才，擢爲尚書祠部郎。猛禮學儒博，加有才識，爲幽州刺史。(《世説新語‧賢媛篇》注)

許奇，字子泰，〔一〕爲尚書左丞，有準繩操。(《初學記》卷十一　又見於《北堂書鈔》卷六十《太平御覽》卷二百一十三)

〔校記〕

〔一〕字子泰，《太平御覽》無。

鄒湛

湛字潤甫，新野人。以文義達，仕至侍中。詡字思淵，滎陽開封人，爲衛尉卿。祖泰，揚州刺史。父襃，司空。(《世説新語‧排調篇》注)

蔡充

充字子尼，陳留雍丘人。（《世說新語・輕詆篇》注）

繆播

懷帝以繆播爲中書令，朝事莫不諮之，人君之所取信於臣下，無以尙也。
（《藝文類聚》卷四十八　又見於《太平御覽》卷二百二十）

庾峻

庾峻字山甫〔一〕，自司空長史遷秘書監，幽讚〔二〕符命天文地理，國〔三〕
有述焉。（《北堂書鈔》卷五十七　又見於《初學記》卷十二《太平御覽》卷二百三十三）

〔校記〕

〔一〕字山甫，《初學記》《太平御覽》皆無。

〔二〕讚，《初學記》《太平御覽》皆作「贊」，讚爲贊之異體字。

〔三〕國，《初學記》《太平御覽》皆作「因」，形近而誤，當爲「因」。

劉希彭

劉希彭，俠烈有才用也。（《文選》袁陽源《效曹子建樂府白馬篇》李善注）

傅宣

傅宣定九品未訖，劉疇代之，悉改宣法。於是人人望品，求者奔競。（《文
選》任彥升《王文憲集序》李善注　又略見於《文選》干令昇《晉紀總論》李善注《玉
海》卷一百十五）

傅咸

傅咸字長虞，爲左丞，臺閣小大，望風自肅。（《太平御覽》卷二百一十三　又
見於《職官分紀》卷八）

齊萬年

惠帝元康五年，武庫火。北地盧水胡、蘭羌因此爲亂，推齊萬年爲主。（《文
選》潘安仁《馬汧督誄》李善注）

陳勰

陳勰以工巧見知。（《太平御覽》卷七百五十二）

陳勰字太和，殿中將軍，〔一〕有巧思，遷都水使者。（《職官分紀》卷二十
三　又略見於《事文類聚》新集卷三十五）

〔校記〕
〔一〕字太和，殿中將軍，《事文類聚》新集無。

南越獻馴象

平吳後，南越獻馴象，作大車駕之，載黃門鼓吹數十人。（《太平御覽》卷七百七十五）

南越獻象，養之泉澤之中。宋元嘉元年十二月丙辰，見零陵。六年三月丁亥，見安成。（《玉海》卷一百九十八）

晉時南越致馴象，於皋澤中養之〔一〕。爲作車，黃門鼓吹數十人，令越人騎之。每正朝大會，皆入充庭。帝行則以象車導引，以試橋樑。〔二〕後象以鼻擊害人，有司祝〔三〕之而殺象，垂鼻泣，血流地不敢動。〔四〕自後朝議以象無益於事，悉送還越。（《初學記》卷二十九 又見於《太平御覽》卷八百九十《事文類聚》後集卷三十六《事類賦》卷二十、卷二十一《事物紀原》卷二）

〔校記〕
〔一〕於皋澤中養之，《事類賦》作「養之皋澤之中」。
〔二〕帝行則以象車導引，以試橋樑，《事物紀原》作「帝行則以試橋梁」。
〔三〕祝，《太平御覽》、《事文類聚》後集、《事類賦》卷二十一皆作「啓」。
〔四〕垂鼻泣，血流地不敢動，《太平御覽》、《事文類聚》後集、《事類賦》卷二十一皆作「象泣血流地，不敢動」。

佚文

融液騰怪。（《詳注昌黎先生文集》卷一）

《公卿故事》　晉傅暢撰

《公卿故事》，傅暢撰，《隋書·經籍志》、兩《唐志》均不見著錄，《晉書·傅暢傳》載爲九卷。

三公安車，駕三，特進駕二，卿一。漢制，公、列侯、中二千石、二千石夫人會廟及蠶，各乘其夫之安車，右騑，加皀交路，帷裳。非公會，則乘漆布輜軿，銅五末。晉武帝太康四年，詔依漢故事，給九卿朝車駕及安車各一乘。（《宋書》卷十八）

尚書令輻車，黑耳後戶；〔一〕僕射但後戶無〔二〕耳；中書監令如僕射。（《宋書》卷十八　又見於《太平御覽》卷七百七十三《事類賦》注卷十六）

〔校記〕

〔一〕《事類賦》注引文止此。

〔二〕無，《御覽》下有「黑」字。

何劭、王戎、張華、裴楷、楊濟、和嶠，爲愍懷太傅，通省尚書事，張華爲光祿大夫，尚書七條事，皆諮而後行，惠帝之世，太保衛瓘、太宰河間王顒、太傅東海王越，皆錄三省尚書秘書事。（《藝文類聚》卷四十八）

《永嘉流人名》

《永嘉流人名》，不題撰人，卷數不詳，《隋書·經籍志》不見著錄，佚文多出於《世說新語》劉孝標注，章宗源《隋書經籍志考證》卷十「職官部」有補錄，考其文字，將其歸入「雜傳類」更爲恰當。

胡毋輔之

胡毋輔之字彥國，泰山奉高人，湘州刺史。（《世說新語·德行篇》注）

周鎮

鎮字康時，陳留尉氏人也。祖父和，故安令。父震，司空長史。（《世說新語·德行篇》注）

裴徽

徽字文季，河東聞喜人，太常潛少弟也。仕至冀州刺史。（《世說新語·文學篇》注　又見於《子略》卷二）

王衍

衍字夷甫，第四女適遐也。（《世說新語·文學篇》注　案：高似孫《史略》卷三徵引《永嘉流人名》曰「王夷甫以第四女適之」，然據《史略》原文，此條在《晉諸公贊》釋裴遐「遐字叔道，河東人，少有理稱，辟散騎郎」後，似非爲原文徵引，姑存疑。）

謝裒

裒字幼儒，陳郡人。父衡，博士。裒歷侍中、吏部尚書、吳國內史。（《世說新語·方正篇》注）

梅頤　梅陶

頤，領軍司馬。頤弟陶，字叔眞。（《世說新語·方正篇》注）

王澄

澄第四子微。（《世說新語·賞譽篇》注）

澄父乂，第三，娶樂安任氏女，生澄。（《世說新語·規箴篇》注）

衛玠

玠以永嘉六年五月六日至豫章，其年六月二十日卒。（《世說新語·容止篇》注）

玠以六年六月二十日亡，葬南昌城許徵墓東。玠之薨，謝幼輿發哀於武昌，感慟不自勝。人問：「子何卹而致哀如是？」答曰：「棟梁折矣，何得不哀？」（《世說新語·傷逝篇》注）

李秉

秉（康）字玄冑，江夏人，魏秦州刺史。（《世說新語·賢媛篇》注　案：李康當作李秉，今人余嘉錫《世說新語箋疏·德行篇》引清人嚴可均之說辨之甚詳，可參閱。）

衛展

衛展字道舒，河東安邑人。祖列，彭城護軍。父韶，廣平令。展，光熙初除鷹揚將軍、江州刺史。（《世說新語·儉嗇篇》注）

《至人高士傳贊》　晉孫綽撰

《至人高士傳贊》，孫綽撰，佚文僅存《初學記》所引一條，原作《原憲贊》，嚴可均輯錄爲《至人高士傳贊》，審其內容，乃記高士原憲，當是《至人高士傳贊》的內容，今從之。

原憲

原憲玄默，冰清玉粹。志逸九霄，身安陋術。賞景古賢。（《初學記》卷十七）

《逸人傳》　晉孫盛撰

　　《逸人傳》，孫盛撰，《隋書·經籍志》、兩《唐志》均不見著錄。《太平御覽經史圖書綱目》列之，則此書北宋之時尚見存，後亡佚。佚文見於《初學記》《太平御覽》等類書。

　　丁蘭者，河內人也。少喪考妣，不及供養，乃刻木爲人，仿佛親形，事之若生，朝夕定省。其〔一〕後鄰人張叔妻從蘭妻有所借〔二〕，蘭妻跪報〔三〕木人，木人不悅，不以借之。叔醉疾來，誶〔四〕罵木人，以〔五〕杖敲其頭。蘭還，見木人色不懌，乃問其妻。妻〔六〕具以告之，即奮劍殺張叔。吏捕蘭，蘭辭木人去。木人見蘭，爲之垂淚。郡縣嘉其至孝，通於神明，圖其形像於雲臺也。（《初學記》卷十七　又見於《太平御覽》卷四百一十四　案：《事類備要》《錦繡萬花谷》亦引此條，多有刪減，附列於後，不再單獨出校。）

〔校記〕
〔一〕《太平御覽》無「其」字。
〔二〕有所借，《太平御覽》作「借看」。
〔三〕報，《太平御覽》作「投」，語義不通，或爲形訛。
〔四〕誶，《太平御覽》作「酣」。
〔五〕《太平御覽》無「以」字。
〔六〕《太平御覽》少一「妻」字。

　　附：

　　丁蘭少喪母，不及養，乃刻木爲養親形，事之若生。隣人張叔妻從蘭妻有所借，蘭妻跪拜木人，木人不悅，不以借之。叔醉罵木人，以杖敲其頭，蘭歸，奮殺張叔。郡縣嘉其孝，遂上之圖形於靈臺。（《事類備要》前集卷二十五）

　　丁蘭少喪父母，不及養，乃刻木爲親形，事之若生。隣人張叔妻從蘭妻有所借，蘭妻跪報木人，木人不悅，不以借之。叔醉罵木人，以杖敲其頭，蘭歸，奮殺張叔。郡縣嘉其孝，遂上之圖形於靈臺。（《錦繡萬花谷》卷十六）

《晉八王故事》 晉盧綝撰

《晉八王故事》，又稱《八王故事》，《隋書・經籍志》著錄十卷，不題撰人，兩《唐志》、《通志》著錄十二卷，盧綝撰。是書散佚，清人黃奭《黃氏逸書考》有輯本。主要記載西晉「八王之亂」史事。盧綝，東晉時范陽涿縣（今河北涿州）人，官至尚書郎，拜廷尉，尚有《晉四王起事》四卷。

晉武帝

太康七年正旦日蝕，詔公卿大臣各上封事，其咎安在。汝南王亮與司徒舒、司空瓘上言：「三公之任，天地人也。乾道不普，故水旱爲災；人倫失序，故奸雄不禁。乃者荊州之域，妖災仍興。任城國都水流變赤，延三朝之始，日有蝕之。孟陽節過，堅冰未消。臣等瑣才，叨擾高位，可謂小人而乘君子之器，宜就顯戮，以答天意。謹免冠徒跣，上所假章綬。」詔曰：「夫陰陽失度，朕干天道、刑政失中之所致也，其使冠履勿復道。（《北堂書鈔》卷五十）

晉惠帝

張方逼上及大茅嶺，乃開未發一函，曰：「方啓陛下，達孝宜謁宗廟，主者奏剋日。」上以青筒，詔出中書，曰：「朕體中不佳，不堪出也。」（《北堂書鈔》卷一百三）

帝自鄴還洛，張方遣子領精騎三千奉迎，自河橋至芒頭十里前後相屬，戈矛若林。（《北堂書鈔》卷一百二十三）

張方將移惠帝於長安，入殿奉迎，自領五千騎，皆捉鐵纏槊二節，髮眊繫兜鍪，皆用涼州白鷳毛，望之若茶〔一〕，天子見之大驚。（《太平御覽》卷九百二十四）

〔校記〕

〔一〕茶，當爲「荼」，「荼」爲白色，與上文白鷳毛相符，「茶」字無義。

張方劫晉帝西遷，輦眞珠百餘斛。（《山谷內集詩注》別集卷上）

汝南王

汝南王葬，詔賜冰五斛。（《事類賦》注卷八）

成都王穎

司馬穎字叔度，世祖第十九子，封成都王、大將軍。（《世說新語・言語篇》注）

東海王越

司馬越字元超，高密王泰長子。少尙布衣之操，爲中外所歸。累遷司空、太傅。（《世說新語・雅量篇》注）

東海王越治鄄城，城無故自壞七十餘丈。越惡之。移治濮陽城。（《水經注》卷五　又略見於《路史》卷二十九）

趙王倫

趙王倫將篡位，洛下童謠曰：「屠蘇鄣日覆兩耳，當有瞎兒作天子。」於時商農通著大裁障日，倫實眇目也。（《太平御覽》卷六百八十七）

長沙王乂

世祖第十七子。（《世說新語・言語篇》注）

范陽王

范陽王保于鄂坂，後于其上置關。（《元和郡縣志》卷六　又見於《太平寰宇記》卷五）

楊濟

濟字文通，弘農人，楊駿弟也。有才識，累遷太子太保，與駿同誅。（《世說新語・方正篇》注）

董艾

艾字叔智，弘農人。祖遇，魏侍中。父緩，秘書監。艾少好功名，不修士檢。齊王起義，艾爲新汲令，赴軍，用艾領右將軍。王敗，見誅。（《世說新語・方正篇》注）

馮蓀

蓀少以才悟，識當世之宜。蚤歷清職，仕至侍中。爲長沙王所害。（《世說新語・賞譽篇》注）

劉輿　潘滔　裴邈

劉輿才長綜核，潘滔以博學爲名，裴邈強力方正，皆爲東海王所昵，俱顯一府。故時人稱曰：輿長才，滔大才，邈清才也。（《世説新語·賞譽篇》注）

陸機

陸機爲成都王所誅，顧左右而〔一〕歎曰：「今日〔二〕欲聞華亭鶴唳，不可復得。」〔三〕華亭，吳國拳縣郊外之野，機素遊之所。（《藝文類聚》卷九十　又見於《事類賦》卷十八《太平御覽》卷九百一十六）

〔校記〕

〔一〕《太平御覽》無「而」字。

〔二〕《事類賦》《太平御覽》無「曰」字。

〔三〕《事類賦》「得」下有「也矣」二字。《事類賦》《太平御覽》引文止於此，無「華亭」下十五字。

華亭，吳由拳縣郊外墅也，有清泉茂林。吳平後，陸機兄弟共遊於此十餘年。（《世説新語·尤悔篇》注）

潘岳

岳與湛著契，故好同遊。（《世説新語·容止篇》注）

周浚

浚字開林，汝南安城人。少有才名。太康初，平吳，自御史中丞出爲揚州刺史。元康初，加安東將軍。（《世説新語·賢媛篇》注）

王衍

勒見夷甫，謂長史孔萇曰：「吾行天下多矣！未嘗見如此人，當可活不？」萇曰：「彼晉三公，不爲我用。」勒曰：「雖然，要不可加以鋒刃也。」夜使推牆殺之。（《世説新語·賞譽篇》注）

夷甫雖居臺司，不以事物自嬰，當世化之，羞言名教。自臺郎以下，皆雅崇拱默，以遺事爲高。四海尚寧，而識者知其將亂。（《世説新語·輕詆篇》注）

存疑

石夷甫容貌整麗，妙於談玄，恒捉白玉柄塵尾，與手都無分別。王戎云：「太尉神姿高徹，如瑤林瓊樹，自然是風塵外物。」王公目太尉：「巖巖清峙，

壁立千仞。」王敦稱太尉：「處衆人中，似珠玉在瓦石間。」(《說郛》卷五十九按：此條乃是連綴《世說新語‧容止篇》而成，《說郛》卷五十九錄爲《八王故事》，未知所據，姑列之。)

王玄

玄爲陳留太守。或勸玄過江投琅邪王，玄曰：「王處仲得志於彼，家叔猶不免害，豈能容我？」謂其器宇不容於敦也。(《世說新語‧賞譽篇》注)

楊淮六子

楊淮有六子，曰：喬、髦、朗、琳、俊、仲，皆得美名。論者以謂悉有台輔之望。文康庾公每追歎曰：「中朝不亂，諸楊作公未已也。」(《世說新語‧賞譽篇》注)

胡毋輔之

胡毋輔之少有雅俗鑒識，與王澄、庾敳、王敦、王夷甫爲四友。(《世說新語‧品藻篇》注)

卞粹

卞粹，字仲仁，以清辨監察見稱，爲太子舍人。(《北堂書鈔》卷六十六)

公孫崇

公孫崇字顯宗，譙國人，爲尙書郎。(《文選》嵇叔夜《與山巨源絕交書》注)

《逸民高士傳》　晉習鑿齒撰

《逸民高士傳》，習鑿齒撰，《隋書‧經籍志》、兩《唐志》均不見著錄。或即兩《唐志》所載之《逸人高士傳》。佚文見於《太平御覽》。習鑿齒，字彥威，襄陽人。荆州刺史桓溫辟爲從事，轉西曹主簿，累遷別駕。後因言逆桓溫，左遷戶曹參軍，又出爲滎陽太守。罷郡歸，居襄陽。習鑿齒知溫覬覦非望，著《漢晉春秋》以裁正之。後朝廷欲徵鑿齒，使典國史，會卒，不果。《隋書‧經籍志》錄晉滎陽太守《習鑿齒集》五卷，《漢晉陽秋》四十七卷。

董威輦不知何許人，忽見於洛陽白社中。(《太平御覽》卷五百三十二)

《八賢頌》　晉謝萬撰

《八賢頌》，謝萬撰，《隋書·經籍志》、兩《唐志》均不見著錄，佚文見於《初學記》。謝萬，字萬石，東晉玄學家、詩人，陳郡陽夏（今河南太康）人。官至豫州太守，後被被貶爲庶人。擅長清言，能屬文，有文集十六卷，已佚。

楚老潛一，寂瀐無爲；含眞內外，載戢羽儀。（《初學記》卷十七　案：原云出《楚老頌》）

皎皎屈原，玉瑩冰鮮，舒采翡林，摛光虯川。（《初學記》卷十七）

《征西寮屬名》

《隋書·經籍志》、兩《唐志》著錄《晉官屬名》四卷，不題撰人。章宗源《隋書經籍志考證》云《晉官屬名》實則包括：《明帝東宮寮屬名》、《晉東宮官名》、《征西寮屬名》、《庾亮寮屬名》、《庾亮啓參佐名》、《齊王官屬名》、《大司馬寮屬名》、《官屬名》、伏滔《大司馬寮屬名》。姚振宗《隋書經籍志考證》云：諸書所引百官名及官屬名，大抵皆敍爵里人品，或取時君舉主褒美之詞，或錄輿論鄉評中正之說，共體略如《山公啓事》，爲當時中正選曹之簿籍好事者裒錄成編。其可考見者，惟陸機《惠帝百官名》伏滔《大司馬寮屬名》二家而已。又按《庾亮寮屬名》《參佐名》即《征西寮屬名》。晉代爲征西軍者，惟亮爲最著。爲大司馬者，惟陶侃、桓溫爲最著。唐余知古渚宮舊事曰：「桓溫在鎮三十年，參佐習鑿齒、袁宏、謝安、王坦之、孫盛、孟嘉、王珣、羅友、郗超、伏滔、謝奕、顧愷之、王子猷、謝元、羅含、范汪、郝隆、車允、韓康等，皆海內奇士，當世伏其知人。」似亦本之《大司馬寮屬名》者也。齊王則司馬攸及子冏也。章、姚之論頗可信從。

毛玄字伯成，潁川人。仕至征西行軍參軍。（《世說新語·言語篇》注）

隆字佐治，汲郡人。仕吳至征西參軍。（《世說新語·排調篇》注　案：所記乃郝隆也。）

《庾亮寮屬名》

浩爲亮司馬。(《世說新語・文學篇》注)

《庾亮啓參佐名》

袞時直爲參軍，不掌記室也。(《世說新語・雅量篇》注))

《齊王官屬名》

旛字虛旛，齊王从事中郎。(《世說新語・方正篇》注，所述即葛旛也。)

《明帝東宮僚屬名》

固字道安，太山人。(《世說新語・雅量篇》注，所述即羊固也。)

湛字處度，高平人。(《世說新語・雅量篇》注)，原云出《晉東宮官名》。)

庾鴻字伯鸞，潁川人。(《世說新語・排調篇》注)，原云出《晉東宮百官名》。)

《大司馬寮屬名》　　晉伏滔撰

悅字悅子，下邳人。歷大司馬參軍、左衛將軍。(《世說新語・賞譽篇》注)

《大司馬官屬名》

劉奭字文時，彭城人。(《世說新語・品藻篇》注)

《大司馬寮屬名》

鄧遐字應玄，陳郡人，平南將軍岳之子。勇力絕人，氣蓋當世，時人方之樊噲。爲桓溫參軍，數從溫征伐，歷竟陵太守。枋頭之役，溫既懷恥忿，且憚遐，因免遐官，病卒。（《世說新語・黜免篇》注）

《文章志》　　晉摯虞撰

《文章志》，摯虞撰，《隋書・經籍志》、兩《唐志》皆著錄爲四卷。《晉書》本傳載：「虞撰《文章志》四卷，注解《三輔決錄》，又撰古文章，類聚區分爲三十卷，名曰《流別集》，各爲之論，辭理愜當，爲世所重。」姚振宗《隋書經籍志考證》云：「本志集部總集篇：『梁有《文章流別集》六十卷，《志》二卷，《論》二卷，摯虞撰。』此四卷似即其《志》及《論》也。」摯虞《文章志》之後，《隋書・經籍志》又著錄有傅亮《續文章志》、宋明帝《文章志》、沈約《宋世文章志》（《南史・沈約傳》作《文章志》），可見撰寫《文章志》者乃兩晉南朝一時之風氣，摯虞是書發凡起例，影響深遠。又有《三國志》等所引《文章志》，未標明作者，今以存疑之目列於文後。

麟文見在者十八篇，有碑九首，誄七首，《七說》一首，《沛相郭府君書》一首。（《後漢書・桓彬傳》注）

烈字威考，高陽安平人，馭之孫，瑗之兄子也。靈帝時，官至司徒、太尉，封陽平亭侯。（《世說新語・文學篇》注）

不疑死時年十七，著文論四首。（《三國志・魏志・劉表傳》注）

劉季緒，名脩，劉表子，官至東安太守，著詩、賦、頌六篇。（《三國志・魏志・陳思王植傳》注）

存疑

太祖時征漢中，聞粲子死，歎曰：「孤若在，不使仲宣無後。」（《三國志・魏志・王粲傳》注）

襲，字熙伯。辟御史大夫府，歷事魏四世。正始六年，年六十卒。子悅，字孔懌，晉光祿大夫。襲孫紹、播、徵、胤等，並皆顯達。(《三國志·魏志·劉劭傳》注)

勖，字加茂，初名芝，改名勖，後避諱。或曰勖獻帝時爲尚書郎，遷右丞。詔以勖前在二千石曹，才敏兼通，明習舊事，勑並領本職，數加特賜。二十年，遷東海相。未發，留拜尚書左丞。其年病卒，時年五十餘。魏公九錫策命，勖所作也。勖子滿，平原太守，亦以學行稱。(《三國志·魏志·衛覬傳》注)

劉玄，字伯康。明帝時，官至中大夫，作《簧賦》。傅毅，字武仲，作《琴賦》。(《文選》馬季長《長笛賦》李善注)

應貞字吉甫，少以才聞，能談論。晉武帝爲撫軍將軍，以貞參軍。晉室踐阼，遷太子中庶子、散騎常侍，卒。(《文選》應吉甫《晉武帝華林國集詩》李善注)

《晉文章記》　　晉顧愷之撰

《晉文章記》，顧愷之撰，卷數不詳，諸家史志目錄未著錄，《玉海》卷五十四著錄，佚文見於《世說新語》劉注。

阮籍勸進，落落有宏致，至轉說徐而攝之也。(《世說新語·文學篇》注)

《文章志》　　宋明帝劉彧撰

《文章志》，又名《晉江左文章志》，南朝宋明帝劉彧撰。《隋書·經籍志》著錄宋明帝《晉江左文章志》三卷，《唐書·藝文志》著錄爲二卷。《宋書·明帝紀》云：「(明帝)好讀書，愛文義，在藩時撰《江左以來文章志》……行於世。」

孝武皇帝諱昌明，簡文第三子也。初，簡文觀讖書曰：「晉氏阼盡昌明。」及帝誕育，東方始明，故因生時以為諱，而相與忘告簡文。問之，乃以諱對。簡文流涕曰：「不意我家昌明便出。」帝聰惠，推賢任才，年三十五崩。（《世說新語・言語篇》注）

愷之為桓溫參軍，甚被親暱。（《世說新語・言語篇》注）

憑字長宗，吳郡人。有意氣，為鄉閭所稱。學尚所得，敏而有文。太守以才選舉孝廉，試策高第。為惔所舉，補太常博士。累遷吏部郎、御史中丞。（《世說新語・文學篇》注）

桓溫云：「顧長康體中癡黠各半，合而論之，正平平耳。」世云有三絕，畫絕、文絕、癡絕。（《世說新語・文學篇》注）

太原中，新宮成，議者欲屈王獻之題榜，以為萬代寶。謝安與王語次，因及魏時起陵雲閣忘題榜，乃使韋仲將縣梯上題之。比下，鬚髮盡白，裁餘氣息。還語子弟云：「宜絕楷法！」安欲以此風動其意。王解其旨，正色曰：「此奇事。韋仲將魏朝大臣，寧可使其若此？有以知魏德之不長。」安知其心，迺不復逼之。』（《世說新語・方正篇》注）

安能作洛下書生詠，而少有鼻疾，語音濁。後名流多學其詠，弗能及，手掩鼻而吟焉。桓溫止新亭，大陳兵衛，呼安及坦之，欲於坐害之。王入失措，倒執手版，汗流霑衣。安神姿舉動，不異於常。舉目遍歷溫左右衛士，謂溫曰：「安聞諸侯有道，守在四鄰。明公何有壁間著阿堵輩？」溫笑曰：「正自不能不爾。」於是矜莊之心頓盡。命部左右，促燕行觴，笑語移日。（《世說新語・雅量篇》注）

翼表其子代任，朝廷畏憚之，議者欲以授桓溫。時簡文輔政，然之。劉惔曰：「溫去必能定西楚，然恐不能複製。願大王自鎮上流，惔請為從軍司馬。」簡文不許。溫後果如惔所算也。（《世說新語・識鑒篇》注）

安縱心事外，疏略常節，每畜女妓，攜持遊肆也。（《世說新語・識鑒篇》注）

劉惔字道生，沛國人。識局明濟，有文武才。王蒙每稱其思理淹通，蕃屏之高選，為車騎司馬。年三十六卒，贈前將軍。（《世說新語・賞譽篇》注）

羲之高爽有風氣，不類常流也。（《世說新語・賞譽篇》注　案：原云出《文章志》。）

胡之性簡，好達玄言也。（《世說新語・賞譽篇》注）

綽博涉經史，長於屬文，與許詢俱與負俗之談。詢卒不降志，而綽嬰綸世務焉。（《世說新語·品藻篇》注）

獻之善隸書，變右軍法爲今體。字畫秀媚，妙絕時倫，與父俱得名。其章草疎弱，殊不及父。或訊獻之云：「羲之書勝不？」「莫能判。」有問羲之云：「世論卿書不逮獻之？」答曰：「殊不爾也。」它日見獻之，問：「尊君書何如？」獻之不答。又問：「論者云，君固當不如？」獻之笑而答曰：「人那得知之也。」（《世說新語·品藻篇》注）

庾翼名輩，豈應狂狷如此哉？時若有斯言，亦傳聞者之謬矣。（《世說新語·規箴篇》注）

溫爲溫嶠所賞，故名溫。（《世說新語·容止篇》注）

尚性輕率，不拘細行。兄葬後，往墓還，王濛、劉惔共遊新亭，濛欲招尚，先以問惔曰：「計仁祖正當不爲異同耳。」惔曰：「仁祖韻中自應來。」乃遣要之。尚初辭，然已無歸意。存疑及再請，即回軒焉。其率如此。（《世說新語·任誕篇》注）

忱嗜酒，〔一〕醉輒經日，〔二〕自號上頓〔三〕。世嗲以大飲爲「上頓」起自忱也。（《世說新語·任誕篇》注　又見於《酒譜》《太平御覽》卷八百四十五《事類賦》卷十七）

〔校記〕

〔一〕「忱嗜酒」，《酒譜》作「王忱每醉」，《事類賦》作「王耽嗜酒」。王耽，誤也，下同。

〔二〕「醉輒經日」，《酒譜》作「連日不醒」，《太平御覽》作「一飲或連日不醒」，《事類賦》作「一醉或連日不醒」。

〔三〕「頓」下，《太平御覽》有「也」字。

〔四〕「世嗲以大飲爲『上頓』起自忱也」，《酒譜》作「時人以大飲爲『上頓』自忱始也」，《太平御覽》作「諺以大飲爲『上頓』起於忱也」，《事類賦》作「時以大飲爲『上頓』起於耽也」。

木華字元虛，作《海賦》，嘗爲太傅楊駿主簿。（《元和姓纂》卷十）

《續文章志》　宋傅亮撰

《續文章志》，傅亮撰，《隋書·經籍志》、兩《唐志》並錄爲二卷。《續文章志》散佚較爲嚴重，佚文見於《文選》李善注、《世說新語》注、《北

堂書鈔》。《世說新語》注所引三條《續文章志》，皆不著傅亮名，《北堂書鈔》所引作傅亮《文章志》。是書當爲續摯虞《文章志》之作，所記皆爲文學家之逸聞、著作乃至簡潔評論。傅亮（374-426），字季友，北地靈州（今寧夏吳忠市）人，傅咸之孫，博涉經史，尤善文辭，其事跡見於《宋書》卷四十三《傅亮傳》。

　　廣川木元虛爲《海賦》，文甚儁麗，足繼前良。（《文選》木元虛《海賦》李善注）

　　岳爲文選言簡章，清綺絕倫。（《世說新語·文學篇》注）

　　思貌醜悴，不持儀飾。（《世說新語·容止篇》注）

　　崇資產累鉅萬金，宅室輿馬，僭擬王者。庖膳必窮水陸之珍。後房百數，皆曳紈繡，珥金翠，而絲竹之藝，盡一世之選。築榭開沼，彌極人巧。與貴戚羊琇、王愷之徒競相高以侈靡，而崇爲居最之首，琇等每愧羨，以爲不及也。（《世說新語·汰侈篇》注）

　　陸雲，字士龍，尚書郎後　記也。（《北堂書鈔》卷六十六　案：原云出傅亮《文章志》。）

《文章錄》　宋丘淵之撰

　　《文章錄》，邱淵之撰，或作丘深之，乃唐人避諱故曰「深」也。姚振宗《隋書經籍志考證》卷二十三「晉義熙已來新集目錄三卷」條考證云：「《世說·識鑒篇》《寵禮篇》注引邱淵之《文章錄》，《文學篇》注引邱淵之《文章敘》，《言語篇》注引邱淵之《新集錄》，是邱淵之所撰乃《新集文章敘錄也》，亦稱《新集錄，》亦云《雜集目錄》，皆裒諸家文集之目錄以爲一編，當與後諸家文章志相類從。」其說誠是。《宋書·顧琛傳》附其傳，丘淵之，字思玄，吳興烏程人。

　　顧愷之字長康，晉陵人。父說，尚書左丞。愷之，義熙初爲散騎常侍。（《世說新語·言語篇》注）

豹字士蔚，陳郡人。祖耽，歷陽太守。父質，琅邪內史。豹隆安中著作佐郎，累遷太尉長史、丹陽尹。義熙九年卒。（《世說新語‧文學篇》注　案：原文作《文章敍》，據《隋書‧經籍志》丘淵之所作乃《文章錄》，此處之《文章敍》當是《文章錄》之訛誤。）

亮字季友，迪弟也。歷尚書令，仕光祿大夫。元嘉三年，以罪伏誅。（《世說新語‧識鑒篇》注）

系字敬魯，仕至光祿大夫。（《世說新語‧寵禮篇》注）

範之字敬祖，濟陰冤句人。祖嶸，下邳太守。父循，尚書郎。桓玄輔政，範之遷丹陽尹。玄敗，伏誅。（《世說新語‧寵禮篇》注）

璩字休璉，博學好屬文，明帝時，歷官散騎侍郎。曹爽多違法度，璩為詩以諷焉，典著作卒。（《文選》應璩《百一詩》李善注）

靈運，陳郡陽夏人。祖玄，車騎將軍。父渙，秘書郎。靈運歷秘書監、侍中、臨川內史。以罪伏誅。（《世說新語‧言語篇》注　案：原云出《新集錄》）

《文章傳》

《文章傳》，不題撰人，卷數不詳，《隋書‧經籍志》、兩《唐志》均不見著錄，余嘉錫《世說新語箋疏》「疑此為《文士傳》或《文章志》《文章錄》之偽」，然也「因無確鑿證據」，不得不別條出之。是書所存佚文，見於《世說新語》劉注。

機善屬文，司空張華見其文章，篇篇稱善，猶譏其作文大治。謂曰：「人之作文，患於不才；至子為文，乃患太多也。」（《世說新語‧文學篇》注）

《文字志》　宋王愔撰

《文字志》，王愔撰，《隋書‧經籍志》未著錄，兩《唐志》並錄為三卷。《法書要錄》云，「未見此書，唯見其目」，並錄其上中下三卷目錄，或唐時已散佚。是書上卷論書體三十六種，並列有古今小學三十七家一百四

十七人，中下卷評論秦至宋書法家一百二十人。（上述數字有出入，見張彥遠《法書要錄》卷一，人民美術出版社，1984年版，第47-48頁校記）從《世說新語》引錄佚文來看，是書實與羊欣《采古來能書人名》相類，且人物記敘更爲豐富。

上卷目

古書有三十六種：

古文篆、大篆、象形篆、科斗篆、小篆、刻符篆、摹篆、隸書、署書、殳書、繆篆、鳥書、尚方篆、鳳篆、魚書、龍書、騏驎書、龜書、蛇書、偓人書、雲書、芝英書、金錯書、十二時書、垂露篆、倒薤篆、偃波篆、蚊腳篆、草書、楷書、飛書、塡書、藁書、行書、蟲書、懸針書。

古今小學（三十七家，一百四十七人。）　書勢五家

中卷目

秦吳六十人：

李斯、程邈、胡毋敬、趙高、司馬相如、張敞、嚴延年、漢元帝、史游、劉向、孔光、爰禮、揚雄、陳遵、杜林劉睦、衛宏、劉黨、曹喜、杜度、王次仲、班固、徐幹、賈魴、賈逵、左姬、許愼、唐綜、曹壽、崔寔、尹珍、羅暉、趙襲、崔瑗、皇甫規妻、蔡邕、張芝、蘇班、劉得昇、師宜官、張超、李巡、張昶、梁鵠、張紘、毛弘、左伯、姜詡、梁宣、鍾繇、張昭、蘇林、張揖、胡昭、魏武帝、邯鄲淳、衛規、杜恕、諸葛融。

下卷目

魏宋六十人：

韋誕、張揖、郭淮、韋熊、來敏、鍾會、皇象、何曾、傅玄、韋弘、辛曠、魏徽、諸葛瞻、楊肇、岑泉、張弘、朱育、江偉、司馬攸、陳暢、滿爽、楊經、呂忱、衛恒、衛宣、裴興、孫皓、杜預、向泰、裴邈、張柄、張越、羊忱、索靖、牽秀、羊固、辟閭訓、王導、庾翼、王濛、荀輿、王廙、李式、劉劭、王循、王裕、王羲之、衛夫人、李欽、王怡、郗愔、任靖、王獻之、李韞、張彭祖、謝安、王瑉、桓玄。（《法書要錄》卷一）

懸針，小篆體也，字必垂畫細末，細末纖直如懸針，故謂之懸針。（《初學記》卷二十一　又略見於《玉海》卷四十五）

倒薤書者，小篆體也，垂支濃直若薤葉也，八體書亦圖此法。或云出扶風曹喜，蕭子良以爲僊人務光所作。（《初學記》卷二十一　又略見於《玉海》卷四十五）

金錯書，八體書法不圖其形，或云以銘金石，故謂之金錯。（《初學記》卷二十一　又略見於《玉海》卷四十五）

垂露書，如懸針而勢不遒勁，阿那若濃露之垂，故謂之垂露。（《初學記》卷二十一）

垂露狀曰阿那。（《書敘指南》卷五）

草書曰草聖。（《書敘指南》卷五）

半眞草書曰藁書。（《書敘指南》卷五）

後漢蜀郡林閭翁孺，博學善著書。（《元和姓纂》卷五　又見於《重修廣韻》卷一）

王恬字敬豫，導次子也。少卓犖不羈，疾學尚武，不導所重。至中軍將軍。多才藝，善隸書，與濟陽江虨以善奕聞。（《世說新語·德行篇》注）

謝安字安石，奕弟也。世有學行，安弘粹通遠，溫雅融暢。桓彝見其四歲時，稱之曰：「此兒風神秀徹，當繼蹤王東海。」善行書。累遷太保、錄尚書事。贈太傅。（《世說新語·德行篇》注）

安神情秀悟，善談玄遠。（《世說新語·文學篇》注　又見於《子略》卷二）

劭，字彥祖，彭城叢亭人。祖訥，司隸校尉。父松，成皋令。劭博識好學，多藝能，善草隸。初仕領軍參軍，太傅出東，劭謂京洛必危，乃單馬奔揚州。歷侍中、豫章太守。（《世說新語·言語篇》注）

王羲之字逸少，琅邪臨沂人。父曠，淮南太守。羲之少朗拔，爲叔父廙所賞。善草隸，累遷江州刺史、右軍將軍、會稽內史。（《世說新語·言語篇》注）

脩字敬仁，太原晉陽人。父蒙，司徒左長史。脩明秀有美稱，善隸行書，號曰「流奕清舉」。起家著作佐郎，琅邪王文學，轉中軍司馬，未拜而卒，時年二十四。昔王弼之沒，與脩同年，故脩弟熙乃歎曰：「無愧於古人，而年與之齊也。」（《世說新語·文學篇》注）

忱字長和，一名陶，泰山平陽人。世爲冠族。父繇，車騎掾。忱歷太傅長史、揚州刺史，遷侍中。永嘉五年，遭亂被害，年五十餘。（《世說新語·方正篇》注）

忱性能草書，亦善行隸，有稱於一時。(《世說新語·巧藝篇》注)

固父坦，車騎長史。固善草行，著名一時，避亂渡江，累遷黃門侍郎。褒其清儉，贈大鴻臚。(《世說新語·方正篇》注)

恬識理明貴，爲後進冠冕也。(《世說新語·賞譽篇》注)

脩之少有秀令之稱。(《世說新語·賞譽篇》注)

廞字宗子，江夏鍾武人。祖康，秦州刺史。父重，平陽太守。世有名望。廞好學，善草隸，與兄式齊名。躄疾不能行坐，常仰臥，彈琴、讀誦不輟。河間王辟太尉掾，以疾不赴。後避難，隨兄南渡，司徒王導復辟之。廞曰：「茂弘乃復以一爵加人！」永和中卒。廞嘗爲二府辟，故號李公府也。式字景則，廞長兄也。思理儒隱，有平素之譽。渡江，累遷臨海太守、侍中。年五十四而卒。(《世說新語·棲逸篇》注)

《晉氏后妃別傳》

《晉氏后妃別傳》，不題撰人，卷數不詳，諸家史志目錄未著錄，佚文見於《太平御覽》。丁國鈞《補晉書藝文志》作《晉氏后妃傳》。

武悼皇后，武帝繼室也，太傅楊駿女。賈庶人爲太子妃時，數以肆情，性忌妒，失帝意，帝欲廢焉。後爲妃陳請曰：「魯公有勳於王府，妃親則其子。妒忌，婦人常事，不足以一眚而忘大德。」帝納焉。(《太平御覽》卷一百四十九)

《晉中興士人書》

《晉中興士人書》，不題撰人，《隋書·經籍志》、兩《唐志》均不見著錄，佚文見於《世說新語》注。

許珣能清言，于時士人皆欽慕仰愛之。(《世說新語·言語篇》注)

《五孝傳》

　　《五孝傳》，原作陶淵明撰，見於《陶淵明集》。陶淵明，字元亮，又名潛，私諡「靖節」，潯陽柴桑（今江西九江）人。晉宋文學家，主要事跡見於《晉書》卷九十四《隱逸傳》、《宋書》卷九十三《隱逸傳》。北齊陽休之編潛集爲十卷，其中有《五孝傳》和《四八目》（即《聖賢群輔錄》），《四庫全書總目》力辯其僞，證據堅實，頗可信從。然《五孝傳》既出於北齊陽休之手，或其文乃六朝時已存，亦未可知，姑錄之。《五孝傳》，即《天子孝傳贊》《諸侯孝傳贊》《卿大夫孝傳贊》《士孝傳贊》《庶人孝傳贊》，皆先述代表性人物，文後有讚語。

天子孝傳贊

　　虞舜父頑母嚚，事之於畎畝之間，以孝蒸蒸。是以堯聞而授之，富有天下，貴爲天子。以爲不順於父母，若窮而無歸，惟聞親可以得意。苟違朝夕，若嬰兒之思戀，故稱舜五十而慕。《書》曰：「夏擊鳴球，搏拊琴瑟以詠，祖考來格。」言思其來而訓（一作謂）之，愛敬盡於事親，是以德教加於百姓，刑於四海。

　　夏禹有天下以奉宗廟，然躬自菲薄，以厚其孝。孔子曰：「禹，吾無間然矣。菲飲食，而致孝乎鬼神；惡衣服，而致美乎黻冕。」禹之德於是稱聞。聖人之德無以加於孝敬，孝敬之道，美莫大焉。

　　殷高宗諒陰，三年不言，百官總己而聽於冢宰，三年而後言，天下咸歡，德教大行，殷道以興。《詩》曰：「一人有慶，兆民賴之。」其此之謂乎？

　　周文王之爲世子也。朝於王季日三，雞鳴至於寢門，問於內豎。內豎曰安，文王乃喜；不安，則色憂，行不能正履。日中、暮亦如之，食上，必視寒溫之節；食下，必問所膳而後退。文王孝道光大，其化自近至遠，刑于寡妻，以御于家邦，故得萬國之歡心，以事其先王矣。

　　贊曰：至哉后德，聖敬自天。陶漁致養，菲薄享先。親瘠色憂，諒陰寢言。一人有慶，千載賴旃。（《陶淵明集》十卷本）

諸侯孝傳贊

周公旦，武王之弟。成王幼少，周公攝政，制禮作樂，郊祀后稷以配天；宗祀文王於明堂，以配上帝。是以四海之內，各以其職來祭。《詩》曰：「於穆清廟，肅雍顯相。」言諸侯樂其位而敬其事也。仲尼曰：「孝莫大於嚴父，嚴父莫大於配天，則周公其人也。」貴而不驕，位高彌謙，自承文武之休烈，孝道通於神明，光被四海。武王封之於魯，備其禮樂，以奉宗廟焉。

魯孝公之爲公子，周宣王問公子能道訓諸侯者立之，樊穆仲稱其孝曰：「肅恭明神，而敬事耆老。賦事行刑，必問於遺訓，咨於故實，不干所問，不犯所咨。」王曰：「然則能訓理其民矣。」乃命之於夷宮，是爲孝公。夫宗廟致敬，不忘親也，有國不亦宜乎！

漢河間惠王，獻王之曾孫也。西京藩臣多驕放之失，其名德者唯獻王，而惠王繼之。《漢書》稱其能脩獻王之行。母薨，服喪盡禮，哀帝下詔書褒揚，以爲宗室儀表，增封萬戶。禮，古之人皆然。至於末俗衰薄，固以（一作已）賢矣。貴而率禮又難，其見褒賞，不亦宜乎？

贊曰：貴驕殊途，不期而會。周公勞謙，乃成光大。二侯承魯，遵儉去泰。河間率禮，漢宗是賴。（《陶淵明集》十卷本）

卿大夫孝傳贊

孔子，魯人也。入則事父兄，出則事公卿，喪事不敢不勉，故稱曰「孝乎惟孝，友于兄弟，是亦爲政也。」君賜腥，必熟而薦之，雖蔬食而齊，祭如在。鄉人儺，朝服而立於阼階，孝之至也。至德要道，莫大於孝。是以曾參受而書之，游、夏之徒，常咨稟焉，許止不嘗藥，書以殺父。宰我暫言減喪，責以不仁。言合訓典（一作典訓），行合世範，德義可尊，作事可法，遺文不朽，揚名千載。

孟莊子，魯人也。孔子稱其孝，其他可能也。其不改父之政與父之臣，是難能也。夫孝子之事親也，事亡如事存，故當不義則爭之，存所不爭，則亡亦不敢改父之道，猶謂之孝，況終身乎？

穎考叔，鄭人也。莊公以叔段之故，與母誓曰：「不及黃泉，無相見也。」既而悔之。考叔爲封人，聞之，有獻於公。公賜之食，而舍肉。公問之，對曰：「小人有母，未嘗君之羹，請以遺之。」公曰：「汝有母遺，繄我獨無。」考叔曰：「何謂也？」公語之故，且告之悔。考叔曰：「若掘地及泉，

隧而相見，其誰曰不然？」公從之，遂爲母子如初。君子曰：「潁考叔，純孝也，愛其母而施及莊公。」《詩》云：「孝子不匱，永錫爾類。」其是之謂乎？

贊曰：仁惟本悌，聖亦基孝。恂恂尼父，固天攸造（一作導）。二子承親，式禮遵誥。永錫純懿，無改遺操。（《陶淵明集》十卷本）

士孝傳贊

高柴，衛人也。喪親，泣血三年，未嘗見齒，所謂哭不偯，言不文也。爲武城宰而化行，民有不服其親者改之，行喪如禮。君子之德風也，以身先之，而民不遺其親。

樂正子春，魯人也。下堂傷足，既瘳，數月不出，猶有憂色。曰：「吾聞之曾子，父母全而生之，己全（一作已全）而歸之，所（一作可）謂孝矣。」故君子一舉足，一出言，不敢忘父母，不敢毀傷，孝之始也。夫能敬慎若斯，而災患及者，未之有也。

孔奮，扶風人也。少以孝行著名州里，供養至謹，在官，唯母極甘美，妻息荣食，歷位以清。夫人情莫不欲厚其親，然亦有分焉，奢則難繼，能致儉以全養者，鮮矣。

黃香，江夏人也。九歲失母，思慕骨立，事父竭力以致養，多無被袴，而盡滋味，暑則扇床枕，寒則以身溫席。漢和帝嘉之，特加異賜，歷位恭勤，寵祿榮親，可謂夙興夜寐，無忝爾所生者也。

贊曰：顯允群士，行殊名鈞。咸能夙夜，以義榮親。率彼城邑，用化厥民。忠以悟主，其孝乃（一作力）純。（《陶淵明集》十卷本）

庶人孝傳贊

江革，齊人也。漢章帝時，避賊負母而逃。賊賢之，不害而告其生路。竭力傭債以致甘暖，和顏悅色以盡歡心。欲親之安，自挽車以行。鄉人歸之，號曰江巨孝，位至五官中郎將。天子嘉焉，寵遇甚厚。告歸，詔書褒美，就家禮其終身，以顯異行。

廉範，京兆人也。少孤，十五入蜀迎父喪，遇石舡覆，範抱棺（一作執骸）而沒，舡人救之，僅免於死，遂以喪歸。及仕郡，拯太守於危難，送故盡節。章帝時爲郡守，百姓歌詠之。夫孝者人之本，教之所由生也。是以範之臨危也勇，宰民也惠，能以義顯也。

汝郁，陳郡人也。五歲，母病不食，郁亦不食，母憐之，強食。郁能察色知病，輒復不食。族人號曰異童。年十五，著於鄉里。父母終，思慕委毀，推財與兄弟，隱於草澤，君子以爲難，況童齔孝於自然，可謂天性也。

殷陶，汝南人也。年十二，以孝稱。遭父憂，率情合禮，有長蛇帶其門，舉家奔走，陶以喪柩在焉，獨居廬不動。親戚扶持曉諭，莫能移之，啼號益盛，由是顯名，屢辭辟命。夫智者不惑，勇者不懼，陶孝於其親，而智勇並彰乎弱齡，斯又（一作亦）難矣。

贊曰：事親盡歡，其難在色。彼養以祿，我養以力。養在（一作存）愛敬，榮不假飾。嗟爾眾庶，鑒茲前式。（《陶淵明集》十卷本）

《陶氏敘》

《陶氏敘》，佚文僅見於《世說新語》注。《陶氏敘》，當是敘述東晉名將陶侃一族之事。

侃字士衡，其先鄱陽人，後徙尋陽。侃少有遠槩綱維宇宙之志。察孝廉入洛，司空張華見而謂曰：「後來匡主寧民，君其人也。」劉弘鎮河南，取爲長史，謂侃曰：『昔吾爲羊太傅參佐，見語云：『君後當居身處。』今相觀，亦復然矣。」累遷湘、廣、荊三州刺史，加羽葆鼓吹，封長沙郡公、大將軍。贊拜不名，劍履上殿。進太尉，贈大司馬，諡桓公。（《世說新語·言語篇》注　案：清人仇兆鰲《杜詩詳注》卷十七注引《陶氏敘》：侃臨終《表》曰「猶冀犬馬之齒，尚可少延」。仇氏引文乃誤讀《世說新語·言語篇》注而來，此句出實自於王隱《晉書》，非爲《陶氏敘》之文，劉注甚明。）

《孫氏世錄》

《孫氏世錄》，不題撰人，卷數不詳，諸家史志目錄未著錄，佚文見於《文選》注及《蒙求集注》。

康家貧無油，〔一〕常映雪讀書，少小〔二〕清介，交遊不雜，後至御史大夫。〔三〕（《蒙求集注》卷上　又見於《文選》任彥昇《爲蕭揚州薦士表》李善注）

〔校記〕

〔一〕此句，《文選》注作「孫康家貧」。

〔二〕「少小」，《文選》注無。

〔三〕「後至御史大夫」，《文選》注無。

《采古來能書人名》　宋羊欣撰

《采古來能書人名》，羊欣撰，一卷，見《南史·王僧虔傳》。是書乃較早的書學史傳著作，著錄了自秦李斯至晉謝安等六十九人，對其書法所長、師承、藝術特色乃至社會影響都有簡潔精妙的評論。羊欣（370-442），字敬元，泰山南城人，王獻之外甥，得獻之眞傳，擅長隸、行、草，名重一時。

臣僧防啓：昨奉敕須《古來能書人名》，臣所知局狹，不辦（《墨池》作「辯」，《書苑》作「辨」）廣悉，輒條疏上呈。羊欣所撰錄一卷，尋案未得，續更呈聞。謹啓。

秦丞相李斯。

秦中車府令趙高。右二人善大篆

秦獄吏程邈，善大篆，得罪始皇，因於雲陽獄，增減大篆體，去其繁複。始皇善之，出爲御史因名其書曰隸書。

扶風曹喜，後漢人，不知其官，善篆隸。篆小異李斯，見師一時。

陳留蔡邕，後漢左中郎將善篆隸，採斯、喜之法。眞定宜父碑文猶傳於世，篆者師焉。

杜陵陳遵，後漢人，不知其官，善篆隸，每書，一座皆驚，時人謂爲陳驚座。

上谷王次仲，後漢人，作八分楷法。

師宜官，後漢人，不知何許人、何官。能爲大字方一丈，小字方寸千言。《耿球碑》是宜官書，甚自矜重。或空至酒家，先書其壁，觀者雲集，酒因大售，俟其飲足，削書而退。

安定梁鵠，後漢人，官至選部尚書。得師宜官法，魏武重之，常以鵠書懸帳中，宮殿題署，多出鵠手。

陳留邯鄲淳，爲魏臨淄侯文學，得次仲法，名在鵠後。

毛弘，鵠弟子，今秘書八分，皆傳弘法。又有左子邑，與淳小異，亦有名。

京兆杜度，爲魏、齊相，始有草名。

安平崔瑗，後漢濟北相，亦善草書。平苻堅，得摹崔瑗書。王子敬云，極似張伯英。瑗子寔，官至尚書，亦能草書。

弘農張芝，高尚不仕，善草書，精勁絕倫，家之衣帛，必先書而後練，臨池學書，池水盡墨，每書云，囪囪不暇草書，人謂爲草聖，芝弟昶，漢黃門侍郎，亦能草，今世云芝草者，多是昶作也。

姜詡、梁宣、田彥和及司徒韋誕，皆英弟子，並善草，誕書最優。誕字仲將，京兆人，善楷書，漢魏題宮館寶器，皆是誕手寫。魏明帝起淩雲臺，誤先釘牓而未之題，以籠盛誕，轆轤長絙引之，使就牓書之，牓去地二十五丈，誕甚危懼，乃擲其筆以（《書苑》作「比」）下，焚之，仍誡子孫，絕此楷法，著之家令，官至鴻臚少卿。誕子少季，亦有能稱。

羅暉、趙襲，不詳何許人，與伯英同時，見稱西州，而矜許自與，眾頗惑之。伯英與朱寬書，自敘云：「上比崔、杜不足，下方羅、趙有餘。」

河間張超，亦善草，不及崔、張。

劉德昇，善爲行書，不詳何許人。

潁川鍾繇，魏太尉，同郡胡昭，公車徵，二子俱學於德昇，而胡書肥，鍾書瘦。鍾書有三體：一曰銘石之書，最妙者也；二曰章程書，傳秘書教小學者也；三曰行狎書，相聞者也。三法皆世人所善，繇子會，鎮西將軍，絕能學父書，改易鄧艾上事，皆莫有知者。

河東衛覬字伯儒，魏尚書僕射，善草及古文，略盡其妙，草體微瘦而筆跡精熟。覬子瓘字伯玉，爲晉太保，採張芝法，以覬法參之，更爲草藁，草藁是相聞書也。瓘子恒，亦善書，博識古文。

燉煌索靖字幼安，張芝姊之孫，晉征南司馬，亦善草書。

陳國何元公，亦善草書。

吳人皇象，能草書，世稱「沉著痛快」。

滎陽陳暢，晉秘書令史，善八分，晉宮觀城門皆暢書也。

滎陽楊肇，晉荊州刺史，善草隸。潘岳誄曰：草隸兼善，尺牘必珍，足無輟行，手不釋文，翰動若飛，紙落如雲。肇孫經，亦善草書。

京兆杜畿，魏尚書僕射，子恕，東都太守，孫預荊州刺史，三世善草書。

晉齊王攸，善草行書。

太山羊忱，晉徐州刺史，羊固晉臨海太守，並善行書。

江夏李式，晉侍中，善寫隸草。弟定子公府，能名同式。晉中書李充母衛夫人，善鍾法，王逸少之師。

琅邪王廙，晉平南將軍荊州刺史，能章楷，傳鍾法。晉丞相王導，善藁行。（廙從兄也）

王恬，晉中軍將軍會稽內史，善隸書。（導第二子也）

王洽，晉中書令領軍將軍，眾書通善，尤能隸行。從兄羲之云：弟書遂不減吾。（恬弟也）

王珉，晉中書令，善隸行。（洽少子也）

王羲之，晉右軍會稽內史，博精羣法，特善草隸。羊欣云：古今莫二。（廙兄子也）

王獻之，晉中書令，善隸藁，骨勢不及父，而媚趣過之。（羲之第七子也）兄玄之、徽之、兄子淳之、並善草行。

王允之，衛將軍會稽內史，亦善草行。（舒子也）

太原王蒙，晉司徒左長史，能草隸。子脩，琅邪王文學，善隸行，與羲之善，故殆窮其妙，早亡，未盡其美。子敬每省脩書云，咄咄逼人。

王綏，晉冠軍將軍會稽內史，善隸行。

高平郗愔，晉司空會稽內史，善章草，亦能隸。

郗超，晉中書郎，亦善草。（愔子也）

潁川庾亮，晉太尉，善草行。

庾翼，晉荊州刺史，善隸行，時與羲之齊名。（亮弟也）

陳郡謝安，晉太傅，善隸行。

高陽許靜民，鎮軍參軍，善隸草，羲之高足。

晉穆帝時有張翼，善學人書，寫羲之表，表出，經日不覺。後云：幾欲亂眞。

會稽隱士謝敷，胡人康昕，並攻隸草。

飛白本是宮殿題八分之輕者，全用楷法。吳時張好學不仕，常著烏巾，時人號爲「張烏巾」。此人特善飛白，能書者鮮不好之。（自秦至晉凡六十九人）

（《法書要錄》卷一）

《眞隱傳》 宋袁淑撰

  《眞隱傳》，《隋書・經籍志》不見著錄，兩《唐志》皆著錄爲二卷，其內容，《宋書・隱逸傳序》曰：「陳郡袁淑，集古來無名高士，以爲《眞隱傳》。」可見其內容類似於嵇康《聖賢高士傳贊》。袁淑（408～453），字陽源，劉宋時人，丹陽尹豹少子。《隋書・經籍志》錄《袁淑集》十一卷，佚。今存文十五篇，詩七首。

鬼谷先生

  鬼谷先生，不知何許人也，隱居韜智，居鬼谷山，〔一〕因以爲稱。蘇秦、張儀師之，遂立功名，先生遺書責之〔二〕曰：「若〔三〕二君豈不見河邊之樹乎？僕御折其枝，波浪〔四〕盪其根。上無徑尺之陰，身被數千之痕，〔五〕此木豈與天地有仇怨，所居然也。子不〔六〕見嵩岱之松柏，華霍之檀桐乎？〔七〕無此句上枝干於青雲，下根通於三泉，千秋萬歲，不受〔八〕斧斤之患，此木豈與天地有骨肉哉〔九〕，蓋〔一○〕所居然也。(《藝文類聚》卷三十六　又見於《太平御覽》卷五百一十)

  〔校記〕
  〔一〕「隱居韜智」二句，《太平御覽》作「隱居鬼谷山」。
  〔二〕責之，《太平御覽》作「勉之」。
  〔三〕若，《太平御覽》無。
  〔四〕波浪，《太平御覽》作「風浪」。
  〔五〕「上無徑尺之陰」二句，《太平御覽》無。
  〔六〕不，《太平御覽》無。
  〔七〕華霍之檀桐乎，《太平御覽》無。
  〔八〕受，《太平御覽》作「逢」。
  〔九〕哉，《太平御覽》無。
  〔十〕蓋，《太平御覽》無。

鶡冠子

  鶡冠子，或曰楚人。〔一〕隱居幽山〔二〕，衣敝履空〔三〕，以鶡爲冠，莫測其名，因服成號，著書言道家〔四〕。馮諼〔五〕常師事之〔六〕，後顯於趙〔七〕。鶡冠子懼其薦己也，乃與諼絕〔八〕。(《藝文類聚》卷三十六　又見於《太平御覽》卷四百一十、卷五百一十　案：本條《太平御覽》卷四百一十原云出《眞隱士傳》)

〔校記〕

〔一〕鶡冠子，或曰楚人，《太平御覽》卷四百一十作「鶡冠者，或曰楚人也」。

〔二〕幽山，《太平御覽》卷四百一十作「山林」。

〔三〕本句《太平御覽》所引二處皆作「衣弊履穿」。敝爲弊之異體字，「履空」無義，當爲形訛。

〔四〕道家，《太平御覽》所引下皆有「事」字，於義爲長。

〔五〕馮諼，《太平御覽》卷四百一十作「馮煖」，卷五百一十作「馬煖」。「馮」作「馬」當爲訛誤；《戰國策‧齊策》作「諼」，然他書亦有作「煖」者。

〔六〕常師事之，《太平御覽》卷四百一十作「嘗師事焉」。

〔七〕後顯於趙，《太平御覽》所引皆作「煖後顯於趙」。

〔八〕絕，《太平御覽》卷四百一十下有「焉」字。

蘇門先生

蘇門先生，嘗行見採薪於阜者，先生嘆曰：「汝將以是終乎？哀哉！」薪者曰：「以是終者，我也；不以是終者，我也。且聖人無懷，何其爲哀？聖人以道德爲心，不以富貴爲志。」因歌二章，莫知所終。（《太平御覽》卷五百一十）

鄭長者

鄭長者，隱德無名，著書一篇，言道家事，韓非稱之。世傳是長者之辭，因以爲名。（《太平御覽》卷五百一十）

南公

南公者，楚人。埋名藏用，世莫能識。居國南鄙，因以爲號，著書言陰陽事。（《太平御覽》卷五百一十）

野老

野老，六國時人。遊秦楚間，年老隱居，掌勸爲務。著書言農家事，因以爲號。（《太平御覽》卷五百一十）

漁者

楚人有獻魚于楚王，曰：「今日漁獲，食之不盡，賣之不售，棄之又可惜，是故來獻。」左右曰：「鄙哉，辭也！」楚王曰：「漁者仁人，將以誨我也。」乃恤鰥寡而存孤獨，出倉粟，發幣帛，去後宮，楚國大治。（《太平御覽》卷五百一十）

河上丈人

河上丈人，家貧，編蕭自給。其子沒泉，得千金之珠。丈人曰：「取石來鍛之！夫千金之珠，必在九重之泉，驪龍頷下。子能得其珠者，遇其睡也。使龍而寤，子其虀粉矣。」（《太平御覽》卷五百一十）

孫叔敖

孫叔敖遇狐丘先生，曰：「僕聞人有三利，必有三患，子知之乎？夫爵高者人妒之，官大者主惡之，祿厚者怨處之。」叔敖曰：「不然。吾爵高而志益下，官大而志益小，祿厚而施益溥。」丈人曰：「善哉，言乎！堯、舜其猶病諸。」（《太平御覽》卷五百一十）

候孔子客

客有候孔子者，顏淵問曰：「客何人也？」孔子曰：「窅兮泛兮，吾不測也。夫良玉徑尺，雖有十仞之土，不能掩其光；明珠度寸，雖有函丈之石，不能戢其曜。苟蘊美自厚，容止可知矣。」（《太平御覽》卷五百一十）

《幼童傳》 梁劉昭撰

《幼童傳》，劉昭撰，《隋書・經籍志》載爲十卷，兩《唐志》所記相同。《太平御覽經史圖書綱目》列之，則是書北宋之時尚見存，後散佚，佚文見於《太平御覽》《初學記》。或有作劉劭者，誤。劉劭，漢魏間文人，著有《人物志》。劉昭，字宣卿，平原高唐人，蕭梁學者，《梁書》卷四十九有傳。

秦舞陽

秦舞陽者，燕國人也。年十二，以勇氣聞。人犯必殺之，莫有敢迕視。（《太平御覽》卷四百三十六）

漢昭帝

漢孝昭帝諱弗陵，武帝少子也。年五六歲，壯大。武帝云：「類我。」甚奇之。（《太平御覽》卷三百九十六）

蔡琰

邕夜鼓琴，絃絕。琰曰：「第二絃。」邕曰：「偶得之耳。」故斷一絃問之，琰曰：「第四絃。」並不差謬。(《後漢書・列女傳》注)

楊氏子

楊氏子者，梁國人也，九歲甚聰慧。孔君平詣其父，父不在，乃呼兒出，爲設果。果有楊梅。指以示兒：「此君家果？」兒即答曰：「未聞孔雀是夫子家禽。」(《初學記》卷十七　又見於《世說新語・文學篇》注)

魏太祖

魏〔一〕太祖幼而智勇，年十歲，嘗浴於譙水，有蛟來逼，自水奮〔二〕，蛟乃潛退。於是畢浴而還，弗之言也。〔三〕後有人見大虵，奔逐。太祖笑之曰：「吾爲蛟所擊而未懼，斯畏蛇而恐耶？」眾問乃知，咸驚異焉。(《太平御覽》卷四百三十六　又見於《初學記》卷九)

〔校記〕

〔一〕《初學記》無「魏」字。

〔二〕《初學記》「奮」下有「擊」字。

〔三〕弗之言也，《初學記》引文止此。

魏太祖，年十歲，浴于譙水，蛟來逼，自奮水擊蛟，乃退，畢浴而還。(《太平御覽》卷九百三十)

夏侯榮

夏侯榮，字幼權，沛國譙人也。幼聰慧，七歲能屬文，誦書日千言，經目輒識之。(《初學記》卷十七)

晉明帝

晉明帝諱紹，元帝太〔一〕子也。初，元帝爲江東都督，鎮揚州，時中原喪亂，有人從長安來。元帝問洛下消息，潸然流涕。帝年數歲，問泣故，具以東渡意告之。因問帝：「汝意謂長安何如日遠？」答曰：「不聞人從日邊來，只聞人從長安來，居然可知。」元帝念之〔二〕。明日集群臣宴會，設以此問〔三〕，明帝又以爲日近。元〔四〕帝動容，問：「何故異昨日之言？」答曰：「舉頭不見長安，只見日，以是知近。」帝大悅。(《初學記》卷一　又見於《太平御覽》卷三)

〔校記〕

〔一〕《太平御覽》無「太」字。

〔二〕此句《太平御覽》作「元帝念之」。

〔三〕問，《太平御覽》作「答」。

〔四〕《太平御覽》無「元」字。

庾天祐三歲兒

潁川庾天祐三歲兒，在北窗下戲，霹靂其〔一〕簷前棗樹，此兒晏然。(《北堂書鈔》卷一百五十二　案：孔廣陶此條後有案語：「《欽定古今圖書集成》「乾象典」七十八引《幼童傳》『其』作『擊』，餘同；陳本亦作『擊』，『歲』下脱『兒』字。」是作「擊」字語義爲上。)

張玄

張玄，字祖希。年八歲，虧齒，先達知其不常，故戲之：「君口復何爲開狗竇？」玄答云：「正使君輩從中入。」(《太平御覽》卷四百六十六)

謝瞻

謝瞻字宣遠，幼而聰悟，五歲能屬文，通玄理。(《太平御覽》卷六百二)

孫士潛

孫士潛字石龍，六歲上書，七歲屬文。(《太平御覽》卷六百二)

《童子傳》　梁王瑱之撰

《童子傳》，王瑱之撰，《隋書·經籍志》錄爲二卷，兩《唐志》不見者錄，或唐詩已散佚，佚文見於《太平御覽》《初學記》。王瑱之，又作王續之，南朝梁代隱士。蕭繹《金樓子·聚書篇》曰：「隱士王續之經餉書，如《童子傳》之例是也。」

孔林

孔林，魯國人，年十歲，詣臺魯相劉公。客有獻鴈者，歎曰：「天之於人，生五穀以爲之食，有魚鳥以爲之肴。」眾賓咸曰：「誠如公旨。」林曰：「不

然。夫萬物所生，各稟天氣，事不必爲人，人徒以智得之。故蚊蚋食人，蚓虫噉土，非天爲蚊蚋生人，爲蚓生土。」公曰：「童子辯焉。」(《太平御覽》卷四百六十四　案：其事亦見於《孔叢子》卷七)

任嘏

近代有樂安任嘏者，十二就師，學不再問，一年通三經。鄉人歌曰：「蔣氏翁，任氏童。」言蔣氏之門老而方篤，任家之學幼而多慧。(《初學記》卷十七)

《東海青童傳》

《東海青童傳》，不題撰人，《隋書·經籍志》、兩《唐志》均不見著錄，《太平御覽經史圖書綱目》列之，則是書北宋之時尚見存，後散佚，佚文見於《太平御覽》所引一條。東海青童，道教典籍人物，其事跡見於陶弘景《眞誥》《登眞隱訣》。

《保洞觀經》曰：雲靈上玄品有之者，白日尸解。(《太平御覽》卷六百六十四)

《高隱傳》　　梁阮孝緒撰

《高隱傳》，阮孝緒撰。史載阮孝緒嘗著《高隱傳》，起上古，終天監末，分爲三品：言行超逸，名氏不傳，爲上篇；始終不耗，姓名可錄，爲中篇；掛冠人世，棲心塵表，爲下篇。又有《高隱傳論》，存於《梁書》本傳，疑或爲《高隱傳》後評論文字，姑置於此。阮孝緒(479-536)，字士宗，南朝梁時學者，陳留尉氏(今屬河南)人，博學善屬文，其事跡見於《梁書》卷五十一《阮孝緒傳》。

夫至道之本，貴在無爲。聖人之跡存乎拯弊，弊拯由跡，跡用有乖於本。本既無爲，爲非道之至。然不垂其跡，則世無以平，不究其本，則道實交喪。丘、且將存其跡，故宜權晦其本，老、莊但明其本，亦宜深抑其跡。跡既可抑，數子所以有餘，本方見晦，尼丘是故不足。非得一之士，關彼明智，體之之徒，獨懷鑒識。然聖已極照，反創其跡，賢未居宗，更言其本。良由跡須拯世，非聖不能。本實明理，在賢可照。若能體茲本跡，悟彼抑揚，則孔、莊之意，其過半矣。(《梁書·阮孝緒傳》)

《雜傳》　　梁任昉撰

《雜傳》，任昉撰，《隋書·經籍志》著錄三十六卷，任昉撰本一百四十七卷，亡。《梁書·任昉傳》云：昉字彥昇，樂安博昌人。漢御史大夫敖之後也。仕齊入梁，爲御史中丞、祕書監，領前軍將軍。天監六年出爲寧朔將軍、新安太守，視事期歲，卒於官，時年四十九。贈太常，諡曰敬子。昉墳籍無所不見，聚書至萬餘卷，率多異本，撰《雜傳》二百四十七卷。《新唐書·藝文志》著錄任昉《雜傳》一百二十卷。

魏德公謂郭林宗曰：「經師易獲，人師難遭。」(《文選》任彥升《王文憲集序》李善注)

《漢魏先賢行狀》

《漢魏先賢行狀》，不題撰人，《隋書·經籍志》、兩《唐志》均不見著錄，《太平御覽經史圖書綱目》列之，則是書北宋之時尚見存，后散佚，佚文見於《太平御覽》《北堂書鈔》。

陳登爲廣漢太守〔一〕，郡吏攀號慕之，民咸佩其德〔二〕，老弱負而追之。登語之曰：「何患無令君乎。」(《北堂書鈔》卷七十五)

〔校記〕

〔一〕孔廣陶後有案語：「《魏志・張邈傳》裴注引《先賢行狀》『廣漢』句下有『遷爲東城
　　　太守』句」。據上下文意判斷，此條當脫「遷爲東城太守」。

〔二〕孔廣陶案語曰「德上有恩字，陳本、俞本已照增。」

　　故宗正南陽劉伯，字奉先。少履清節，忠亮正直，研精文學，無不綜覽。
嘗爲督郵，時豫章太守虞績以饕餮穢汙，徵至郡界，當就法車，不肯就坐。
伯乃拔刀毆績，績恐就車。乃徑上尚書，以肅王道。（《太平御覽》卷二百五十
三）

《海內先賢行狀》　李氏撰

　　《海內先賢行狀》，兩《唐志》均載三卷，李氏撰。現已散佚，佚文見
於《太平御覽》。章宗源《隋書經籍志考證》卷十三「《海內先賢行狀》三
卷」條以爲引此書者多省「海內」二字。審慎起見，今將《海內先賢行狀》
與《先賢行狀》兩列之。《隋書・經籍志》錄有「《先賢集》三卷」，不題撰
人，姚振宗以爲此《先賢集》即爲《海內先賢行狀》。

王烈

　　王烈字伯善。時有盜牛者，主得之。盜者曰：「我邂逅迷惑，從今將改。
子既赦宥，幸無使王烈聞之。」（《太平御覽》卷四百三）

戴良

　　戴良字叔鸞。高才礵硌，英聲遠播。少者懷之，長者慕之。鄉里搢紳，
下至黎庶，莫有忿爭之家。（《太平御覽》卷四百三）

徐孺子

　　徐孺子徵聘未嘗出門，赴喪不遠萬里。常事江夏黃公薨，往會其葬。家
貧無以自供，賫磨鏡具自隨，每至所在，賃磨取資，然後得前。既至，設祭
哭畢而返。陳仲舉爲豫章太守，召之則到，餽之則受，但不服事，以成其節。
（《太平御覽》卷四百三）

仇覽

仇覽字季智。學通五經，選爲亭長。民有孫元，少孤，與母居，詣覽告元不孝。覽謝遣之，屬母歸，勿言，方爲教之。後覽齎禮詣元，爲陳孝子供養之意。元遂感激，卒爲孝子。時令河內王渙，政尚清嚴，聞覽得元不治，心獨望之，乃問覽：「在亭不治不孝，得無失鷹鸇之志乎？」對曰：「竊以鷹鸇不如鳳皇，故不爲也。」渙感覽言，用損威刑。（《太平御覽》卷四百三）

《先賢行狀》

《先賢行狀》，不題撰人，《隋書·經籍志》、兩《唐志》均不見著錄，今可見於《後漢書》注、《三國志》注、《北堂書鈔》、《太平御覽》、《群書治要》、《冊府元龜》等書。章宗源《隋經籍志考證》卷十三於「《海內先賢傳》三卷」條下以爲各書所引《先賢行狀》多省「海內」二字，與《海內先賢傳》同爲一書。審慎起見，今將《海內先賢行狀》與《先賢行狀》兩列之。是書主要記錄漢魏之際賢人事跡，多屬高風亮節、建功立業之士。

堂溪典

典字子度〔一〕，潁川人〔二〕，爲西鄂長。（《後漢書·蔡邕傳》注　又見於《後漢書·延篤傳》注　《隸釋》卷二十五）

〔校記〕

〔一〕子，《蔡邕傳》注作「季」。嚴可均《全後漢文》對此有考證，以爲堂溪典，「字伯並，協子。熹平中，爲侍中、五官中郎將。案《後漢書·蔡邕傳》注引《先賢行狀》，典字子度，潁川人，爲西鄂長。《延篤傳》注引《先賢行狀》，『典字季度』。皆誤涉其父協事，以季爲子，又轉寫之誤，當據石刻爲正。」其說可從。《隸釋》僅錄「典字子度」四字。

〔二〕《延篤傳》注無「潁川人」三字。

陳寔

大將軍何進遣屬弔祠，諡曰文範先生。于時，寔、紀高名並著，而諶又配之，世號曰三君。每宰府辟命，率皆同時，羔鴈成群，丞掾交至。豫州百

姓皆圖畫寔、紀、諶之形象〔一〕。(《三國志‧魏志‧陳群傳》注　案:《冊府元龜》卷七百八十三《玉海》卷五十七《事類備要》前集卷六十三《後漢書‧陳寔傳》注《後漢書‧陳諶傳》注亦有節引)

〔校記〕

〔一〕此句《冊府元龜》作「豫州百城圖盡寔、紀、諶形象焉」,《玉海》卷五十七作「百城皆圖畫狀人紀」,作「豫州百姓皆圖畫陳仲弓、元方、季方三君之形象」。

延篤

篤欲寫《左氏傳》,無紙,唐溪典〔一〕以廢〔二〕牋記與之。篤以牋記紙不可寫《傳》,乃借本諷之,糧盡〔三〕辭歸。典曰:「卿欲〔四〕寫傳,何故辭歸?」篤曰:「已諷〔五〕之矣。」典聞之歎曰:「嗟乎延生!雖復端木聞一知二,未足爲喻。若使尼父更起於洙、泗,君當編〔六〕名七十,與游、夏爭匹也。」〔七〕(《後漢書‧延篤傳》注　又見於《冊府元龜》卷七百九十九　案:《北堂書鈔》卷九十八、一百四《初學記》二十一亦有節引)

〔校記〕

〔一〕唐溪典,《冊府元龜》作「堂溪典」,《北堂書鈔》卷九十八作「虞溪季度」,卷一百四作「唐溪季度」,《初學記》卷二十一作「唐溪季」。案:「堂」、「唐」皆可;前條已引嚴可均考證,唐溪典字伯並,唐溪協之子,季度乃其父協之字。

〔二〕廢,《初學記》卷二十一作「殘」。

〔三〕《冊府元龜》「盡」後有「欲」字。

〔四〕《冊府元龜》無「欲」字。

〔五〕諷,《北堂書鈔》卷九十八作「誦」。

〔六〕編,《冊府元龜》作「顯」。

〔七〕《冊府元龜》此處有「後爲京兆尹」五字。

裴瑜

瑜字雉璜。聰明敏達,觀物無滯。清論所加,必爲成器;醜議所指;沒齒無怨。(《後漢書‧史弼傳》注)

韓珩

珩字子佩,代郡人,清粹有雅量,少喪父母,奉養兄姊,宗族稱悌〔一〕。(《後漢書‧袁譚傳》注　又見於《三國志‧魏志‧袁譚傳》注)

〔校記〕

〔一〕裴注「悌」下有「焉」字。

徐璆

璆字孟玉，廣陵人。少履清爽，立朝正色。歷任城、汝南、東海三郡，所在化行。被徵當還，爲袁術所劫。術僭號，欲授以上公之位，璆終不爲屈。術死後，璆得術璽，致之漢朝，拜衛尉太常；公爲丞相，以位讓璆焉。（《三國志·魏志·武帝紀》注）

田豐

豐字元皓，鉅鹿人，或云勃海人。豐天姿瓌傑，權略多奇，少喪親，居喪盡哀，日月雖過，笑不至矧。博覽多識，多重州黨。初辟太尉府，舉茂才，遷侍御史。閹宦擅朝，英賢被害，豐乃棄官歸家。袁紹起義，卑辭厚幣以招致豐。豐以王室多難，志存匡救，乃應紹命，以爲別駕。勸紹迎天子，紹不納。紹後用豐謀，以平公孫瓚。逢紀憚豐亮直，數讒之於紹，紹遂忌豐。紹軍之敗也，土崩奔北，師徒略盡，軍皆拊膺而泣曰：「向令田豐在此，不至於是也。」紹謂逢紀曰：「冀州人聞吾軍敗，皆當念吾。唯田別駕前諫止吾，與眾不同，吾亦慚見〔一〕之。」紀復曰：「豐聞將軍之退，拊〔二〕手大笑，喜其言之中也。」紹於是有害豐之意。初，太祖聞豐不從戎，喜曰：「紹必敗矣。」乃紹奔遁，復曰：「向使紹用田別駕計，尚未可知也。」（《三國志·魏志·袁紹傳》注　案：《後漢書·荀彧傳》注、《袁紹傳》注亦有節引。）

〔校記〕
〔一〕《後漢書·袁紹傳》注無「見」字。
〔二〕拊，《後漢書·袁紹傳》作「拍」。

審配

配字正南，魏郡人，少忠烈慷慨，有不可犯之節。袁紹領冀州，委以腹心之任，以爲治中別駕，並總幕府。初，譚之去，皆呼辛毗、郭圖家得出，而辛評家獨被收。及配兄子開城門內兵，時配在城東南角樓上，望見太祖兵入，忿辛、郭壞敗冀州，乃遣人馳詣鄴獄，指殺仲治家。是時，辛毗在軍，聞門開，馳走詣獄，欲解其兄家，兄家已死。是日生縛配，將詣帳下，辛毗等逆以馬鞭擊其頭，罵之曰：「奴，汝今日眞死矣！」配顧曰：「狗輩，正由汝曹破我冀州，恨不得殺汝也！且汝今日能殺生我邪？」有頃，公引見，謂配：「知誰開卿城門？」配曰：「不知也。」曰：「自卿子榮耳。」配曰：「小

兒不足用乃至此！」公復謂曰：「曩日孤之行圍，何弩之多也？」配曰：「恨其少耳！」公曰：「卿忠於袁氏父子，亦自不得不爾也。」有意欲活之。配既無撓辭，而辛毗等號哭不已，乃殺之。初，冀州人張子謙先降，素與配不善，笑謂配曰：「正南，卿竟何如我？」配厲聲曰：「汝為降虜，審配為忠臣，雖死，豈若汝生邪！」臨行刑，叱持兵者令北向，曰：「我君在北。」（《三國志·魏志·袁紹傳》注　案：審配被殺之事，《後漢書·袁紹傳》注亦有節引。）

附：

配字正南。少忠烈慷慨，有不可犯之節。紹領冀州，委腹心之任。豐字元皓。天姿瓌傑，權略多奇。紹軍之敗也。土崩奔走，徒眾略盡，軍將皆撫膝啼泣曰：「向使田豐在此，不至於是。」（《後漢書·袁紹傳》注）

韓嵩

嵩字德高，義陽人。少好學，貧不改操〔一〕。知世將亂，不應三公之命，與同好數人隱居於酈西山中。黃巾起，嵩避難南方，劉表逼以為別駕，轉從事中郎。表郊祀天地，嵩正諫不從，漸見違忤。奉使到許，事在前注。荆州平，嵩疾病，就在所拜授大鴻臚印綬。（《三國志·魏志·劉表傳》注　又略見於《後漢書·袁紹傳》注）

〔校記〕

〔一〕《後漢書·袁紹傳》注引文止此。

陳登

登，忠亮高爽，沈深有大略，少有扶世濟民之志。博覽載籍，雅有文藝，舊典文章，莫不貫綜。年二十五，舉孝廉，除東陽長，養耆育孤，視民如傷。是時，世荒民飢，州牧陶謙表登為典農校尉，乃巡土田之宜，盡鑿溉之利，秔稻豐積。奉使到許，太祖以登為廣陵太守，令陰合眾以圖呂布。登在廣陵，明審賞罰，威信宣布。海賊薛州之群萬有餘戶，束手歸命。未及期年，功化以就，百姓畏而愛之。登曰：「此可用矣。」太祖到下邳，登率郡兵為軍先驅。時登諸弟在下邳城中，布乃質執登三弟，欲求和同。登執意不撓，進圍日急。布刺奸張弘，懼於後累，夜將登三弟出就登。布既伏誅，登以功加拜伏波將軍，甚得江、淮間歡心，於是有吞滅江南之志。孫策遣軍攻登于匡琦城。賊初到，旌甲覆水，群下咸以今賊眾十倍於郡兵，恐不能抗，可引軍避之，與其空城。水人居陸，不能久處，必尋引去。登厲聲曰：「吾受國命，來鎮此土。

昔馬文淵之在斯位，能南平百越，北滅群狄，吾既不能遏除凶慝，何逃寇之
爲邪！吾其出命以報國，仗義以整亂，天道與順，克之必矣。」乃閉門自守，
示弱不與戰，將士銜聲，寂若無人。登乘城望形勢，知其可擊。乃申令將士，
宿整兵器，昧爽，開南門，引軍詣賊營，步騎鈔其後。賊周章，方結陳，不
得還船，登手執軍鼓，縱兵乘之，賊遂大破，皆棄船迸走。登乘勝追奔，斬
虜以萬數。賊忿喪軍，尋復大興兵向登。登以兵不敵，命功曹陳矯求救於太
祖。登密去城十里治軍營處所，令多取柴薪，兩束一聚，相去十步，縱橫成
行，令夜俱起火，火然其聚。城上稱慶，若大軍到。賊望火驚潰，登勒兵追
奔，斬首萬級。遷登爲東城太守，廣陵吏民佩其恩德，共拔郡隨登，老弱襁
負而追之。登曉語令還，曰：「太守在卿郡，頻致吳寇，幸而克濟。諸卿何患
無令君乎？」孫權遂跨有江外。太祖每臨大江而歎，恨不早用陳元龍計，而
令封豕養其爪牙。文帝追美登功，拜登息肅爲郎中。(《三國志·魏志·陳登傳》
注　案：《太平御覽》卷二百九十四略有節引。)

田疇

疇將行，引虞密與議。疇因說虞曰：「今帝主幼弱，奸臣擅命，表上須報，
懼失事機。且公孫瓚阻兵安忍，不早圖之，必有後悔。」虞不聽。(《三國志·
魏志·田疇傳》注)

文雅優備，忠武又著，和於撫下，慎於事上，量時度理，進退合義。幽
州始擾，胡、漢交萃，蕩析離居，靡所依懷。疇率宗人避難於無終山，北拒
盧龍，南守要害，清靜隱約，耕而後食，人民化從，咸共資奉。及袁紹父子
威力加於朔野，遠結烏丸，與爲首尾，前後召疇，終不陷撓。後臣奉命，軍
次易縣，疇長驅自到，陳討胡之勢，猶廣武之建燕策，薛公之度淮南。又使
部曲持臣露布，出誘胡眾，漢民或因亡來，烏丸聞之震蕩。王旅出塞，塗由
山中九百餘里，疇帥兵五百，啓導山谷，遂滅烏丸，蕩平塞表。疇文武有效，
節義可嘉，誠應寵賞，以旌其美。(《三國志·魏志·田疇傳》注　案：此條乃太
祖表論田疇之文。)

蔣令田疇，至節高尚，遭值州里戎夏交亂，引身深山，研精味道，百姓
從之，以成都邑。袁賊之盛，命召不屈。慷慨守志，以徼眞主。及孤奉詔征
定河北，遂服幽都，將定胡寇，時加禮命。疇即受署，陳建攻胡蹊路所由，
率齊山民，一時向化，開塞導送，供承使役，路近而便，令虜不意。斬蹋頓

於白狼，遂長驅於柳城，疇有力焉。及軍入塞，將圖其功，表封亭侯，食邑五百，而疇懇惻，前後辭賞。出入三載，歷年未賜，此爲成一人之高，甚違王典，失之多矣。宜從表封，無久留吾過。（《三國志・魏志・田疇傳》注）

王烈

　　烈通識達道，秉義不回。以潁川陳太丘爲師，二子爲友。時潁川荀慈明、賈偉節、李元禮、韓元長皆就陳君學，見烈器業過人，歎服所履，亦與相親。由是英名著於海內。道成德立，還歸舊廬，遂遭父喪，泣淚三年。遇歲饑饉，路有餓殍，烈乃分釜庚之儲，以救邑里之命。是以宗族稱孝，鄉黨歸仁。以典籍娛心，育人爲務，遂建學校，敦崇庠序。其誘人也，皆不因其性氣，誨之以道，使之從善遠惡。益者不自覺，而大化隆行，皆成寶器。門人出入，容止可觀，時在市井，行步有異，人皆別之。州閭成風，咸競爲善。時國中有盜牛者，牛主得之。盜者曰：「我邂逅迷惑，從今已後將爲改過。子既已赦宥，幸無使王烈聞之。」人有以告烈者，烈以布一端遺之。或問：「此人既爲盜，畏君聞之，反與之布，何也？」烈曰：「昔秦穆公，人盜其駿馬食之，乃賜之酒。盜者不愛其死，以救穆公之難。今此盜人能悔其過，懼吾聞之，是知恥惡。知恥惡，則善心將生，故與布勸爲善也。」閒年之中，行路老父擔重，人代擔行數十里，欲至家，置而去，問姓名，不以告。頃之，老父復行，失劍於路。有人行而遇之，欲置而去，懼後人得之，劍主於是永失，欲取而購募，或恐差錯，遂守之。至暮，劍主還，見之，前者代擔人也。老父寧其袂，問曰：「子前者代吾擔，不得姓名，今子復守吾劍于路，未有若子之仁，請子告吾姓名，吾將以告王烈。」乃語之而去。老父以告烈，烈曰：「世有仁人，吾未之見。」遂使人推之，乃昔時盜牛人也。烈歎曰：「韶樂九成，虞賓以和：人能有感，乃至於斯也！」遂使國人表其閭而異之。時人或訟曲直，將質於烈，或至塗而反，或望廬而還，皆相推以直，不敢使烈聞之。時國主皆親驂乘適烈私館，疇諮政令。察孝廉，三府並辟，皆不就。會董卓作亂，避地遼東，躬秉農器，編於四民，布衣蔬食，不改其樂。東域之人，奉之若君。時衰世弊，識眞者少，朋黨之人，互相讒謗。自避世在東國者，多爲人所害，烈居之歷年，未嘗有患。使遼東強不淩弱，眾不暴寡，商賈之人，市不二價。太祖累徵召，遼東爲解而不遣。以建安二十三年寢疾，年七十八而終。（《三國志・魏志・王烈傳》注　案：盜牛之事，《北堂書鈔》卷一百二十二，《太

平御覽》卷三百四十三、四百九十九、八百二十、八百二十九、九百等，皆有引述，或節引，或轉述他語，爲避繁瑣，不再一一出校，謹附列於後耳。）

附：

王烈字彥方，通識達道。時國中有盜牛者，主縛之。盜者曰：「從今改過，無使王烈聞之。」後有行路老父擔重，有人代擔數十里，至家而去，問姓字不告。頃之，老父復失劍於路，有人行過守之，至暮劍主還，見之，前者代擔人也。老父攬其袂曰：「子前者代吾擔，今復守吾劍於路，未有若子之仁。吾將以姓名告王烈。」乃語之而去。老父告王烈，烈使人推之，昔盜牛人也。（《北堂書鈔》卷一百二十二）

國中有盜牛者，牛主得盜者，曰：「我邂逅迷惑，從今以後將改過，子既已宥，幸無使王烈聞之。」人有以告烈者，烈以布一端遺之，曰：「是知恥惡，知恥則善心將生，故與勸爲善也。」（《藝文類聚》卷八十五）

王烈字彥芳，國中有盜牛者，主得之。盜曰：「我邂逅迷惑，子既赦宥，幸無使王烈知之。」烈聞，以布一端遺之，曰：「恥惡則善生，故賞之。」間年之中行路，父老擔重，人代擔行數十里。頃之，父老復行，失劍於路，有行人守之，至暮劍主還，見之，前代擔人也。父老以告烈，乃昔盜牛人也。（《事類賦》卷十三）

王烈字彥考，通識達道。時國中有盜牛者，牛主得之，盜者曰：「我邂逅迷惑，從今已後將改過。子既已赦宥，幸無使王烈聞之。」人有以告烈者，烈以布一端遺之。或問：「此人既有盜畏君聞之，反與布，何也？」烈曰：「昔秦穆公，人盜其駿馬食之，已而賜之酒。盜者不愛其死，以救穆公之難。今此盜人能悔其過，懼聞之，知是恥惡則善心將生，故與布勸爲善也。」一年之中，行路老父擔重，人代擔行數十里，欲至家，置而去。問姓字不以告。頃之，老父復行，失劍於路，有人行而遇之，欲置而去，懼後人得之，劍主永失所取，而購募或能差錯，遂守之。至暮，劍主還，見之，前者代擔人也。老父攬其袂曰：「子前者代吾擔，不得姓名，今子復守吾劍於路，未有若子之仁，子請告吾姓名，將以告王烈。」乃語之而去。老父以告烈，烈曰：「世有仁人，吾未見之。」使人見之，乃昔時盜牛人也。（《太平御覽》卷三百四十三）

王烈，字彥考，通識達道。時國中有盜牛者，牛主得之。盜曰：「邂逅迷惑，從今已後將改過。子既已赦宥，幸勿使王烈知之。」（《太平御覽》卷四百九十九）

王烈，字彥考，通識達道，人皆慕之，州閭成風，咸競爲善。時國中有盜牛者，牛主得之，盜者曰：「我邂逅迷惑，從今已後將改過，予既已見宥，幸無使王烈聞之。」人有以告烈者，烈以布一端遺之。（《太平御覽》卷八百二十）

平原王烈，字彥考。國中有盜牛者，牛主得而放之，盜者曰：「子既放我，幸無使王烈聞之。」間年，國中行路，老父負擔重，有人代擔，行數十里，至家而去，問姓名不語。頃之，老父失劍於路，有人得而守之，至暮，劍主還見之，乃代擔人也。老父曰：「子前代吾擔，不得姓名，今復守吾劍，子誠賢人！可語吾姓名，以告王烈。」使人問之，乃昔時盜牛人也。烈使國人表其廬而異焉。（《太平御覽》卷八百二十九）

王烈字彥老，通識達人。時國中有盜牛者，牛主得之，盜者曰：「我邂逅迷惑，從今已後，將改過。子既已赦宥，幸無使王烈知之。」人有以告烈，烈以布一端遺之。間年中，行路老父擔重，有人代擔行數十里，欲至家，置之而去。問姓名，不以告。老父復行，失劍於路。有人行而遇之，欲置而去，懼後人得之，遂守之至暮。劍主還見之，即前擔人也。老父攬其袂曰：「子前代吾擔，不得姓名。今子復守吾劍，未若子之仁者。請告吾姓名，吾將以告王烈。」乃語之而去。老父以告烈，烈曰：「世有仁人，吾未之見。」使人推之，乃昔時盜牛人也。（《太平御覽》卷九百）

崔琰

琰清忠高亮，雅識經遠，推方直道，正色於朝。魏氏〔一〕初載，委授〔二〕銓衡，總齊清議，十有餘年。文武群才，多所明拔。朝廷歸高，天下稱平〔三〕。（《三國志・魏志・崔琰傳》注　又見於《群書治要》卷二十五）

〔校記〕

〔一〕《群書治要》無「氏」字。

〔二〕《群書治要》無「授」字。

〔三〕《群書治要》「平」下有「矣」字。

毛玠

玠雅亮公正，在官清恪。其典選舉〔一〕，拔貞實，斥華僞，進遜行，抑阿黨。諸宰官治民功績不著而私財豐足者，皆免黜停廢，久不選用。于時四海翕然，莫不勵行。至乃長吏還者，垢面羸衣，常乘柴車。軍吏入府，朝服徒行，人擬壺飧之絜，家象濯纓之操，貴者無穢欲之累，賤者絕姦貨之求，吏絜于上，俗移乎〔二〕下，民到于今稱之。（《三國志・魏志・毛玠傳》注、《冊府

元龜》卷六百三十七　案：此條《北堂書鈔》卷三十六、五十九、六十，《初學記》卷六十一，《群書治要》卷二十五，《文選》任彥昇《爲范尚書讓吏部封侯第一表》李善注亦有節引）

〔校記〕

〔一〕「玠雅亮公正，在官清恪。其典選舉」十三字，《北堂書鈔》卷三十六作「毛玠爲尚書典選」，《北堂書鈔》卷五十九作「毛玠爲尚書僕射，雅亮工正，在官清恪，典選舉」，《文選》注作「玠雅量公正」，《北堂書鈔》卷六十作「毛玠爲尚書，典選舉」，《初學記》卷十一作「毛玠，字孝先，爲尚書僕射，在官清恪」。

〔二〕乎，《群書治要》卷二十五作「于」。

鍾皓

鍾皓字季明，溫良篤愼，博學詩律，教授門生千有餘人，爲郡功曹。時太丘長陳寔爲西門亭長，皓深獨敬異。寔少皓十七歲，常禮待與同分義。會辟公府，臨辭，太守問：「誰可代君？」皓曰：「明府欲必得其人，西門亭長可用。」寔曰：「鍾君似不察人爲意，不知何獨識我？」皓爲司徒掾，公出，道路泥濘，導從惡其相灑，去公車絕遠。公椎軾言：「司徒今日爲獨行耳！」還府向閤，鈴下不扶，令揖掾屬，公奮手不顧。時舉府掾屬皆投劾出，皓爲西曹掾，即開府門分布曉語已出者，曰：「臣下不能得自直於君，若司隸舉繩墨，以公失宰相之禮，又不勝任，諸君終身何所任邪？」掾屬以故皆止。都官果移西曹掾，問空府去意，皓召都官吏，以見掾屬名示之，乃止。前後九辟三府，遷南鄉、林慮長，不之官。時郡中先輩爲海內所歸者，蒼梧太守定陵陳稚叔、故黎陽令潁陰荀淑及皓。少府李膺常宗此三人，曰：「荀君清識難尙，陳、鍾至德可師。」膺之姑爲皓兄之妻，生子覲，與膺年齊，並有令名。覲又好學慕古，有退讓之行。爲童幼時，膺祖太尉脩言：「覲似我家性，國有道不廢，國無道則免於刑戮者也。」復以膺妹妻之。覲辟州宰，未嘗屈就。膺謂覲曰：「孟軻以爲人無好惡是非之心，非人也。弟於人何太無皁白邪！」覲嘗以膺之言白皓，皓曰：「元禮，祖公在位，諸父並盛，韓公之甥，故得然耳。國武子好招人過，以爲怨本，今豈其時！保身全家，汝道是也。」覲早亡，膺雖荷功名，位至卿佐，而卒隕身世禍。皓，年六十九，終於家。皓二子迪、敷，並以黨錮不仕。繇則迪之孫。（《三國志·魏志·鍾繇傳》注）

徐幹

幹清玄體道，六行脩備，聰識洽聞，操翰成章，輕官忽祿，不耽世榮。

建安中，太祖特加旌命，以疾休息。後除上艾長，又以疾不行。（《三國志‧魏志‧徐幹傳》注）

繆斐

繆斐字文雅。該覽經傳，事親色養。徵博士，六辟公府。漢帝在長安，公卿博舉名儒。時舉斐任侍中，並無所就。即襲父也。（《三國志‧魏志‧劉劭傳》注）

衛茲

茲字子許。不爲激詭之行，不徇流俗之名；明慮淵深，規略宏遠。爲車騎將軍何苗所辟，司徒楊彪再加旌命。董卓作亂，漢室傾蕩，太祖到陳留，始與茲相見，遂同盟，計興武事。茲答曰：「亂生久矣，非兵無以整之。」且言「兵之興者，自今始矣。」深見廢興，首贊弘謀。合兵三千人，從太祖入榮陽，力戰終日，失利，身歿。（《三國志‧魏志‧衛臻傳》注）

杜安

安年十歲，名稱鄉黨。至十三，入太學，號曰神童。既名知人，清高絕俗。洛陽令周紆數候安，安常逃避不見。時貴戚慕安高行，多有與書者，輒不發，以慮後患，常鑿壁藏書。後諸與書者果有大罪，推捕所與交通者，吏至門，安乃發壁出書，印封如故，當時皆嘉其慮遠。三府並辟，公車特徵，拜宛令。先是宛有報讎者，其令不忍致理，將與俱亡。縣中豪彊有告其處者，致捕得。安深疾惡之，到官治殺，肆之於市。懼有司繩彈，遂自免。後徵拜巴郡太守，率身正下，以禮化俗。以病卒官，時服薄斂，素器不漆，子自將車。州郡賢之，表章墳墓。根舉孝廉，除郎中。時和熹鄧后臨朝，外戚橫恣，安帝長大，猶未歸政。根乃與同時郎上書直諫，鄧后怒，收根等伏誅。誅者皆絹囊盛，於殿上撲地。執法者以根德重事公，默語行事人，使不加力。誅訖，車載城外，根以撲輕得蘇息，遂閉目不動搖。經三日，乃密起逃竄，爲宜城山中酒家客，積十五年，酒家知其賢，常厚敬待。鄧后崩，安帝謂根久死。以根等忠直，普下天下，錄見誅者子孫。根乃自出，徵詣公車，拜符節令。或問根：「往日遭難，天下同類知故不少，何至自苦歷年如此？」根答曰：「周旋人間，非絕迹之處。邂逅發露，禍及親知，故不爲也。」遷濟陰太守，以德讓爲政，風移俗改。年七十八以壽終，棺不加漆，斂以時服。長吏下車，常先詣安、根墓致祠。（《三國志‧魏志‧杜襲傳》注　案：又略見於《北堂書鈔》卷一百三《藝文類聚》卷三十一，當是節引《三國志》而成。）

荀淑

荀淑字季和，潁川潁陰人也。所拔韋褐蒭牧之中，執案刀筆之吏，皆爲英彥。舉方正，補朗陵侯相，所在流化。鍾皓字季明，潁川長社人。父、祖至德著名。皓高風承世，除林慮長，不之官。人位不足，天爵有餘。（《世說新語·德行篇》注）

陳紀

陳紀字元方，寔長子也。至德絕俗，與寔高名並著，而弟諶又配之。每宰府辟召，羔雁成群，世號「三君」，百城皆圖畫。（《世說新語·德行篇》注）

公沙穆

公沙穆爲魯相，時有蝗災，穆躬露坐界上，蝗積疆畔，不爲害。（《藝文類聚》卷一百）

賈翊

賈翊字文和，時欲以爲僕射。師長之官，天下所重，翊名不素重，非以服人也。縱翊澹於榮利，柰國朝何。（《北堂書鈔》卷五十九）

崔琰

崔琰拜尚書，委受銓衡，〔一〕揔齊清議十有餘年，文武羣才多所明拔，朝廷歸高，〔二〕天下稱平。（《北堂書鈔》卷六十　又見於《太平御覽》卷二百一十四）

〔校記〕

〔一〕拜尚書，《太平御覽》無；受，《太平御覽》作「授」。

〔二〕歸高，《太平御覽》作「歸美」。

胡定

胡定字元安，〔一〕至行絕人，在喪，〔二〕雉兔遊其庭，〔三〕時雪霜滿其室，〔四〕縣令遣戶曹掾，排雪問定，〔五〕定已絕穀，〔六〕妻子皆臥在牀，令即遣掾，以乾糧就遺之，定乃受半。（《藝文類聚》卷三十五　又見於《北堂書鈔》卷一百四十四《初學記》卷十八）

〔校記〕

〔一〕字元安，《北堂書鈔》無。

〔二〕在喪，《初學記》作「居喪」。

〔三〕此句，《北堂書鈔》無。

〔四〕此句，《北堂書鈔》、《初學記》皆無。

〔五〕此二句，《北堂書鈔》作「縣令遣掾排雪問定」，《初學記》作「縣令遣戶曹掾問定」。

〔六〕《初學記》引文止此；《北堂書鈔》下有「合即以乾飯遺之」一句，且引文止於此句。

程堅

程堅字諶甫，爲北陽尉。貧無車馬，每出追遊，常步行。郡間給事焉。（《太平御覽》卷二百六十九）

蔡伯喈母

蔡伯喈母，袁曜卿之姑也。（《太平御覽》卷五百一十三）

鍾元皓妻

鍾元皓妻，李膺之姑也。生子覲，與膺齊名。（《太平御覽》卷五百一十三）

范郃

范郃，字孝悌。少時會省外家，逢掠者驅其牛取衣物去。郃還車，知賊不得席後三疋絹，乃追呼令取之。賊知長者，悉還所取而辭謝焉。（《太平御覽》卷八百一十七）

《廣陵傳》

《廣陵傳》，又作《廣陵烈士傳》，不題撰人，《隋書·經籍志》、兩《唐志》均不見著錄。佚文見於《北堂書鈔》《太平御覽》，記敘吳戒之性情剛直。

吳戒字貴齊，性剛直。同業生〔一〕陳升爲賊，戒見〔二〕之。升〔三〕爲設食，戒曰〔四〕：「汝已爲賊，奈何爲〔五〕設食？」因舉案〔六〕投江中，令其趣降。（《太平御覽》卷七百一十　又見於《北堂書鈔》卷一百三十三）

〔校記〕

〔一〕「同業生」三字，《北堂書鈔》上有「吳戒」二字，且引文始於此。

〔二〕見，《北堂書鈔》作「往見」。

〔三〕升，《北堂書鈔》作「故」。

〔四〕曰，《北堂書鈔》上有「乃」字。

〔五〕爲，《北堂書鈔》作「爲人」。

〔六〕按，《北堂書鈔》作「案」。

《山東六賢傳》

《山東六賢傳》，不題撰人，《隋書·經籍志》、兩《唐志》均不見著錄，《太平御覽經史圖書綱目》列之，則是書北宋之時尚見存，後散佚，佚文見於《太平御覽》。

袁卜，字叔隰，陬慮人。種菜一園，左右竊取度溝瀆，卜乃爲之橋，其敦義如此。（《太平御覽》卷九百七十六）

《列子傳》

《列子傳》，不題撰人，《隋書·經籍志》、兩《唐志》均不見著錄。佚文見於《太平御覽》等書。

赤松子，神農時雨師。（《初學記》卷二）

共工與顓頊爭天下，怒而觸不周山。（《太平御覽》卷三十八）

楊朱見梁王，言治天下如運諸掌。王曰：「先生有一妻一妾而不能治，三畝之園而不能芸，言治天下，何也？」曰：「君見夫牧羊者乎？百羊而群，使五尺童子荷箠而隨之，欲東而東，欲西而西。使堯牽一羊，舜荷箠而隨之，則不能前矣。」（《太平御覽》卷九百二）

有蘭子者以數干宋元君，弄七劍迭躍之，五劍常在空中。（《事類賦》卷十三）

孔融被誅初，女七歲，男九歲，以其幼弱得寄他舍。主人有遺肉汁，男渴而飲之，女曰：「今日之渴豈得久活，何賴知肉味乎？」兄號泣而止。或言於曹操，遂盡殺之。及收至，女謂兄曰：「若死者有知，得見父，豈非至願。」延頸就刑，顏色不變。（《太平御覽》卷三百八十五）

散傳之屬

《漢武帝內傳》

　　《漢武帝內傳》，《隋書·經籍志》著錄《漢武內傳》三卷，兩《唐志》著錄《漢武帝傳》兩卷，《宋史·藝文志》著錄《漢武內傳》兩卷，皆不題撰人。《太平御覽經史圖書綱目》列之。各書所引以《太平廣記》卷三最爲詳備，題爲《漢武內傳》，餘書或作《漢武帝內傳》，或作《漢武內傳》，內容多與《太平廣記》相同，殆二者同爲一書。宋晁載之《續談助》言《漢武內傳》中十有五六皆增贅《漢武故事》與《十洲記》而來；《四庫全書》小說家異聞類錄有《漢武帝內傳》一卷，《提要》以爲舊題班固乃後人僞託，徐陵《玉臺新詠·序》、郭璞《遊仙詩》、葛洪《神仙傳》、張華《博物志》並引其文，則是書出於齊梁之前，殆魏晉間人所作乎？《四庫》本蓋明人刪竄之本，非完書。亦有題爲葛洪所作者，姚振宗《隋書經籍志考證》以爲乃後人因《西京雜記》序末之言「洪家復有《漢武帝禁中起居注》一卷、《漢武故事》二卷」而誤記。《四庫》本與《太平廣記》所錄基本一致，殆同源而出。《北堂書鈔》徵引有《漢武帝傳》兩條，所引內容與《內傳》相同，疑書名有脫字，實爲《內傳》之文，今並入《內傳》。

　　案：又有《漢武帝外傳》一卷，載《正統道藏》洞眞部記傳類，爲《漢武帝內傳》之補篇，內載東方朔、拳夫人等十四人事，然諸家著錄均無此書，《守山閣叢書》將其刊入《漢武帝內傳》之後，并附有錢熙祚校記：「首條全襲《十洲記》，餘亦出入《漢武帝故事》《神仙傳》等書。鉤弋夫人（拳夫人）、魯女生、李少君三事，《太平御覽》《孔氏六帖》《藝文類聚》並引作《內傳》。」《玉海》卷五十八引《中興書目》云：「《漢武帝內傳》二卷，載西王母事，後有淮南王、公孫卿、稷丘君八事，乃唐終南玄都道士遊巖所附。」王遊巖乃唐天寶間道士。《道藏提要》以爲是書或成於元明之時。姑說明，本書不再收錄。

漢孝武皇帝，景帝子也。未生之時，景帝夢一赤彘從雲中下，直入崇芳閣，景帝覺而坐閣下。果有赤龍如霧，來蔽戶牖。宮內嬪御，望閣上有丹霞蓊蔚而起，霞滅，見赤龍盤迴棟間。景帝召占者姚翁以問之。翁曰：「吉祥也，此閣必生命世之人，攘夷狄而獲嘉瑞，爲劉宗盛主也。然亦大妖。」景帝使王夫人移居崇芳閣，欲以順姚翁之言也，乃改崇芳閣爲猗蘭殿。旬餘，景帝夢神女捧日以授王夫人，夫人吞之，十四月而生武帝。景帝曰：「吾夢赤氣化爲赤龍，占者以爲吉，可名之吉。」至三歲，景帝抱於膝上，撫念之，知其心藏洞徹，試問：「兒樂爲天子否？」對曰：「由天不由兒。願每日居宮垣，在陛下前戲弄，亦不敢逸豫，以失子道。」景帝聞而愕然，加敬而訓之。他日復抱之几前，試問：「兒悅習何書？爲朕言之。」乃誦伏羲以來，群聖所錄，陰陽診候，及龍圖龜策數萬言，無一字遺落。至七歲，聖徹過人，景帝令改名徹。及即位，好神仙之道，常禱祈名山大川五嶽，以求神仙。元封元年，正月甲子，登嵩山，起道宮。帝齋七日，祠訖乃還。至四月戊辰，帝閒居承華殿，東方朔、董仲君在側，忽見一女子，著青衣，美麗非常。帝愕然問之。女對曰：「我墉宮玉女王子登也。向爲王母所使，從崑崙山來。」語帝曰：「聞子輕四海之祿，尋道求生，降帝王之位，而屢禱山嶽，勤哉有似可教者也。從今日清齋，不閑人事，至七月七日，王母暫來也。」帝下席跪諾。言訖，玉女忽然不知所在。帝問東方朔：「此何人？」朔曰：「是西王母紫蘭宮玉女，常傳使命，往來扶桑，出入靈州，交關常陽，傳言玄都。阿母昔出配北燭仙人，近又召還，使領命祿，眞靈官也。」

帝於是登延靈之臺，盛齋存道，其四方之事權，委於冢宰焉。到七月七日，乃修除宮掖，設坐大殿。以紫羅薦地，燔百和之香，張雲錦之幃。燃九光之燈，列玉門之棗，酌蒲萄之醴，宮監香果，爲天宮之饌。帝乃盛服，立於階下，敕端門之內，不得有妄窺者。內外寂謐，以候雲駕。到夜二更之後，忽見西南如白雲起，鬱然直來，逕趨宮庭，須臾轉近，聞雲中簫鼓之聲，人馬之響。半食頃，王母至也。縣投殿前，有似鳥集。或駕龍虎，或乘白麟，或乘白鶴，或乘軒車，或乘天馬，群仙數千，光耀庭宇。既至，從官不復知所在，唯見王母乘紫雲之輦，駕九色斑龍，別有五十天仙，側近鸞輿，皆長丈餘，同執彩旄之節，佩金剛靈璽，戴天眞之冠，咸住殿下。王母唯挾二侍女上殿，侍女年可十六七，服青綾之袿，容眸流盼，神姿清發，眞美人也。王母上殿東向坐，著黃金褡襦，文采鮮明，光儀淑穆。帶靈飛大綬，腰佩分

景之劍，頭上太華髻，戴太眞晨嬰之冠，履玄璃鳳文之舄。視之可年三十許，修短得中，天姿掩藹，容顏絕世，眞靈人也。

下車登牀，帝跪拜問寒暄畢立。因呼帝共坐，帝面南。王母自設天廚，眞妙非常：豐珍上果，芳華百味；紫芝萎蕤，芬芳填樏；清香之酒，非地上所有，香氣殊絕，帝不能名也。又命侍女更索桃果，須臾，以玉盤盛仙桃七顆，大如鴨卵，形圓青色，以呈王母。母以四顆與帝，三顆自食。桃味甘美，口有盈味。帝食輒收其核，王母問帝，帝曰：「欲種之。」母曰：「此桃三千年一生實，中夏地薄，種之不生。」帝乃止。於坐上酒觴數遍，王母乃命諸侍女王子登彈八琅之璈，又命侍女董雙成吹雲和之笙，石公子擊昆庭之金，許飛瓊鼓震靈之簧，婉凌華拊五靈之石，范成君擊湘陰之磬，段安香作九天之鈞。於是眾聲澈朗，靈音駭空。又命法嬰歌玄靈之曲。

歌畢，王母曰：「夫欲修身，當營其氣，《太仙眞經》所謂行益易之道。益者益精；易者易形。能益能易，名上仙籍；不益不易，不離死厄。行益易者，謂常思靈寶也。靈者神也；寶者精也。子但愛精握固，閉氣吞液，氣化爲血，血化爲精，精化爲神，神化爲液，液化爲骨。行之不倦，神精充溢。爲之一年易氣，二年易血，三年易精，四年易脈，五年易髓，六年易骨，七年易筋，八年易髮，九年易形。形易則變化，變化則成道，成道則爲仙人。吐納六氣，口中甘香。欲食靈芝，存得其味，微息撌吞，從心所適。氣者水也，無所不成，至柔之物，通致神精矣。此元始天王在丹房之中所說微言，今敕侍笈玉女李慶孫，書錄之以相付。子善錄而修焉。」於是王母言語既畢，嘯命靈官，使駕龍嚴車欲去。帝下席叩頭，請留殷勤，王母乃止。王母乃遣侍女郭密香與上元夫人相問云：「王九光之母敬謝。比不相見，四千餘年矣。天事勞我，致以愆面。劉徹好道，適來視之，見徹了了，似可成進。然形慢神穢，腦血淫漏，五臟不淳，關骨彭孛，骨無津液，脈浮反升，肉多精少，瞳子不夷，三尸狡亂，玄白失時。雖當語之以至道，殆恐非仙才也。吾久在人間，實爲臭濁，然時復可遊望，以寫細念。庸主對坐，悒悒不樂，夫人可暫來否？若能屈駕，當停相須。」帝見侍女下殿，俄失所在。須臾郭侍女返，上元夫人又遣一侍女答問云：「阿環再拜，上問起居，遠隔絳河，擾以官事，遂替顏色。近五千年，仰戀光潤，情繫無違。密香至，奉信承降尊於劉徹處。聞命之際，登當命駕，先被太帝君敕，使詣玄洲，校定天元。正爾暫住，如是當還，還便束帶，願暫少留。」

帝因問王母：「不審上元何眞也？」王母曰：「是三天上元之官，統領十萬玉女名籙者也。」

俄而夫人至，亦聞雲中簫鼓之聲。既至，從官文武千餘人，並是女子，年皆十八九許，形容明逸，多服青衣，光彩耀目，眞靈官也。夫人年可二十餘，天姿精耀，靈眸絕朗，服青霜之袍，雲彩亂色，非錦非繡，不可名字。頭作三角髻，餘髮散垂至腰，戴九雲夜光之冠，曳六出火玉之珮，垂鳳文林華之綬，腰流黃揮精之劍。上殿向王母拜，王母坐而止之，呼同坐，北向。夫人設廚，廚亦精珍，與王母所設者相似。王母敕帝曰：「此眞元之母，尊貴之神，汝當起拜。」帝拜問寒溫，還坐。夫人笑曰：「五濁之人，耽酒榮利，嗜味淫色，固其常也。且徹以天子之貴，其亂目者倍於凡焉，而復於華麗之墟，拔嗜慾之根，願無爲之事，良有志矣。」王母曰：「所謂有心哉。」夫人謂帝曰：「汝好道乎？聞數招方術，祭山嶽，祠靈神，禱河川，亦爲勤矣。勤而不獲，實有由也。汝胎性暴，胎性淫，胎性奢，胎性酷，胎性賊，五者恒舍於榮衛之中，五臟之內，雖獲良針，固難愈也。暴則使氣奔而攻神，是故神擾而氣竭；淫則使精漏而魂疲，是故精竭而魂消；奢則使眞離而魄穢，是故命逝而靈失；酷則使喪仁而自攻，是故失仁而眼亂；賊則使心鬥而口乾，是故內戰而外絕。此五事者，皆是截身之刀鋸，刳命之斧斤矣，雖復志好長生，不能遣茲五難，亦何爲損性而自勞乎。然由是得此小益，以自知往爾。若從今已，捨爾五性，反諸柔善，明務察下，慈務矜冤，惠務濟貧，賑務施勞，念務存孤，惜務及愛身，恒爲陰德，救濟死厄，且夕孜孜。不泄精液，於是閉諸淫。養汝神，放諸奢，從至儉，勤齋戒，節飲食，絕五穀，去羶腥，鳴天鼓，飲玉漿，蕩華池，叩金梁，按而行之，當有異耳。今阿母迂天尊之重，下降於螻蛄之窟，霄虛之靈，而詣狐鳥之俎，且阿母至誠，妙唱玄音，驗其敬勔節度，明修所奉。比及百年，阿母必能致汝於玄都之墟，迎汝於昆閬之中，位以仙官，遊於十方。信吾言矣，子勵之哉；若不能爾，無所言矣。」

帝下席跪謝曰：「臣受性凶頑，生長亂濁，面牆不啓，無由開達。然貪生畏死，奉靈敬神。今日受教，此乃天也。徹敢聖命以爲身範，是小醜之臣，當獲生活，唯垂哀護，願賜上元。」夫人使帝還坐。王母謂夫人曰：「卿之爲戒，言甚急切，更使未解之人，畏於志意。」夫人曰：「若其志道，將以身投餓虎，忘軀破滅，蹈火履水，固於一志，必無憂也；若其志道，則心凝眞性。嫌惑之徒，不畏急言，急言之發，欲成其志耳。阿母既有念，必當賜以尸解

之方耳。」王母曰：「此子勤心已久，而不遇良師，遂欲毀其正志，當疑天下必無仙人。是故我發閬宮，暫捨塵濁，既欲堅其仙志，又欲令向化不惑也。今日相見，令人念之。至於尸解下方，吾甚不惜。後三年，吾必欲賜以成丹半劑，石象散一具，與之則徹，不得復停。當今匈奴未彌，邊陲有事，何必令其倉卒捨天下之尊，而便入林岫？但當問篤向之志，必卒何如？如其迴改，吾方數來。」王母因拊帝背曰：「汝用上元夫人至言，必得長生，可不勗勉耶？」帝跪曰：「徹書之金簡，以身模之焉。」

　　帝又見王母巾笈中有一卷書，盛以紫錦之囊。帝問：「此書是仙靈方耶？不審其目，可得瞻盼否？」王母出以示之曰：「此《五嶽眞形圖》也。昨青城諸仙，就吾請求，今當過以付之。乃三天太上所出，文祕禁重，豈汝穢質所宜佩乎？今且與汝《靈光生經》，可以通神勸心也。」帝下地叩頭，固請不已。王母曰：「昔上皇清虛元年，三天太上道君，下觀六合，瞻河海之長短，察丘山之高卑，立天柱而安於地理，植五嶽而擬諸鎭輔，貴昆陵以捨靈仙，尊蓬丘以館眞人，安水神於極陰之源，棲太帝於扶桑之墟。於是方丈之阜，爲理命之室，滄浪海島，養九老之堂。祖瀛玄炎，長元流生。鳳麟聚窟，各爲洲名，並在滄流大海玄津之中。水則碧黑俱流，波則震蕩群精。諸仙玉女，聚居滄溟，其名難測，其實分明。乃因山源之規矩，睹河嶽之盤曲，陵迴阜轉，山高隴長，周旋透迤，形似書字，是故因象制名，定實之號。書形祕於玄臺，而出爲靈眞之信，諸仙佩之，皆如傳章；道士執之，經行山川，百神群靈，尊奉親近。汝雖不正，然數訪仙澤，扣求不忘於道。欣子有心，今以相與。當深奉愼，如事君父。泄示凡夫，必禍及也。」上元夫人語帝曰：「阿母今以瓊笈妙韞，發紫臺之文，賜汝八會之書。《五嶽眞形》，可謂至珍且貴，上帝之玄觀矣。子自非受命合神，弗見此文矣。今雖得其眞形，觀其妙理，而無『五帝六甲左右靈飛之符』、『太陰六丁通眞逐靈玉女之籙』、『太陽六戊招神天光策精之書』、『左乙混沌東蒙之文』、『右庚素收攝殺之律』、『壬癸六遁隱地八術』、『丙丁入火九赤班符』、『六辛入金致黃水月華之法』、『六己石精金光藏景化形之方』、『子午卯酉八稟十訣六靈咸儀』、『丑辰未戌地眞素訣』、『長生紫書』、『三五順行』、『寅申巳亥紫度炎光內視中方』：凡缺此十二事者，當何以召山靈，朝地神，攝總萬精，驅策百鬼，束虎豹，役蛟龍乎？子所謂適知其一，未見其他也。」帝下席叩頭曰：「徹下土濁民，不識清眞，今日聞道，是生命會遇。聖母今當賜以《眞形》，修以度世。夫人今

告徹，應須『五帝六甲六丁六符致靈之術』。既蒙啓發，弘益無量，唯願告誨，濟臣飢渴，使已枯之木，蒙靈陽之潤，焦炎之草，幸甘雨之漑，不敢多陳。」帝啓叩不已。

王母又告夫人曰：「夫《眞形》寶文，靈宮所貴。此子守求不已，誓以必得，故虧科禁，特以與之。然『五帝六甲』，通眞招神，此術眇邈，必須清潔至誠，殆非流濁所宜施行。吾今既賜徹以《眞形》，夫人當授之以致靈之途矣。吾嘗憶與夫人共登玄隴朔野，及曜眞之山。視王子童、王子立就吾求請《太上隱書》。吾以《三元》祕言，不可傳泄於中仙。夫人時亦有言，見助於子童之言志矣，吾既難違來意，不獨執惜。至於今日之事，有以相似。後造朱火丹陵，食靈瓜，味甚好，憶此未久，而已七千歲矣。夫人既以告徹篇目十二事畢，必當匠而成之，緣何令人主稽首請乞，叩頭流血耶？」上元夫人曰：「阿環不苟惜，向不持來耳。此是太虛群文眞人赤童所出，傳之既自有男女之限禁，又宜授得道者。恐徹下才，未應得此耳。」王母色不平，乃曰：「天禁漏泄，犯違明科，傳必其人，授必知眞者。夫人何向下才而說其靈飛之篇目乎？妄說則泄，泄而不傳，是衒天道，此禁豈輕於傳耶？別敕三官司直，推夫人之輕泄也。吾之《五嶽眞形》太寶，乃太上天皇所出，其文寶妙而爲天仙之信，豈復應下授於劉徹耶？直以徹孜孜之心，數請川嶽，勤修齋戒，以求神仙之應，志在度世，不遭明師，故吾等有以下眄之耳。至於教仙之術，不復限惜而弗傳。夫人且有致靈之方，能獨執之乎？吾今所以授徹《眞形》文者，非謂其必能得道，欲使其精誠有驗求仙之不惑，可以誘進向化之徒；又欲令悠悠者，知天地間有此靈眞之事，足以卻不信之狂夫耳，吾意在此也。此子性氣淫暴，服精不純，何能得成眞仙，浮空參差十方乎？勤而行之，適可度於不死耳。《明科》所云：非長生難，聞道難也；非聞道難，行之難；非行之難也，終之難。良匠能與人規矩，不能使人必巧也。何足隱之耶？」夫人謝曰：「謹受命矣。但環昔蒙倒景君、無常先生二君，傳靈飛之約，以四千年一傳，女授女，不授男，太上科禁，已表於昭生之符矣。環受書以來，並賢大女即抱蘭，凡傳六十八女子，固不可授男也。伏見扶廣山青眞小童，受《六甲靈飛》於太甲中元，凡十二事，與環所授者同。青眞是環入火弟子，所受《六甲》，未聞別授於人。彼男官也，今止敕取之，將以授徹也。先所以告篇目者，意是愍其有心，將欲堅其專氣，令且廣求。他日與之，亦欲以男授男，承科而行。使勤而方獲，令知天眞之珍貴耳。非徒苟執，衒泄天道，阿環主

臣，願不罪焉。阿母《眞形》之貴，愍於勤志，亦已授之，可謂大不宜矣。」
王母笑曰：「亦可恕乎？」

　　上元夫人即命侍女紀離容，徑到扶廣山，敕青眞小童，出「六甲左右靈
飛致神之方」十二事，當以授劉徹也。須臾侍女還，捧五色玉笈，鳳文之蘊。
以出六甲之文曰：「弟子何昌言：向奉使絳河，攝南眞七元君檢校群龍猛獸之
數，事畢授教。承阿母相邀詣劉徹家，不意天靈至尊，乃復下降於臭濁中也，
不審起居比來何如？侍女紀離容至云：尊母欲得『金書祕字六甲靈飛左右策
精』之文十二事，欲授劉徹。輒封一通付信，曰徹雖有心，實非仙才，詎宜
以此傳泄於行尸乎？昌近在帝處，見有上言者甚眾，云山鬼哭於叢林，孤魂
號於絕域；興師旅而族有功，忘賞勞而刑士卒；縱橫白骨，煩擾黔首，淫酷
自恣。罪已彰於太上，怨已見於天氣，囂言互聞，必不得度世也。奉尊見敕，
不敢違耳。」王母歎曰：「言此子者誠多，然帝亦不必推也。夫好道慕仙者，
精誠志念：齋戒思愆，輒除過一月；克己反善，奉敬眞神，存眞守一，行此
一月，輒除過一年。徹念道累年，齋亦勤矣，累禱名山，願求度脫，校計功
過，殆已相掩。但今以去，勤修至誠，奉上元夫人之言，不宜復奢淫暴虐，
使萬兆勞殘，冤魂窮鬼，有被掘之訴，流血之尸，忘功賞之辭耳。」夫人乃
下席起立，手執八色玉笈鳳文之蘊，仰帝而祝曰：

　　「九天浩洞，太上耀靈。神照玄寂，清虛朗明。登虛者妙，守氣者生。
至念道臻，寂感眞誠。役神形辱，安精年榮。授徹靈飛，及此六丁。左右招
神，天光策精。可以步虛，可以隱形。長生久視，還白留青。我傳有四萬之
紀，授徹傳在四十之齡。違犯泄漏，禍必族傾。反是天眞，必沉幽冥。爾其
愼禍，敢告劉生。爾師主是眞青童小君，太上中黃道君之師眞，元始十天王
入室弟子也。姓延陵名陽，字庇華，形有嬰孩之貌，故仙宮以青眞小童爲號。
其爲器也，玉朗洞照。聖周萬變，玄鏡幽覽。才爲眞俊，遊於扶廣。權此始
運，館於玄圃。治仙職分，子在師居，從爾所願。不存所授，命必傾淪！」
言畢，夫人一一手指所施用節度，以示帝焉。

　　凡十二事都畢，又告帝曰：「夫五帝者，方面之天精，六甲六位之通靈，
佩而尊之，可致長生。此書上帝封於玄景之臺，子其寶秘焉。」王母曰：「此
三天太上之所撰，藏於紫陵之臺，隱以靈壇之房，封以華琳之函，韜以蘭簡
之帛，約以紫羅之素，印以太帝之璽。受之者，四十年傳一人；無其人，八
十年可頓授二人。得道者四百年一傳，得仙者四千年一傳，得眞者四萬年一

傳，昇太上者四十萬年一傳。非其人謂之泄天道；得其人不傳，是謂蔽天寶；非限妄傳，是謂輕天老；受而不敬，是謂慢天藻。泄、蔽、輕、慢四者，取死之刀斧，延禍之車乘也。泄者身死於道路，受上刑而骸裂；蔽者盲聾於來世，命凋枉而卒歿；輕者鍾禍於父母，詣玄都而考罰；慢則暴終而墮惡道，棄疾於後世：此皆道之科禁，故以相戒，不可不慎也。」王母因授以《五嶽真形圖》。帝拜受俱畢。夫人自彈雲林之璈，歌步玄之曲。王母命侍女田四非，答哥。哥畢，乃告帝從者姓名，及冠帶執佩物名，所以得知而紀焉。至明旦，王母與上元夫人同乘而去，人馬龍虎，導從音樂如初，而時雲彩鬱勃，盡爲香氣，極望西南，良久乃絕。

帝既見王母及上元夫人，乃信天下有神仙之事。其後帝以王母所授《五真圖》《靈光經》及上元夫人所授《六甲靈飛》十二事，自撰集爲一卷，及諸經圖，皆奉以黃金之箱，封以白玉之函，以珊瑚爲軸，紫錦爲囊，安著柏梁臺上。數自齋潔朝拜，燒香灑掃，然後乃執省焉。帝自受法，出入六年，意旨清暢，高韻自許，爲神真見降，必當度世。恃此不修至德，更興起臺館，勞弊萬民，坑降殺服，遠征夷狄，路盈怒歎，流血膏城，每事不從。至太初元年，十一月乙酉，天火燒柏梁臺，《真形圖》、《靈飛經錄》十二事，《靈光經》，及自撰所受凡十四卷，并函並失。王母當知武帝既不從訓，故火災耳。其後東方朔一旦乘龍飛去，同時眾人，見從西北上冉冉，仰望良久，大霧覆之，不知所適。至元狩二年二月，帝病，行盩厔西，憩五柞宮。丁卯，帝崩，入殯未央宮前殿；三月，葬茂陵。是夕，帝棺自動，而有聲聞宮外，如此數遍，又有芳香異常。陵畢，墳埏間大霧，門柱壞，霧經一月許日。帝塚中先有一玉箱，一玉杖，此是西胡康渠王所獻，帝甚愛之，故入梓宮中。其後四年，有人於扶風市中買得此二物。帝時左右侍人，有識此物，是先帝所珍玩者，因認以告。有司詰之，買者乃商人也，從關外來，宿鄠市。其日，見一人於北車巷中，賣此二物，青布三十匹，錢九萬，即售交度，實不知賣箱杖主姓名，事實如此。有司以聞，商人放還，詔以二物付太廟。又帝崩時，遺詔以雜經三十餘卷，常讀玩之，使隨身斂。到元康二年，河東功曹李友入上黨抱犢山採藥，於巖室中得此經，盛以金箱，卷後題東觀臣姓名，記月日，武帝時也。河東太守張純，以經箱奏進。帝問武帝時左右侍臣，有典書中郎冉登見經及箱，流涕對曰：「此孝武皇帝殯殮時物也，臣當時以著梓宮中，不知何緣得出？」宣帝大愴然驚愕，以經付孝武帝廟中。按《九都龍真經》云：

「得仙之下者，皆先死，過太陰中煉尸骸，度地戶，然後乃得尸解去耳。」且先斂經杖，乃忽顯出，貨於市中，經見山室，自非神變幽妙，孰能如此者乎？（《太平廣記》卷三）

魯女生，長樂人。初餌胡麻及术，絕穀八十餘年，日少壯，色如桃花，日能行三百里，走及獐鹿。傳世見之，云三百餘年。後採藥嵩高山，見一女人，曰：「我三天太上侍官也。」以《五嶽眞形》與之，並告其施行。女生道成，一旦與知友故人別，云入華山。去後五十年，先相識者逢女生華山廟前，乘白鹿，從玉女三十人，並令謝其鄉里親故人。（《後漢書・華佗傳》注）

延年字公遊。（《後漢書・甘始傳》注）

封君達，隴西人。初服黃連五十餘年，入鳥舉山，服水銀百餘年，還鄉里，如二十者。常乘青牛，故號「青牛道士」。聞有病死者，識與不識，便以要間竹管中藥與服，或下針，應手皆愈。不以姓名語人。聞魯女生得《五嶽圖》，連年請求，女生未見授。並告節度。二百餘歲乃入玄丘山去。（《後漢書・甘始傳》注）

王眞字叔經，上黨人。習閉氣而吞之，名曰「胎息」；習嗽舌下泉而咽之，名曰「胎食」。眞行之，斷穀二百餘日，肉色光美，力並數人。（《後漢書・王眞傳》注）

東方朔乘雲飛去，仰望，大霧覆之，不知所在。（《藝文類聚》卷二）

西王母云仙之上藥有玄霜絳雪。（《藝文類聚》卷二）

武帝夜夢與李少君俱上嵩高山，上半道，有繡衣使者，乘龍持節，從雲中下，言太一君召，覺，即告近臣曰：「如朕夢，少君將捨朕去矣。」（《藝文類聚》卷七）

西王母命侍女安法嬰，歌玄雲曲，上元夫人自彈雲林之瑟，乃歌步玄之曲曰：「淥景清飆起，雲蓋映朱葩，蘭房闢琳闕，碧室啓瓊沙。」（《藝文類聚》卷四十三）

西王母命侍女董雙成，吹雲和之笙。（《藝文類聚》卷四十四）

西王母帶分景之劍，上元夫人帶流黃擇精之劍。（《藝文類聚》卷六十）

上元夫人言：「西王母有六甲之術，用之可以遊景雲之宮，登流霞之堂。」（《藝文類聚》卷六十三）

上元夫人降武帝，服赤霜袍，雲彩亂色，非錦非繡，不可得名。（《藝文類聚》卷六十七）

上元夫人，戴九星靈芝夜光之冠。（《藝文類聚》卷六十七）

西王母云：「仙次藥，有太玄之酪。」（《藝文類聚》卷七十二）

西王母以七月七日降帝宮，命侍女索桃，須臾，以玉盤盛桃七枚，大如鴨卵，形圓色青，以呈王母，王母以四枚與帝，自食三枚矣。（《藝文類聚》卷七十三）

李少君，字雲翼，齊國臨淄人。好道，入泰山採藥，修絕穀全身之術，遇安期生，少君疾困，叩頭乞活，安期以神樓散一七與服之，即愈，乃以方干上，言：「臣能凝澒成白銀，飛丹砂成黃金，金成服之，白日升天，身生朱陽之翼，黶備員光之異，竦則凌天，伏入無間，控飛龍而八遐遍，乘白鴻而九陔周，冥海之棗大如瓜，鍾山之李大如瓶，臣以食之，遂生奇光，師安期授臣口訣，是以保萬物之可成也。」於是上甚尊敬，爲立屋第。（《藝文類聚》卷七十八）

西王母遣使謂帝曰：「七月七日，我當暫來。」帝至日，掃除宮內，燃九光之燈。（《藝文類聚》卷八十）

西王母謂武帝曰：「其太上之藥，乃有風實雲子，玉津金漿，冥陵驎膽，炎山夜日，東掇扶桑之丹棋，俯採長河之文藻，大眞紅芝，九色鳳腦，有得食之，後天而老，此太上之所服，非眾仙之所寶也；次藥有班龍黑胎，閬風石髓，蒙山白鳳之脬，靈丘蒼鸞之血，有得服之，後天而逝，此天帝之所服，非下仙之所逮也；其次藥有丸丹金液，紫華紅芝，五雲之漿，玄霜絳雪，若得食之，白日升天，此飛仙之所服，非地仙之所見；其下藥有松柏之膏，山尤〔一〕薑沉精，菊草澤寫，苟杞茯苓，菖蒲麥門多，巨勝黃精，草類煩多，若有數千，子得服之，可以延年。」（《藝文類聚》卷八十一）

〔校記〕

〔一〕據汪紹楹注，「尤」字或衍。

西王母神仙次藥，有靈叢艾。（《藝文類聚》卷八十二）

西王母曰：「仙之上藥，有碧海之琅菜。」（《藝文類聚》卷八十二）

西王母曰：「仙人上藥，有玄都綺蔥。」（《藝文類聚》卷八十二）

帝見西王母巾器中，有一卷小書，盛以紫錦之囊。（《藝文類聚》卷八十五）

西王母侍女，服紺綾之褂。（《藝文類聚》卷八十五）

太上之藥，果有玄光梨。（《藝文類聚》卷八十六）

太上之果，有玄光梨。王瓚梨頌，太康十一年，梨樹四枝，與中枝合生於圍，皇太子令侍中頌。（《藝文類聚》卷八十六）

仙藥之次者，有圓丘紫柰。（《藝文類聚》卷八十六）

七月七日，西王母當下，帝設玉門之棗。（《藝文類聚》卷八十七）

西王母常下，帝設蒲萄酒。（《藝文類聚》卷八十七）

西王母仙上藥，有空同靈瓜。（《藝文類聚》卷八十七）

西王母謂上元夫人曰：「後造火朱山陵，食靈瓜，其味甚好，憶此味久，已七千歲矣。」（《藝文類聚》卷八十七）

武仙山上藥有雲靈瓜，四劫一實。（《藝文類聚》卷八十七）

藥有松柏之膏，服之可延年。（《藝文類聚》卷八十八）

西王母曰：「仙之上藥，有九色鳳頸，次藥有蒙山白鳳之肉。」（《藝文類聚》卷九十）

西王母曰：「神仙次藥，有靈丘蒼鸞。」（《藝文類聚》卷九十）

西王母曰：「仙次藥，有昆丘神雀。」（《藝文類聚》卷九十二）

封君達，少好道，入鳥鼠山，百餘年還鄉里，常乘青牛，故謂爲青牛道士。（《藝文類聚》卷九十四）

西王母曰：「仙藥次有白水靈蛤。」（《藝文類聚》卷九十七）

西王母之仙上藥，有大眞紅芝草。（《藝文類聚》卷九十八）

輕四海之祿。（《北堂書鈔》卷十二）

發紫臺之文。（《北堂書鈔》卷十二）

玉女爲王母所使。（《北堂書鈔》卷十二）

西王母降，命侍女安法嬰歌玄雲曲，上元夫人彈雲林之璈歌、部玄之曲，其辭曰：「淥景清飈起，雲蓋映朱葩。蘭房闢琳闕，碧室啓瓊沙。」（《藝文類聚》卷四十三）

西王母降，命侍女安法嬰歌玄圃。（《北堂書鈔》卷一百六）

西王母歌玉蘭之曲。（《北堂書鈔》卷一百六）

上元夫人歌玉昭。（《北堂書鈔》卷一百六）

西王母呼帝共坐於坐，上酒觴數遍，王母乃命諸侍女王子登彈八琅之璈，董雙成吹雲和之笙，石公子擊昆庭之金，許飛瓊鼓震靈之簧，凌婉華拊吾陵之石，范成君擊湘陰之磬，段安香作九天之鈞。於是眾聲澈朗，靈音駭空，又命法嬰歌玄靈之曲。（《北堂書鈔》卷一百六）

西王母降，命侍女安法嬰歌玄雪之曲，曰：「大象雖玄寂，我託天地戶。」（《北堂書鈔》卷一百六）

西王母命上元夫人歌曰：「玉昭與絳芝，九絕紛相挈。誰言壽有終，扶桑不爲查。」（《北堂書鈔》卷一百六）

西王母歌曰：「晨登大霞宮，揖此八玉蘭。夕入玄元閣，採葉掇琅玕。濯足匏瓜河，織女玉津盤。」（《北堂書鈔》卷一百六）

西王母降武帝，王母命侍女法嬰歌曰：「玄圃過北臺，城□（外門內卦）煥嵯峩。啓彼無津涯，汎此織女河。」（《北堂書鈔》卷一百六）

西王母降武帝，王母命上元夫人歌部玄之曲，其辭曰：「勿過紫微團，眞人列如麻。綠景清飆起，雲蓋映朱葩。蘭宮敞琳闕，碧室啓瓊沙。」（《北堂書鈔》卷一百六）

西王母命侍女范成君擊洞陰之磬。（《北堂書鈔》卷一百八）

西王母命侍女許飛瓊鼓震靈之簧。（《北堂書鈔》卷一百一十）

西王母命侍女董成吹雲和之笙。（《北堂書鈔》卷一百一十）

上元夫人帶流黃之劍。（《北堂書鈔》卷一百二十二）

上元夫人帶擇精之劍。（《北堂書鈔》卷一百二十二）

元封三年七月七日，夜二唱之後，王母投於殿前，履元瓊鳳文之舄。（《北堂書鈔》卷一百二十八）

上元夫人服赤霜之袍，非錦非繡，不可名字。（《北堂書鈔》卷一百二十九）

西王母交帶雲飛大綬，上元夫人佩鳳文臨華之綬。（《北堂書鈔》卷一百三十一）

帝西王母眞形經，盛以黃金几。（《北堂書鈔》卷一百三十三）

帝隨於尋眞臺，設置紫羅薦地。（《北堂書鈔》卷一百三十三）

武帝受西王母眞形經、六甲靈飛十二事。帝盛以黃金几白玉函，以珊瑚爲牀，安著栢梁上。（《北堂書鈔》卷一百三十三）

延康二年，河東巧曹李及，入上黨抱犢山採藥，於巖得書凡四十卷，盛以金箱卷，後題日月是武帝時也。河東太守張純以箱及書奏上之武帝，時左右侍臣冉登見書流涕曰：「此是帝崩殯斂時物也。」（《北堂書鈔》卷一百三十五）

帝見王母巾箱中有一卷小書，盛以紫錦之囊。（《北堂書鈔》卷一百三十五）

西王母乘紫雲之輦。（《北堂書鈔》卷一百四十）

西王母曰：「仙藥有玉津金液連珠五雲漿。」（《北堂書鈔》卷一百四十四）

西王母次藥有九雲之漿。（《北堂書鈔》卷一百四十四）

西王母曰：「仙上藥有玉津金漿，次藥有連珠雲漿次藥，有九雲之漿。」（《北堂書鈔》卷一百四十四）

西王母曰：「仙上藥有鳳林鳴酢。」（《北堂書鈔》卷一百四十六）

仙上藥有內華紫蜜，雲山朱蜜。（《北堂書鈔》卷一百四十七）

帝幸甘泉，道間有蟲，赤如肝頭，身口齒悉具，東方朔曰：「必秦獄處也。」（《北堂書鈔》卷一百四十八）

西王母當下，帝設蒲萄酒。王母言帝曰：「仙下藥有玉酒，西瑤瓊酒。」（《北堂書鈔》卷一百四十八）

東方朔乘雲飛去，仰望大霧覆之也。（《北堂書鈔》卷一百五十一）

六甲術，用之可以遊景雲之宮，上登流霞之室。（《北堂書鈔》卷一百五十一）

西王母遣人語帝曰：「七月七日，我當親來，至日乃掃除宮內，燃九光之燈。」（《北堂書鈔》卷一百五十五）

西王母使者至，東方朔死。上以問使者，對曰：「朔是木帝精，爲歲星，下遊人中，以觀天下，非陛下之臣。」（《初學記》卷一）

仙家上藥有玄霜、絳雪。（《初學記》卷二）

西土母云：「仙家上藥有玄霜、絳雪。」（《初學記》卷二）

七月七日，西王母降武帝，戴太眞晨纓之冠，履玄瓊鳳文之舄。（《初學記》卷四）

帝登尋眞之臺齋，到七月七日夜，忽見天西南如白雲起，鬱鬱直來趨宮後。頃西王母至，乘紫雲之輦。（《初學記》卷四）

七月七日，乃掃除宮掖之內，張雲錦之帷，燃九光微燈。夜二唱後，西王母駕五色之班龍上殿。（《初學記》卷四）

武帝夜夢與李少君俱上嵩山。半道，有繡衣使，乘龍持節，從雲中下，言太一請少君。覺乃告近臣曰：「如朕夢，少君將捨朕而去。」（《初學記》卷五）

西王母侍女成花君所拊。（《初學記》卷十六）

西王母乘紫雲之輦，履玄瓊之舄，下輦上殿，呼帝共坐，命侍女許飛瓊鼓雲和之簧。（《初學記》卷十九）

武帝受西王母眞形六甲靈飛十二事。帝盛以黃金几，封以白玉函，以珊瑚爲床、紫錦爲帷，安著柏梁臺上。（《初學記》卷二十五）

西王母遣使謂帝曰：「七月七日，我當暫來。」帝至日掃除宮內，然九光之燈。（《初學記》卷二十五）

上元夫人帶六出火玉之佩。（《初學記》卷二十六）

上元夫人戴九雲夜光之冠，西王母戴太眞晨嬰之冠。（《初學記》卷二十六）

西王母交帶靈飛綬，上元夫人佩鳳文臨華綬。（《初學記》卷二十六）

西王母有九丹金液金漿。（《初學記》卷二十七）

西王母云：「昌城玉蕊夜山火玉。」（《初學記》卷二十七）

仙藥之次者，有圓邱紫柰。（《初學記》卷二十八）

李少君謂武帝：「溟海棗大如瓜，鍾山之李大如瓶；臣以食之，遂生奇光。」（《初學記》卷二十八）

西王母以七月七日降帝宮，命侍女索桃。須臾以玉盤盛桃七枚，大如鴨卵，形圓色青，以呈王母。王母以五枚與帝，自食二枚。（《初學記》卷二十八）

太上之果，有玄光梨。（《初學記》卷二十八）

西王母謂上元夫人曰：「共造朱炎山陵，食靈瓜，其味甚好，憶此未久已七千歲。」（《初學記》卷二十八）

藥有松柏之膏，服之可以延年。（《初學記》卷二十八）

西王母以七月七日降於帝宮，命侍女索桃。須臾以玉盤盛七枚以呈。王母以五枚與帝，自食二枚。（《初學記》卷二十八）

王母乘紫雲之輦，又駕九色之斑龍。（《初學記》卷三十）

王母侍者歌曰：「遂乘萬龍椿，馳騁眄九野」。（《文選》郭景純《游仙詩》七首李善注）

帝好長生之道。（《文選》沈休文《遊沈道士館》一首李善注）

帝登尋眞之臺，齋戒到七月七日夜，忽見天西南如白雲起，直來趣宮，須臾，聞雲中簫鼓之聲，復半食頃，西王母至，乘紫雲之輦。臨發，雲氣勃鬱，盡爲香氣。（《太平御覽》卷八）

帝登尋眞之臺齋，至七月七日夜，忽見天西南如白雲起，鬱鬱直來趨宮。有頃，西王母至，乘紫雲之輦。（《太平御覽》卷三十一）

鉤弋夫人謂帝曰：「妾相運正應爲陛下生一男，男年七歲，妾當死矣。今年必不得歸，願陛下自愛。」言終遂卒。既殯，尸香聞十餘里。因葬之雲陵。帝甚哀悼，又疑其非常人，乃發塚開視，空棺無尸，唯衣履存焉。乃起通靈臺於甘泉。常有一青鳥集臺上往來，至宣帝時止矣。（《太平御覽》卷一百七十八）

漸臺高三十丈，南有辟門三層，內殿階陛咸以玉爲之，鑄銅鳳凰高五丈，飾以黃金於樓屋上。（《太平御覽》卷一百七十八）

七月七日，宮掖之內張雲錦之帷，然九光之燈，候西王母至也。王母以紫錦爲帷。（《太平御覽》卷七百）

武帝受西王母眞形六甲雲飛十二事，帝盛以黃金，封以白玉函，珊瑚爲床，紫錦爲帷，安著柏梁臺上。（《太平御覽》卷七百六）

帝受西王母五嶽眞形經，盛以黃金之几。（《太平御覽》卷七百一十）

帝崩時遺詔，以雜道書四十卷置棺中。至延康二年，河東功曹李及入上黨抱犢山，採藥於岩室中，得此書，盛以金箱，卷後題日月，是武帝時河東太守張純以箱及書奏上之。武帝時左右見之，涕泣日：「此是帝崩時殯殮物。」宣帝愴然，以書付茂陵，安合如故。（《太平御覽》卷七百一十一）

西王母上藥，有赤河絳璧。（《太平御覽》卷八百六）

宣帝即位，尊孝武廟爲世宗行所。巡狩郡國，皆立廟。告祠世宗廟，日有白鶴集後庭。（《太平御覽》卷九百一十六）

王母乘紫雲之輦，又駕九色之班龍。（《太平御覽》卷九百三十）

西王母云：「仙家之藥，有白水靈蛤。」（《太平御覽》卷九百四十二）

西王母嘗下，帝設蒲萄酒。（《太平御覽》卷九百七十二）

削冰令正圓，舉以向月，以艾於後，承其影，得火。（《太平御覽》卷九百九十七）

《漢武故事》　漢班固撰

《漢武故事》，又名《漢武帝故事》，舊題班固撰，《郡齋讀書志》引唐張柬之《書〈洞冥記〉後》謂乃是南齊王儉撰，黃廷覽認爲此書出於元、成帝間人之手，後人多有附益（見《第六弦溪文鈔‧跋重輯漢武故事》），今人多認爲乃託名之作，語多誕妄，非班固書，蓋後人爲之，託固名耳，具體作者已不可考。是書《隋書‧經籍志》、兩唐志皆著錄有二卷，《宋史‧藝文志》《崇文總目》著錄有五卷，宋人所見版本，當有附會傳言之內容，今傳本爲一卷，則是書散佚缺失較爲嚴重。是書今多被《藝文類聚》《太平御覽》《三輔黃圖》等徵引，且以《續談助》所引內容多是諸本徵引所無，

尤能補足散佚之缺憾。今見版本有《古今說海》本、《古今逸史》本、《四庫全書》本（案：據《四庫全書總目》，「此本爲名吳琯《古今逸史》所刻，並爲一卷，僅寥寥七八頁」，則知《四庫》本源於《古今逸史》本，且刊削遺失較多），《叢書集成初編》本、《十萬卷樓叢書》本，清人洪頤煊輯有二卷（見《經典集林》），王仁俊輯有一卷（見《玉函山房輯佚書續編》，魯迅先生《古小說鉤沉》輯有一卷，且文多連綴。《漢武故事》所記多與《史記》《漢書》相出入，而雜以神異之事，多荒誕不經之語，今者多視爲小說家言，且內容有與《漢武內傳》重疊者。

　　漢景帝王皇后有娠，〔一〕夢日入懷〔二〕。帝又夢高祖曰〔三〕：「王夫人〔四〕生子，可名爲彘。」及生男，因名焉，是爲武帝。〔五〕帝以乙酉年七月七日旦生於猗蘭殿，〔六〕數歲，〔七〕長公主嫖抱置膝上，問曰：「兒欲得婦否？」笑曰：「好，若得阿嬌作婦，當作黃金屋貯之。」長主大悅，乃苦要上，遂成婚焉。〔八〕是時皇后無子，立栗姬子爲太子。皇后既廢，栗姬次應立，而長主伺其短，輒微白之上。嘗與栗姬語，栗姬怒，弗肯應，又罵上老狗，上心銜之。長主日譖之，因譽王夫人男之美，上亦賢之，廢太子爲王，栗姬自殺。遂立王夫人爲后，膠東王爲太子。〔九〕武帝時封膠東王，年七歲。〔一〇〕上曰：「彘者，彻也。」因改爲〔一一〕彻。（《續談助》卷三　又見於《文選》顏延之《宋文皇帝元皇后哀策文》李善注《初學記》卷九、卷十《藝文類聚》卷十六、卷八十三《通典》卷一百五《舊唐書》卷七十九《太平御覽》卷八十八、卷一百八十一、卷八百一十一、卷一百四十七）

〔校記〕

〔一〕漢景帝王皇后有娠，《太平御覽》卷八十八作「漢景皇帝后姙身」，《初學記》卷九作「王皇后內太子宮，得幸，有娠」。

〔二〕入懷，《初學記》、《太平御覽》卷八十八皆作「入其懷」，且《初學記》卷九引文止此。

〔三〕此句，《太平御覽》卷八十八作「景帝又夢見高祖謂己」。

〔四〕王美人，《太平御覽》卷八十八作「王夫人」。

〔五〕「及生男」以下二句，《太平御覽》卷八十八作「及生男曰，因名之焉」；是爲武帝，《御覽》卷八十八無。「帝又夢高祖」以下六句，《初學記》卷十皆無。

〔六〕此句，《太平御覽》卷八十八作「武帝生於猗蘭殿」，《初學記》卷十作「以乙酉年七月七日生武帝於猗蘭殿」，且引文止此，《通典》卷一百五、《舊唐書》卷七十九作「武帝以乙酉歲七月七日平明時生」，且引文僅此一句。

〔七〕數歲，《太平御覽》卷八十八上有「年四歲，立爲膠東王」二句。

〔八〕以上諸句，記武帝藏嬌之由來，《太平御覽》卷八十八、又卷一百八十一作「長主抱
　　　著其膝上，問曰：『兒欲得婦不？』膠東王曰：『欲得婦。』長主指左右長御百餘人，
　　　皆云不用。末指其女，問曰：『阿嬌好不？』於是乃笑，對曰：『好，若得阿嬌作婦，
　　　當作金屋貯之也。』長主大悅，乃苦要上，遂訂婚焉。」且《御覽》卷一百八十一
　　　引文止此。所記與《續談助》頗見不同，諸類書記載此事也頗有不同，謹附列於後，
　　　以存其原貌。

〔九〕以上「栗姬」事，《太平御覽》卷八十八無。

〔一○〕武帝時封膠東王」以下二句，《太平御覽》卷八十八作「膠東王爲皇太子時年七歲」，
　　　　《太平御覽》卷一百四十七作「武帝生猗蘭殿，四歲立爲膠東王，七歲立爲太子」，
　　　　且引文僅此三句。

〔一一〕爲，《太平御覽》卷八十八作「曰」。

附：

帝爲膠東王，年數歲，長公主指問曰〔二〕：「兒欲得婦不？」曰：「欲得。」
指女：「阿嬌好不？」笑曰：「若得阿嬌，當作金屋貯之。」（《初學記》卷十　又
見於《事類備要》前集卷二十一《事文類聚》前集卷二十）

〔校記〕

〔一〕帝，《事類備要》前集作「武帝」。

〔二〕指問曰，《事類備要》前集作「抱問曰」

初，武帝爲太子時，長公主欲以女配帝，時帝尚小，長公主指女問帝曰：
「得阿嬌好不？」帝曰：「若得阿嬌，以金屋貯之。」主大喜，乃以配帝，是
曰陳皇后，阿嬌，后字也。（《藝文類聚》卷十六）

帝年數歲，長公主遍指侍者，曰〔一〕：「與子作婦，好否〔二〕？」皆不用
〔三〕，後指陳后，帝曰：「若得阿嬌〔四〕，當作金屋貯之。」（《藝文類聚》卷八
十三　又見於《太平御覽》卷八百一十一《事類賦》卷九）

〔校記〕

〔一〕曰，《事類賦》無。

〔二〕子，《事類賦》無；否，《事類賦》作「不」。

〔三〕不用，《事類賦》作「不肯」。

〔四〕阿嬌，《事類賦》下有「作婦」二字。

景帝問兒：「欲得婦否？」曰：「欲得。」長公主指其女曰：「阿嬌好否？」
曰：「得阿嬌，當作金屋貯之。」（《分類補注李太白詩》卷四　又見於《錦繡萬花
谷》卷十七　案：《錦繡萬花谷》「景帝問兒」句上有「漢武帝幼時」一句。諸家所記
皆爲長公主問武帝，此條獨記漢景帝問，疑有誤。）

金屋貯阿嬌。(《山谷外集詩注》卷十四　案：此條雖原文注曰出自《漢武故事》，然無首尾，當是注家根據原文或坊間傳説釋詩，不必非是原文也，姑列之。)

丞相周亞夫宴見，時太子在側，亞夫失意有怨色，太子視之不輟〔一〕，亞夫於是起。帝曰：「爾何故視此人耶？」對曰：「此人可畏，必能作賊。」帝笑曰〔二〕：「因此怏怏，非少主之臣也。」(《太平御覽》卷八十八　又見於《續談助》卷三)

〔校記〕

〔一〕不輟，《續談助》作「弗輟」。

〔二〕帝笑曰，《續談助》作「帝笑，因曰」，且下文無「因」字。

廷尉上囚防年，繼母陳殺父，因殺陳。依律，年殺母大逆論，而帝疑之。詔問太子，太子對曰：「夫繼母，如母明其不及母也。緣父之愛，故比之於母耳。今繼母無狀，手殺其父，則下手之日，母恩絕矣。宜與殺人者同，不宜大逆論。」帝從之。年棄市刑，議者稱善。時太子年十四，帝益以奇之。(《太平御覽》卷八十八)

從即位，常晨往夜還，與霍去病等十餘人皆輕服爲微行，且以觀戲市里，察民風俗。嘗至蓮勺通道中行，行者皆奔避路。上怪之，使左右問之，云有持戟詐呵者數十人。時微行率不過二十人，馬七八疋，更步、更騎，衣如凡庶，不可別也。亦了無騶御，而百姓咸見之。(《太平御覽》卷八十八)

元光元年，天星大動，光耀煥煥，竟天數夜乃止。上以問董仲舒，對曰：「是謂星搖，民人勞之妖也。」是時謀伐匈奴，天下始不安，上謂仲舒妄言，意欲誅之，仲舒懼乞補刺史以自効，乃用爲軍候，屬程不識，屯雁門。(《續談助》卷三)

太后弟田蚡，欲奪太后兄子竇嬰田，嬰不與，乃構嬰於太后。上召大臣議之，羣臣多是竇嬰，上亦不復窮問，兩罷。田蚡大恨，欲自殺，先與太后訣，兄弟共號哭訴太后，太后亦哭弗食，上不得已，遂乃殺嬰。〔一〕後月餘日，蚡病，一身盡痛，若擊者。叩頭復罪。上使視鬼者察之，見竇嬰笞之；上又夢竇嬰謝上屬之，上於是頗信鬼神事。(《續談助》卷三　又見於《資治通鑑考異》卷一)

〔校記〕

〔一〕「上召大臣議之」以下十一句，據《資治通鑑考異》補入，《續談助》原作「上不得已殺嬰」。

陳皇后廢處長門宮，竇太主以宿恩猶自親近。後置酒主家，主見所幸董偃。(《資治通鑑》卷十八　又見於《資治通鑑考異》卷一　案：《通鑑考異》「恩」上無「素」字。)

陳皇后廢，立衛子夫爲皇后。初，上行幸平陽主家，子夫爲謳者，善歌，能造曲，每歌挑上，上意動起更衣，子夫因侍衣，得幸，頭解，上見其美髮悅之，〔一〕歡樂。主遂內子夫於宮，上好容成道，信陰陽書，時宮女數千人，皆以次幸。子夫新入，獨在籍末，歲餘不得見。上擇宮人不中用者出之，子夫因涕泣請出。上曰〔二〕：「吾昨夜夢子夫中庭生梓樹數株，豈非天意乎？」是日幸之，有娠，〔三〕生女。凡三幸生三女，後生男，即戾太子也。(《續談助》卷三　又略見於《文選》張衡《西京賦》李善注《文選》潘岳《西征賦》李善注《太平御覽》卷九百五十八)

〔校記〕

〔一〕因侍衣，《文選》張衡《西京賦》注、《文選》潘岳《西征賦》注皆無，且引文僅「子夫得幸」以下三句。

〔二〕上曰，《太平御覽》上有「衛子夫入宮」一句，且引文始於此。

〔三〕《太平御覽》引文止此。

上幸平陽公主家，有謳者造曲怨上，侍上更衣，得幸，後入宮爲后。(《北堂書鈔》卷一百六　案：此條乃是上文節引，爲避免校記繁瑣，單列之；「怨上」，審其文意，當有誤。)

李少君言冥海之棗大如瓜，種山之李大如瓶也。(《海錄碎事》卷二十二)

淮南王安好學，多才藝，集天下遺書，招方術之士，〔一〕皆爲神仙，能爲雲雨。百姓傳云：「淮南王得天子，壽無極。」上心惡之，徵之，使覘，淮南王云：「王能致仙人，又能隱形升行，服氣不食。」上聞而喜其事，欲受其道，王不肯傳，云無其事。上怒將誅，淮南王知之，出令與群臣，因不知所之。國人皆云神仙，或有見王者。帝恐動人情，乃令斬王家人首，以安百姓爲名，收其方書，亦頗得神仙黃白之事。然試之不驗，上既感淮南道術，乃徵四方有術之士。於是方士自燕齊而出者數千人。齊人李少翁〔二〕，上甚信之，拜爲文成將軍，以客禮之。於甘泉宮中畫太一諸神像，祭祀之。少翁云：「先致太一，然後升天，升天然後可至蓬萊。」歲餘而術未驗。會李夫人死，〔三〕少翁云〔四〕能致其神，乃夜張帳〔五〕明燭，令〔六〕上居他帳中，遙見〔七〕李夫人，不得就視也〔八〕。(《續談助》卷三　又略見於《北堂書鈔》卷一百一《初學記》卷二十五)

〔校記〕

〔一〕多才藝，《北堂書鈔》卷一百一無；引文止於此。

〔二〕李少翁，《史記·孝武本紀》張守節《正義》引《漢武故事》曰：「少翁年二百歲，色如童子。」

〔三〕此句，《初學記》作「上所幸李夫人死，上甚思悼之」，且引文始於此。

〔四〕少翁，《初學記》上有「齊人」二字；云，《初學記》作「言」。

〔五〕帳，《初學記》無。

〔六〕令，《初學記》無。

〔七〕見，《初學記》作「望見」。

〔八〕也，《初學記》無。

文成誅月餘日，使者藉貨關東還，逢之於漕亭，還見言之，上乃疑，發其棺，無所見，唯有竹筒一枚，捕驗間無蹤跡也。（《史記·孝武本紀》張守節《正義》）

又嘗至栢谷，夜投亭宿，亭長不內，乃宿於逆旅。〔一〕逆旅翁謂上曰：「汝長大多力，當勤稼穡，何忽帶劍眾夜行此，不欲為盜則淫耳。」上嘿然不應，因乞漿飲。翁答曰：「吾止有溺，無漿也。」〔二〕有頃，還內。上使覘之，見翁方與少年十餘人，皆持弓矢刀劍，令主人嫗出，安過客，嫗歸，謂其翁曰：「吾觀此丈夫，非常人也，且亦有備，不可圖也，不如因禮之。」其夫曰：「此易與耳，鳴鼓會眾，討此羣盜，何憂不克。」嫗曰：「且安之，令其眠，乃可圖也。」翁從之。時上從者十餘人，既聞其謀皆懼，勸上夜去，上曰：「去必致禍，不如且止以安之。」有頃，嫗出，謂上曰：「諸公子不聞主人翁言乎？此翁好飲酒，狂悖不足計也。今日具令公子安眠，無他。」嫗因還內，時〔三〕天寒，嫗酌酒多與，夫及諸少年皆醉。嫗自縛其夫，諸少年皆走。嫗出，謝客，殺雞作食。平旦，上去，是日還宮，乃召逆旅夫妻見之。賜嫗千金，〔四〕擢其夫為羽林郎。自是懲戒，弗復微行。（《太平御覽》卷八十八　又略見於《北堂書鈔》卷二十《初學記》卷八、卷九《藝文類聚》卷九《太平御覽》卷五十四《事類備要》續集卷四十五《事文類聚》別集卷二十五）

〔校記〕

〔一〕「又嘗至栢谷」以下四句，《初學記》卷八作「帝微行至於柏谷」，《初學記》卷九作「上嘗輕服為微，行至柏谷，夜投亭長不納，乃宿於逆旅」，《太平御覽》卷五十四作「上微行至於柏谷，宿於逆旅」。

〔二〕以上諸句，《藝文類聚》卷九節引作「上微時行至柏谷，舍於逆旅。逆旅翁罵之，因從乞漿，翁曰：「止有溺，無漿也。」

〔三〕「不如因禮之」至此，乃從《事類備要》續集、《事文類聚》別集補入。

〔四〕「乃召逆旅夫妻見之」以下兩句，《北堂書鈔》卷二十作「召逆旅夫妻賜金千斤」。

上微行嘗至柏谷，宿於逆旅，乞漿飲，旅翁曰：「無正有溺，無漿也。」自是希復微行。〔一〕時丞相公孫雄數諫上弗從，因自殺，上聞而悲之，後二十餘日有柏谷之逼。乃改殯雄，爲起墳塚在茂陵旁，上自爲誄曰：「公孫之生，汙瀆降靈。元老克壯，爲漢之貞。弗予一人，迄用有成。去矣遊矣，永歸冥冥。嗚呼夫子！曷其能刑。載曰：萬物有終，人生安長；幸不爲夭，夫復何傷。」雄嘗諫伐匈奴，爲之小止。雄卒，乃大發卒數十萬，遣霍去病討胡，殺休屠王。獲天祭金人，上以爲大神，列于甘泉宮。人率長丈餘，不祭祝，但燒香禮拜。天祭長八尺，擎日月，祭以牛。上令依其方俗禮之，方士皆以爲夷狄鬼神，不宜在中，因乃止。（《續談助》卷三）

〔校記〕

〔一〕「柏谷逆旅」之事，《御覽》卷八十八有詳細記載，此處乃是節引《御覽》之文，下接公孫雄數諫自殺，審其文意，皆就武帝微服出行事言，原作當前後相接爲一條。

漢武帝起柏梁臺以處神君。神君者，長陵女，嫁爲人妻，生一男，數歲死，女悼痛之，歲中亦死。死而有靈，其姒宛若祠之。遂聞言，宛若爲主，民人多往請福，說人家小事，頗有驗。平原君亦事之，其後子孫尊顯，以爲神君力，益尊貴。武帝即位，太后迎于宮中祭之。聞其言，不見其人。至是神君求出，乃營柏梁臺舍之。初，霍去病微時，數自禱神。神君乃見其形，自修飾，欲與去病交接。去病不肯，責神君曰：「吾以神君清潔，故齋戒祈福。今欲爲淫，此非神明也。」自絕不復往，神君亦慙。及去病疾篤，上令禱神君。神君曰：「霍將軍精氣少，命不長。吾嘗欲乙太一精補之，可得延年。霍將軍不曉此意，乃見斷絕。今不可救也。」去病竟卒。衛太子未敗一年，神君乃去。東方朔娶宛若爲小妻，生子三人，與朔俱死。（《太平廣記》卷二百九十一）

鑿昆池，積其土爲山，高三十餘丈。又起柏梁臺，高二十丈，悉以香柏，〔一〕以處神君。神君者，長陵女子也，死而有靈。霍去病微時，〔二〕數自禱，神君乃見其形，欲與去病交接，去病不肯，神君亦慚。及去病疾篤，上令〔三〕爲禱神君，神君曰：「霍將軍精氣少，〔四〕吾嘗欲乙太一精補之，可得延年，霍將軍不曉此意，遂見斷絕。今疾必死，非可救也。」去病竟死。〔五〕上乃造神君請術，行之有效，大抵不異容成也。自柏梁燒後，神稍衰。東方朔取宛若（原注曰神君之姒）爲小妻，生子三人，與朔同日死。時人疑化去，弗死也。

（《續談助》卷三《太平御覽》卷七百三十九　又略見於《藝文類聚》卷八十八、《太平御覽》卷九百五十四《太平御覽》卷九百八十一　案：《續談助》與《御覽》所引錄之文，較之《太平廣記》卷二百九十一爲簡，疑當是節錄原文，今兩存之。）

〔校記〕

〔一〕「又起柏梁臺」以下三句，《藝文類聚》卷八十八、《太平御覽》卷九百五十四作「柏梁臺高二十丈，悉以柏，香聞數十里」，《太平御覽》卷九百八十一作「上作柏梁臺，悉以香柏，香聞數十里也」，且引文皆僅此三句。

〔二〕霍去病微時，《太平御覽》卷七百三十九上有一「初」字，且引文始於此。

〔三〕令，《太平御覽》卷七百三十九作「命」。

〔四〕霍將軍精氣少，《太平御覽》卷七百三十九下有「壽命不長」一句。

〔五〕竟死，《太平御覽》卷七百三十九作「竟薨」。

上祠太時，祭常有光明照長安城，如月光。上以問東方朔：「此何神也？」朔曰：「此司命之神，揔鬼神者也。」上曰：「祠之能令益壽乎？」對曰：「皇者壽命懸於天，司命無能爲也。」（《太平御覽》卷八百八十二）

薄忌奏：「祠太一用一太牢，爲壇開八通鬼道，令太祝立其祠長安東南。」上以問東方朔：「此何神也？」曰：「此司命之神，揔鬼錄者也。」（《續談助》卷三）

上少好學，招求天下遺書，上親自省校，使莊助、司馬相如等以類分別之。好詞賦，〔一〕每所行幸及奇獸異物，輒命相如等賦之。上亦自作詩賦數百篇，下筆即成，初不留時，相如造文遲，彌時而後成。〔二〕上每歎其工妙，〔三〕謂相如〔四〕曰：「以吾之速，易子〔五〕之遲。可乎？」相如曰〔六〕：「於臣則〔七〕可，未知陛下何如耳〔八〕！」上大笑而不責也。〔九〕（《太平御覽》卷八十八　又見於《續談助》卷三《北堂書鈔》卷一百二《紺珠集》卷九）

〔校記〕

〔一〕好詞賦，《北堂書鈔》上有一「上」字，且引文始於此，終於「輒命相如等賦之」。

〔二〕下筆即成，《續談助》上有「上（原注武帝）尤好辭賦」一句，且引文始於此，「下筆即成」以下四句，《紺珠集》引作「帝作賦即成，相如累日方成」。

〔三〕上，《紺珠集》作「帝」；工，《續談助》無。

〔四〕謂相如，《紺珠集》無。

〔五〕子，《續談助》《紺珠集》皆作「汝」。

〔六〕相如曰，《紺珠集》皆作「對曰」。

〔七〕則，《續談助》《紺珠集》皆作「即」，當是傳抄形近而誤，以「則」爲是。

〔八〕何如耳，《紺珠集》作「如何爾」。

〔九〕不責，《續談助》作「弗責」；上大笑而不責也，《紺珠集》則作「帝亦不責」。

　　上善接士大夫，拔奇取異，不問僕隸，故能得天下奇士。然性急，不貸小過，汲黯每諫上曰：「以有限之士，咨無已之誅，臣恐天下賢才能盡，陛下欲與誰爲理乎？」上笑曰：「夫才爲世出，何時無才。且所謂才者，猶可用之器也，才不應務，是器不中用也。不能盡才以處事，與無才同也。不殺何施？」黯曰：「臣雖不能以言屈陛下，而心猶以爲非，願陛下自今改之，無以臣愚爲不知理也。」上顧謂群臣曰：「黯自言便辟，則不然矣；自言其愚，豈非然乎。」時北伐匈奴南誅兩越，天下騷動，黯數諫爭，上弗從，乃發憤謂上曰：「陛下恥爲守文之君，欲希奇巧於爭表，臣恐欲益反損，取累於千載也。」上怒乃出黯爲郡吏，黯忿憤疽發背死，賜諡剛侯。（《續談助》卷三　又見於《藝文類聚》卷二十四《太平御覽》卷八十八、卷四百五十四　案：《類聚》《御覽》皆引汲黯諫詞，文字皆與《續談助》有所差異，今不再一一出校，附列於後。）

　　附：

　　汲黯諫上曰：陛下愛才樂士，求之無倦，比得一人，勞心苦神，未盡其用，輒已煞之，以有限之士，資無已之誅，陛下欲誰與爲治乎。（《藝文類聚》卷二十四）

　　然性嚴急，不貸小過，刑殺法令，殊爲峻刻。汲黯每諫曰：「陛下愛才樂士，求之無倦，比得人，勞苦神明未盡其用，輒已殺之。以有限之士，資無已之誅，臣恐天下賢才將盡于陛下，欲與誰爲治乎？」黯言之甚怒，上笑而喻之。（《太平御覽》卷八十八）

　　上性嚴急，法令峻刻，汲黯諫曰：「陛下不愛才樂士，求之爲倦，比得一人，心勞苦神，未盡其用，輒已殺之。以有限之士，資無已之誅，臣恐天下賢才將盡，陛下欲與誰爲治乎？」上笑喻之。黯曰：「願陛下自今已後改之，無以臣愚不知理也。」（《太平御覽》卷四百五十四）

　　汲黯諫曰：「陛下愛才樂士，求之無倦，比得，勞心苦神，而盡其用，輒以殺之。以有限之士。資於無已之誅，陛下將何治乎？」（《白氏六帖事類集》卷十一　案：「而盡其用」，上似脫一「未」字。）

　　公孫弘薨，上聞而悲之，乃改殯之，上自誄之。（《北堂書鈔》卷一百二）

　　顏駟不知何許人，漢文帝時爲郎。〔一〕至武帝，嘗輦過郎署，〔二〕見駟，〔三〕尨眉皓髮，〔四〕上問曰：〔五〕「叟何時爲郎，〔六〕何其老也？〔七〕」答曰〔八〕：「臣文帝時爲郎，〔九〕文帝好文而〔一〇〕臣好武，至景帝好美而臣貌醜，〔一一〕陛下即位好少，而臣已老，〔一二〕是以三世不遇，〔一三〕故老于郎署。」

上感其言，擢拜會稽都尉。〔一四〕（《文選》張平子《思玄賦》注 又見於《北堂書鈔》卷一百四十《後漢書·張衡傳》注《太平御覽》卷三百八十三《太平御覽》卷七百七十四《紺珠集》卷九《杜工部草堂詩箋》卷三十五《杜工部草堂詩箋》卷二十九《九家集杜詩》卷三十《分門集註杜工部詩》卷十五《五百家注昌黎文集》卷九《補註杜詩》卷三十《詁訓柳先生文集》卷五《河東先生集》《注釋音辯柳集卷五增廣百家補注》《唐柳先生文集》卷五《箋注簡齋詩集》卷七《後山詩注》卷一《山谷外集詩注》卷十二《橘山四六》卷六《野客叢書》卷五　王象之《輿地紀勝》卷十）

〔校記〕

〔一〕漢文帝時爲郎，《山谷外集詩注》作「顏駟漢文時爲郎」，且引文始於此，無「顏駟不知何許人」一句。

〔二〕嘗輦過郎署，《後漢書》注、《九家集杜詩》、《分門集註杜工部詩》、《補註杜詩》、《河東先生集》、《增廣百家補注唐柳先生文集》、《橘山四六》、《野客叢書》皆作「上至郎署」，《北堂書鈔》作「上帝輦至郎署」，《太平御覽》卷七百七十四作「上嘗輦至郎署」，《杜工部草堂詩箋》卷二十九作「嘗輦至郎署」，《杜工部草堂詩箋》卷三十五作「武帝嘗輦至郎署」，《五百家注昌黎文集》作「武帝嘗輦過郎署」，《詁訓柳先生文集》作「上至郎官」，《注釋音辯柳集》作「上至郎省」，《箋注簡齋詩集》作「帝至郎署」，《輿地紀勝》作「上至郎舍」，上述諸家引文皆始於此。

〔三〕見駟，《後漢書》注、《北堂書鈔》、《九家集杜詩》、《分門集註杜工部詩》、《補註杜詩》、《河東先生集》、《詁訓柳先生文集》、《增廣百家補注唐柳先生文集》、《箋注簡齋詩集》、《橘山四六》、《野客叢書》、《輿地紀勝》皆作「見一老郎」，《太平御覽》卷七百七十四作「見一人老郎」，「人」，當爲衍文，《注釋音辯柳集》作「見一郎」二字，《杜工部草堂詩箋》卷二十九作「見一署郎」，《杜工部草堂詩箋》卷三十五作「因見顏駟」，《五百家注昌黎文集》作「見顏駟」。

〔四〕尨眉皓髮，《後漢書》注、《太平御覽》卷七百七十四、《杜工部草堂詩箋》卷三十五、《增廣百家補注唐柳先生文集》、《野客叢書》皆作「鬢眉皓白」，《北堂書鈔》作「鬚鬢皓白」，《太平御覽》卷三百八十三作「髭鬚皓白」，且引文始於此，《杜工部草堂詩箋》卷二十九、《河東先生集》、《詁訓柳先生文集》、《注釋音辯柳集》、《橘山四六》皆作「鬚眉皓白」，《九家集杜詩》、《分門集註杜工部詩》、《補註杜詩》皆作「鬢皓白」，《箋注簡齋詩集》作「鬚髮皓白」，《山谷外集詩注》作「尨眉皓髮」，《輿地紀勝》作「鬢髮皓白」。《北堂書鈔》下有「衣服不整」一句，《太平御覽》卷三百八十三下有「衣服不完」一句，《杜工部草堂詩箋》卷三十五下有「衣而不完」一句，《太平御覽》卷七百七十四下有「姓顏名駟，江都人」二句。

〔五〕上問曰，《後漢書》注、《九家集杜詩》、《分門集註杜工部詩》、《補註杜詩》、《河東先生集》、《詁訓柳先生文集》、《增廣百家補注唐柳先生文集》、《橘山四六》、《野客叢書》、《輿地紀勝》皆作「問」，《北堂書鈔》、《太平御覽》卷七百七十四作「上問」，《五百家注昌黎文集》作「曰」，《山谷外集詩注》作「問曰」。

〔六〕叟何時爲郎，《後漢書》注、《九家集杜詩》、《分門集註杜工部詩》、《補註杜詩》、《河東先生集》、《詁訓柳先生文集》、《增廣百家補注唐柳先生文集》、《橘山四六》、《輿地紀勝》皆無「叟」字，《北堂書鈔》《太平御覽》《杜工部草堂詩箋》「叟」作「公」，《野客叢書》無此句。

〔七〕何其老也，《北堂書鈔》《山谷外集詩注》無，《太平御覽》卷三百八十三「也」作「矣」，《五百家注昌黎文集》無「也」字，《杜工部草堂詩箋》卷三十五引文止此。

〔八〕答曰，《後漢書》注、《北堂書鈔》、《太平御覽》、《九家集杜詩》、《杜工部草堂詩箋》卷二十九、《分門集註杜工部詩》、《補註杜詩》、《河東先生集》、《詁訓柳先生文集》、《增廣百家補注唐柳先生文集》、《橘山四六》、《野客叢書》、《輿地紀勝》皆作「對曰」。自「上問曰……答曰」，《注釋音辯柳集》《箋注簡齋詩集》皆簡作「問之，對曰」。

〔九〕臣文帝時爲郎，《北堂書鈔》作「臣姓顏，名駟，江都人也」，且引文止此，《後漢書》注、《杜工部草堂詩箋》卷二十九、《九家集杜詩》、《詁訓柳先生文集》、《河東先生集》皆作「臣姓顏，名駟，以文帝時爲郎」，《太平御覽》卷三百八十三作「臣姓顏名駟，江都人也。文帝時爲郎」，《分門集註杜工部詩》《補註杜詩》《橘山四六》《野客叢書》《輿地紀勝》皆作「臣姓顏，名駟，以文帝爲郎」，當脫一「時」字，《箋注簡齋詩集》作「臣姓顏，名駟，文帝時爲郎」，《山谷外集詩注》無「臣」字。「臣文帝時爲郎」，《太平御覽》卷三百八十三下有「上問曰，何不遇也？駟曰」三句，《太平御覽》卷七百七十四則作「上曰，何其不遇也？駟曰」。

〔一〇〕而，《太平御覽》卷三百八十三無，《後山詩注》「文帝好文」上有「顏駟曰」三字，且引文始於此。

〔一一〕至景帝好美而臣貌醜，《後漢書》注、《太平御覽》卷七百七十四、《杜工部草堂詩箋》卷二十九、《分門集註杜工部詩》、《補註杜詩》、《河東先生集》、《詁訓柳先生文集》、《增廣百家補注唐柳先生文集》、《箋注簡齋詩集》、《後山詩注》、《橘山四六》、《輿地紀勝》皆作「景帝好老而臣尙少」，《太平御覽》卷三百八十三作「景帝好老，臣又少」，《野客叢書》作「景帝好老臣尙少」。

〔一二〕陛下即位好少，而臣已老，《後漢書》注、《太平御覽》卷七百七十四、《河東先生集》、《增廣百家補注唐柳先生文集》、《箋注簡齋詩集》、《後山詩注》、《山谷外集詩注》、《橘山四六》、《輿地紀勝》作「陛下好少而臣已老」，《杜工部草堂詩箋》卷二十九又作「今陛下好少而臣已老」，《太平御覽》卷三百八十三、《九家集杜詩》、《分門集註杜工部詩》作，《補註杜詩》、《詁訓柳先生文集》、《野客叢書》「陛下好少臣已老」，《五百家注昌黎文集》作「陛下即位好少而臣老」。

〔一三〕是以三世不遇，《後漢書》注、《九家集杜詩》、《分門集註杜工部詩》、《補註杜詩》、《河東先生集》、《詁訓柳先生文集》、《增廣百家補注唐柳先生文集》、《橘山四六》、《輿地紀勝》「三世」皆作「三葉」，且「不遇」下皆有「也」字，《箋注簡齋詩集》、《野客叢書》「三世」作「三葉」，《後山詩注》下有「也」字，且《箋注簡齋詩集》《後山詩注》引文皆止此《太平御覽》卷七百七十四引文止此，《杜工部草堂詩箋》卷二十九作「是以不遇也」。自「答曰」至此，《注釋音辯柳集》簡作「對曰，臣姓顏，名駟，三葉不遇」。

〔一四〕上感其言，擢拜會稽都尉，《橘山四六》作「帝感其言」；擢拜，《太平御覽》卷三百八十三作「拜」，《五百家注昌黎文集》作「以爲」，《河東先生集》作「由是擢爲」，《後漢書》注、《九家集杜詩》、《分門集註杜工部詩》、《補註杜詩》、《詁訓柳先生文集》、《增廣百家補注唐柳先生文集》、《橘山四六》、《輿地紀勝》皆作「擢爲」。

天子至鼎湖，病甚，浮水發根言於上曰：「上郡有神，能治百病。」上乃令發根禱之，即有應，上體平，遂迎神君會於甘泉，置之壽宮。神君最貴者大夫，次大禁司命之屬，皆從之。非可得見，聞者音與人等。來則肅然風生，帷幄皆動。于北宮設鐘虡羽旗以禮神君。神君所言，上輒令記之，命曰畫法。率言人事多，鬼事少。其說鬼事與浮屠相類；欲人爲善，責施與，不殺生。（《續談助》卷三）

存疑

齊人公孫卿謂所忠曰：「吾有師說祕書言鼎事，欲因公奏之。如得引見，以玉羊一爲壽。」所忠許之。視其書而有疑，因謝曰：「寶鼎事已決矣，無所復言。」（原注曰：汾陰得寶鼎，飯見于祖禰，藏於宗廟，以合靈應。）公孫卿乃因鄗人平時奏之。有禮書言：「黃帝得寶鼎，於是迎日推算，乃登仙于天。今年得朔旦冬至，與黃帝時協，臣昧死奏。」武帝大悅，召卿問，卿曰：「臣授此書於申公，已死尸解去。」帝曰：「申公何人？」卿曰：「齊人安期生，同受黃帝，言有此鼎書，申公嘗告臣，言漢之聖者，在高祖之曾孫焉。寶鼎出與神通，封禪得上太山，則能登天矣。」黃帝郊雍祠上帝，宿齋三月，鬼區與尸解而去，（原注曰：黃帝得寶鼎，宛（一作究）侯問於鬼臾區，區曰：「帝得寶鼎，神策延年是歲乙（一作己）酉，朔旦冬至，得天之紀終而復始。」此一事出漢武故事），因葬雍，今大鴻塚是也。其後黃帝接萬靈於明庭，甘泉是也。升仙于寒門，谷口是也。」（《續談助》卷四　案：此一條出於《漢武帝內傳》，《續談助》卷四原注武帝得寶鼎之事，乃是據《漢武故事》與《十洲記》增贅而成，然原文已不得見，故錄此以存疑。）

畫日月斗，大吏奉以指所伐國而祈焉。（《紺珠集》卷九　案：魯迅先生輯本據《漢書·郊祀志》補有「上爲伐南越，告禱泰一。爲泰一鋒旗，命曰靈旗」數句，未知何據。）

拜孫卿爲郎，持節候神。〔一〕自太室至於端慍，〔二〕云見一人，長五丈，自稱巨公，〔三〕牽黃犬，持黃雀，〔四〕欲謁天子，〔五〕因忽不見。（《太平御覽》

卷九百二十二　又見於《太平御覽》卷三百七十七、卷九百四《事類賦》卷十九、卷二十三）

〔校記〕

〔一〕此二句，《藝文類聚》、《太平御覽》卷三百七十七、《太平御覽》卷九百四、《事類賦》卷二十三皆無。

〔二〕自太室至於端愲，《藝文類聚》、《太平御覽》卷三百七十七、《事類賦》卷二十三皆作「公孫卿至東萊」，《太平御覽》卷九百四作「公孫卿至端愲」。

〔三〕自稱巨公，《藝文類聚》無。

〔四〕「黃犬」、「黃雀」，《太平御覽》卷三百七十七、《太平御覽》卷九百四、《事類賦》卷二十三上皆有「一」字。

〔五〕欲謁天子，《事類賦》卷二十三上有一「云」字。

公孫卿言神人見於東萊山，欲見天子，上於是幸緱氏，登東萊，留數日，無所見，惟見大人跡。上怒公孫卿之無應，卿懼誅，乃因衛青白上，云：「仙人可見，而上往遽，以故不相值。今陛下可為觀於緱氏，則神人可致，且仙人好樓居，不極高顯，神終不降也。於是上於長安作飛廉觀，高四十丈，於甘泉作延壽觀，亦如之。（《三輔黃圖》卷五）

上歎曰：「吾後升天，群臣亦當葬吾衣冠於東陵乎？」乃還甘泉，類祠太一。（《西漢紀年》卷十六　案：《資治通鑑》卷二十記載：「上巡邊至朔方，還祭黃帝塚橋山。上曰：『吾聞黃帝不死，今有塚，何也？』公孫卿曰：『黃帝已仙上天，群臣思慕，葬其衣冠。』」《資治通鑑考異》卷一曰：「上問黃帝塚，公孫卿對。《史記》《漢書》皆云『或對』《漢武故事》云『公孫卿對今取之』。」《西漢紀年》卷十六亦引《漢武故事》曰：「公孫卿對今取之。」則《資治通鑑》所記之文或為《漢武故事》原文，魯迅輯本據《通鑑》補之。今姑列之。）

大嘗於殿前樹旝數百枚，〔一〕大令旝自相擊，繙繙竟庭中，去地十餘丈，觀者皆駭然。（《資治通鑑考異》卷一　又見於《太平御覽》卷三百四十）

〔校記〕

〔一〕大嘗於殿前樹旝數百枚，《太平御覽》作「常於殿前樹旝數百人」，且上有「欒大有方術」一句。《御覽》之「常」，當是「嘗」之形近而訛，「樹旝數百人」，不辭，則此條所記當以《資治通鑑考異》為上。

帝拜欒大為天道將軍，使著羽衣，立白茅，上授玉印。大亦羽衣，立白茅。上授印，示不臣也。（《太平御覽》卷九百九十六）

漢武帝拜方士，欒大爲五利將軍。起九間神宮，欲以下神云云。曰：「琉璃爲扉，眞珠爲簾。」（《事類備要》外集卷六十三）

東方朔生三日，而父母俱亡，或得之而不知其姓，以見時東方始明，因以爲姓。既長。常望空中獨語。後遊鴻蒙之澤。有老母採桑自言朔母。一黃眉翁至，指朔曰：「此吾兒。吾卻食伏氣，三千年一反骨洗髓，二千年一剝皮伐毛；吾生已三洗髓，五伐毛矣。」（《紺珠集》卷九　又見於《三洞群仙錄》卷八）

朔告帝曰：「東極有五雲之澤，其國有吉慶之事，則雲五色著，草木屋室，皆如其色。（《紺珠集》卷九）

帝齋七日，遣欒賓將男女數十人至君山，得酒欲飲之，東方朔曰：「臣識此酒，請視之。」因即便飲，帝欲殺之。朔曰：「殺朔若死，此爲不驗，若其有驗，殺亦不死。」帝赦之。（《太平御覽》卷四十九　案：此事《博物志》卷七亦引之。）

東郡送一短人，〔一〕長七寸，衣冠具足，疑其山精，常令在案上行。〔二〕召東方朔問，朔至，〔三〕呼短人曰：「巨靈，汝何忽叛來？阿母還未？」短人不對，〔四〕因指朔謂上曰〔五〕：「王母種桃，〔六〕三千年一作子，〔七〕此兒不良，已三過偷之矣，〔八〕遂失王母意，故被謫來此。」上大驚，始知朔非世中人。短人謂上曰：「王母使臣來告陛下求道之法，惟有清淨，不宜躁擾。」復五年，與帝會言，終不見。（《太平御覽》卷三百七十八　又見於《齊民要術》卷十《藝文類聚》卷六十九、卷八十六《初學記》卷十九　、卷二十八〔兩引〕《白氏六帖》卷三《河東先生集》卷四十三《事類賦》卷二十六《太平御覽》卷七百一十、卷九百六十七《事類備要》別集卷四十二《事類備要》外集卷五十《續博物志》卷三）

〔校記〕

〔一〕東郡，《藝文類聚》卷六十九、《太平御覽》卷九百六十七上有「武帝時」三字，《河東先生集》卷四十三作「東都郡」，《事類備要》別集卷四十二作「東都」；　送一短人，《齊民要術》卷十、《藝文類聚》卷八十六、《初學記》卷二十八（兩引）、《藝文類聚》卷六十九、《太平御覽》卷九百六十七、卷七百一十、《事類賦》卷二十六、《事類備要》別集卷四十二皆作「獻短人」。

〔二〕「長七寸」以下四句，《齊民要術》卷十、《藝文類聚》卷八十六、《初學記》卷二十八（兩引）、《太平御覽》卷九百六十七、《事類賦》卷二十六、《事類備要》別集卷四十二皆無；長七寸，《藝文類聚》卷六十九、《太平御覽》卷七百一十作「長五寸」，下無「衣冠具足」一句；疑其山精，《藝文類聚》卷六十九、《太平御覽》卷七百一十上皆有「上」字；在案上行，《藝文類聚》卷六十九無「在」字，《太平御覽》卷

七百一十無「上」字；《初學記》卷十九、《續博物志》卷三皆作「長七寸，名巨靈」，且引文止於此。

〔三〕「召東方朔問」二句，《藝文類聚》卷六十九、《太平御覽》卷七百一十無，《齊民要術》卷十、《初學記》卷二十八、《太平御覽》卷九百六十七、《河東先生集》卷四十三、《事類賦》卷二十六、《事類備要》別集卷四十二皆作「帝呼東方朔，朔至」，《初學記》卷二十八作「帝呼東方朔至」；召東方朔問，《藝文類聚》卷八十六作「呼東方朔」。

〔四〕「呼短人曰」五句，《藝文類聚》卷六十九、《太平御覽》卷七百一十皆作「東方朔問曰：巨靈，汝何以叛，阿母健不」，且引文止於此，《事類備要》外集卷五十作「方朔問曰，巨靈王，何叛？阿母健否？」且引文僅此四句，《齊民要術》卷十、《藝文類聚》卷八十六、《初學記》卷二十八、《太平御覽》卷九百六十七、《河東先生集》卷四十三、《事類賦》卷二十六、《事類備要》別集卷四十二皆無。

〔五〕因指朔謂上曰，《齊民要術》卷十、《藝文類聚》卷八十六、《太平御覽》卷九百六十七、《事類賦》卷二十六、《事類備要》別集卷四十二上皆有「短人」二字；《初學記》卷二十八一作「短人指朔謂上曰」，一作「短人指朔謂曰」，《初學記》卷二十八、《河東先生集》卷四十三作「短人相朔謂上曰」。

〔六〕「王母種桃」，《初學記》卷二十八一作「王母東園桃」，《太平御覽》卷九百六十七作「王母種」，誤，下當脫一「桃」字，《齊民要術》卷十、《藝文類聚》卷八十六、《河東先生集》卷四十三皆作「西王母種桃」。

〔七〕三千年一作子，《齊民要術》卷十、《河東先生集》卷四十三皆作「三千年一著子」，《藝文類聚》卷八十六作「三千歲一爲子」，《初學記》卷二十八一作「三千歲一子」，《初學記》卷二十八、《事類備要》別集卷四十二作「三千歲一結子」，《太平御覽》卷九百六十七作「三千年桃結子」，《事類賦》卷二十六作「三千歲一實」。

〔八〕「此兒不良，已三過偷之矣」二句，《河東先生集》卷四十三引文止於此，《初學記》卷二十八作「此子已三偷之矣」且引文至於此，《齊民要術》卷十「已」作「以」，且引文至於此句；不良，《藝文類聚》卷八十六下有「也」字；過，《事類賦》卷二十六無，且引文至於此句。《藝文類聚》卷八十六、《初學記》卷二十八、《太平御覽》卷九百六十七、《事類備要》別集卷四十二尚徵引有「西王母」一事，當是兩事接續而成，非是原文如此，別條出之。

　　七月七日，上於承華殿齋，〔一〕正中，〔二〕忽有一青鳥從西方來，〔三〕集殿前，〔四〕上問東方朔，朔曰〔五〕：「此西王母欲來也。」〔六〕有頃王母至，〔七〕有二青鳥如烏，俠侍王母旁。〔八〕（《藝文類聚》卷九十一　又見於《北堂書鈔》卷一百五十五《白氏六帖》卷一《藝文類聚》卷四《初學記》卷四《太平御覽》卷三十一、卷九百二十七《事類賦》卷五《紺珠集》卷九《海錄碎事》卷十三《錦繡萬花谷》後集卷四《三體唐詩》卷二《事文類聚》後集卷四十七《玉海》卷一五九）

〔校記〕

〔一〕此句，《北堂書鈔》無，《事文類聚》後集卷四十七作「武帝七月七日於承華殿齋」。

〔二〕此句，《北堂書鈔》、《太平御覽》卷三十一、《海錄碎事》、《三體唐詩》、《紺珠集》、《事文類聚》後集皆無。

〔三〕此句，《北堂書鈔》作「忽然有青鳥從西而來」，《初學記》卷四作「忽有一青鳥從西而來」，《太平御覽》卷三十一作「其日忽有鳥从西方來」，《事類賦》《玉海》皆作「忽有一鳥從西方來」，《錦繡萬花谷》後集卷四作「有一青鳥從西方來」，《三體唐詩》作「忽有青鳥從西方來」，《紺珠集》卷九作「忽見一青鳥從西方來」，《事文類聚》後集作「忽有青鳥從西方來」。

〔四〕此句，《紺珠集》卷九、《三體唐詩》無，《海錄碎事》連同上句作「忽有一青鳥集殿前」。

〔五〕「上問東方朔」二句，《事類賦》《玉海》皆作「東方朔曰」，《錦繡萬花谷》後集無下一「朔」字，《紺珠集》作「上問方朔何鳥，對曰」，《事類賦》作「東方朔曰」。

〔六〕此西王母欲來也，《北堂書鈔》作「王母欲來也」，《初學記》卷四作「此西王母來」，《錦繡萬花谷》後集作「西王母欲來」，《三體唐詩》《玉海》皆作「此西王母欲來」，《紺珠集》作「西王母將降」。

〔七〕此句，《初學記》卷四無，《太平御覽》卷九百二十七作「有頃，西王母至」，有頃，《海錄碎事》作「須臾」，且引文止於此，《藝文類聚》卷四、《事文類聚》後集引文亦止於此句，《紺珠集》卷九作「宜灑埽以待之，夜漏七刻，王母來降」。

〔八〕此二句，《北堂書鈔》作「有二青鳥夾侍王母之傍」，《初學記》作「有一青鳥如鳥，侍王母傍」，《太平御覽》卷三十一作「有二青鳥如鳳，夾侍王母旁也」，《太平御覽》卷九百二十七作「有十二青鳥如鳥，夾侍王母旁」，《事類賦》作「有二青鳥夾侍王母傍」，《玉海》作「二青鳥夾侍」，《錦繡萬花谷》後集作「有二青鳥侍旁」。《三體唐詩》下有「及去，許帝以二年後復來，後竟不來」，乃節引，原文不必如是。

王母遣謂帝曰：「七月七日，我當暫來。」帝至日掃宮內，燃九華之燈。（《太平御覽》卷三十一）

帝齋於尋眞臺，設紫羅薦。（《藝文類聚》卷六十九）

帝登尋眞之臺齋，至七月七日夜，忽見天西南如白雲起，鬱鬱直來趨宮。有頃，西王母至，乘紫雲之輦。（《太平御覽》卷三十一）

七月七日，乃掃除宮掖之內，張雲錦之帷，燃九光微燈。夜二唱後，西王母駕九色之斑龍上殿。（《太平御覽》卷三十一）

西王母當降，上燒兜末香，兜末香者〔一〕，兜渠國所獻，如大豆，塗門，香聞百里，關中嘗大疫〔二〕，死者相係，燒此香，死者止。〔三〕（《法苑珠林》卷四十九　又見於《太平御覽》卷九百八十三）

〔校記〕

〔一〕者，《太平御覽》無。

〔二〕嘗大疫，《太平御覽》作「常大疾疫」，「常」字誤。

〔三〕此三句，《太平御覽》作「死者因生」。

七月七日，西王母降，武帝戴太眞晨纓之冠，履玄瓊鳳文之舄。（《太平御覽》卷三十一）

七夕王母降，履玄瓊文鳳之舄。（《海錄碎事》卷五　又見於《紺珠集》卷九）

巨靈告求道之法。（《北堂書鈔》卷十二）

王母仙桃。（《北堂書鈔》卷十二）

紫氣乃從西王母。（《北堂書鈔》卷一百五十一）

西王母曰：「太上之藥，有玉津金漿，其次藥有五雲之漿。」（《太平御覽》卷八百六十一）

後西王母下，出桃七枚，母自噉二，以五枚與帝，帝留核著前，王母問曰：「用此何爲？」上曰：「此桃美，欲種之。」母歎曰：「此桃三千年一著子，非下土所植也！」〔一〕（《太平御覽》卷九百六十七　又見於《藝文類聚》卷八十六《初學記》卷二十八《白氏六帖》卷三十《事類備要》別集卷四十二《橘山四六》卷十三《錦繡萬花谷》續集卷二《事文類聚》前集卷二十《杜工部草堂詩箋》卷三十八《開顏集》）

〔校記〕

〔一〕以上諸句，《太平御覽》卷九百六十七所記與《藝文類聚》卷八十六、《初學記》卷二十八基本相同，其餘徵引者，主要內容相同，而詞句差異較大，一並列之於後。《事類備要》別集作「後西王母以七月七日降帝宮，命侍女索桃，須臾盤盛七枚，母自噉二，以五枚與帝，帝留核著前，母曰用此何爲，上欲種之，母笑曰，此桃三千年一著子，非下土所植」，《橘山四六》作「西王母降，獻桃七枚，帝欲留核種之，母笑曰：『此桃三千年生華，三千年結實，人壽幾何？』帝乃止之」，《錦繡萬花谷》續集卷二作「西王母出桃與帝，帝留核欲種，母曰此桃三千年一結子非下土所種之物」，《事類賦注》作「王母出桃七枚，以五與帝，自噉其二，帝留核欲種，母曰此桃三千年一實非下土所植也」，《事文類聚》前集作「王母出桃五枚與武帝曰此桃三千年結子」，《杜工部草堂詩箋》則作「七月七日，西王母降於承華殿，上迎拜，請不死之藥，母曰：『帝滯情不遺，慾心尚多，不死藥未可致也。』以桃七枚，母自噉二枚，以五枚與帝，帝食桃，欲留核種之，母曰：『此桃千年一熟，非可下土種也』」，所記尤有與他本不同者，上列引文皆止於此。

帝曰：「嘗聞鼻下長一寸，是百年人。」方朔笑曰：「彭年壽，年七百，鼻下合長七寸耳。」（周文玘《開顏集》卷下）

西王母遣使謂上曰〔一〕：「求仙而先殺戮，〔二〕吾與帝絕矣。」又致三桃，「食此可得極壽」。〔三〕使至之日，東方朔死，〔四〕上疑之，〔五〕問使者，〔六〕曰〔七〕：「朔〔八〕是木帝精爲歲星，下遊人中，〔九〕以觀天下，〔一〇〕非陛下臣也。」〔一一〕上厚葬之。（《開元占經》卷二十三　又見於《太平御覽》卷五、卷九百六十七《事類賦》卷二《紺珠集》卷九《能改齋漫錄》卷七《海錄碎事》卷七）

〔校記〕

〔一〕此句，《太平御覽》九百六十七上有「後上殺諸道士妖妄者百餘人」一句。

〔二〕此句，《太平御覽》九百六十七作「求仙信邪，欲見神人而殺戮」。

〔三〕此二句，《紺珠集》作「王母遣使者致三桃」，且引文始於此；《太平御覽》九百六十七引文止此。

〔四〕此二句，《太平御覽》卷五、《事類賦》皆作「西王母使者至，東方朔死」，且引文始於此，《紺珠集》作「使至而方朔死」；「東方朔死」，《能改齋漫錄》《海錄碎事》引文皆始於此。

〔五〕上疑之，《太平御覽》卷五、《事類賦》、《紺珠集》、《海錄碎事》皆無，《能改齋漫錄》無「之」字。

〔六〕問使者，《紺珠集》無，《太平御覽》卷五、《事類賦》上有一「上」字，《能改齋漫錄》作「問西王母使者」，《海錄碎事》作「上問西王母使者」。

〔七〕曰，《太平御覽》卷五、《事類賦》、《海錄碎事》皆作「對曰」，《紺珠集》作「使曰」，《能改齋漫錄》作「使者曰」。

〔八〕朔，《紺珠集》作「方朔」。

〔九〕《紺珠集》作「下遊人間」。

〔一〇〕以觀天下，《紺珠集》無，《海錄碎事》無「以」字。

〔一一〕《太平御覽》卷五、《事類賦》、《紺珠集》、《能改齋漫錄》、《海錄碎事》引文皆止於此。

西王母降，東方朔於朱雀牖中窺母。〔一〕母謂帝曰〔二〕：「此兒無賴，久被斥逐，原心無恙，尋當得還。」〔二〕（《太平御覽》卷一百八十八　又見於《北堂書鈔》卷三十二《白氏六帖》卷三《紺珠集》卷九）

〔校記〕

〔一〕此句，《紺珠集》作「朔於朱鳥牖中窺母」；朱雀牖中，《北堂書鈔》作「朱牖之中」，《白氏六帖》作「朱鳥牖中」。

〔二〕母謂帝曰，《北堂書鈔》《紺珠集》皆作「母曰」，《白氏六帖》作「謂帝曰」，疑上脫一「母」字。

〔三〕「此兒無賴」四句，《北堂書鈔》作「此兒無賴，久被斥退，故止此也」，《白氏六帖》
　　　作「此兒無賴，久被斥逐，原心無惡，尋應得還」，《紺珠集》作「此兒好作過，然
　　　原心無他，尋當即還」。

上幸梁父，祠地主，〔一〕上親拜庶羞，〔二〕以遠方奇禽異獸，及白雉白烏
之屬，〔三〕其日山上有白雲，〔四〕又呼萬歲者。〔五〕（《藝文類聚》卷九十　又見
於《北堂書鈔》卷九十一《藝文類聚》卷九十八《太平御覽》卷八、卷九百四）

〔校記〕
〔一〕上，《太平御覽》卷九百四作「帝」；祠地主，《藝文類聚》卷九十八作「祠地」，《太
　　　平御覽》卷九百四作「祀地」。
〔二〕上親拜庶羞，《藝文類聚》卷九十八作「上親拜，用樂焉」，《太平御覽》皆無。
〔三〕此二句，《藝文類聚》卷九十八、《太平御覽》皆無。
〔四〕此句，《北堂書鈔》上有「上封禪」一句，且引文始於此，《藝文類聚》卷九十八作
　　　「其日上有白雲」，《太平御覽》卷八作「其日山上有白雲」，《太平御覽》卷九百四
　　　作「山上有白雲如蓋」，且引文止此。
〔五〕又呼萬歲者，疑有脫文，《北堂書鈔》作「又聞呼萬歲」，且引文止於此，《藝文類聚》
　　　卷九十八作「又有呼萬歲者」，且下有「禪肅然，白雲爲蓋」二句，《太平御覽》卷
　　　八作「又有呼萬歲聲」，且下有「封禪之上肅然，白雲爲蓋」二句，又《藝文類聚》
　　　卷一僅引「上禪肅然，白雲爲蓋」二句。

上握蘭園之金精，摘圓邱〔一〕之紫柰。（《初學記》卷二十八　又見於《太平
御覽》卷九百七十《事類賦》卷二十六）

〔校記〕
〔一〕圓邱，《太平御覽》《事類賦》皆作「圓丘」。

上自封禪後，夢高祖坐明堂，羣臣亦夢，〔一〕於是，〔二〕祀高祖於明堂，
〔三〕以配天，還作高陵館〔四〕。（《太平御覽》卷一百九十四　又見於《長安志》
卷四《太平御覽》卷三百九十九）

〔校記〕
〔一〕亦夢，《長安志》作「亦同所夢」。
〔二〕於是，《長安志》無。
〔三〕祀，《太平御覽》卷三百九十九作「祠」，且引文至於此句，《長安志》上有「乃」字。
〔四〕高陵館，《長安志》作「高靈館」。

上於長安作蜚廉觀，於甘泉作延壽觀，又築通天台，於甘泉去地百餘丈，
望雲雨悉在下。春至泰山還，作道山宮以爲高靈館，又起建章宮，其東鳳闕
高二十丈，其西唐中廣數十里，其北太液池，池中有漸臺，池中又作三山，

刻金石爲魚龍禽獸之屬，其南方有玉堂、壁門、大鳥之屬，三堂基與未央前殿等，又作神明臺，井幹樓高五十餘丈，皆作懸閣輦道相屬焉，其後又爲酒池肉林，聚天下奇異鳥獸於其中，其旁別造奇華殿，四海夷狄器服珍寶充之。（《續談助》卷三　案：漢武帝建諸宮殿事，以《續談助》卷三與《太平御覽》卷四百九十三所引爲詳備，然觀他書引文，則知《續談助》與《御覽》所引之文亦有節引，皆非原文如此，故將諸書引文並列於後。）

又起建章宮，爲千門萬戶。其東鳳闕高二十丈，其北太液池，池中漸珕高二十丈。池中又爲三山，以象蓬萊、方丈、瀛洲，削金石爲魚龍禽獸之屬。其南有玉臺，玉堂基與中央前殿等去地十二門，階陛皆用玉璧。又作神明臺，井幹樓，高五十餘丈，皆懸閣輦道相屬焉。其後又爲酒池肉林，聚天下四方奇異鳥獸於其中，鳥獸能言能歌舞，或奇形異態，不可稱載。傍別造華殿，四夷珍寶充之，琉璃珠玉、火浣布、切玉刀不可稱數。巨象、大雀、獅子、駿馬充塞苑廄。自古已來，所未見者必備。（《太平御覽》卷四百九十三）

作延壽，觀高二十丈。（《史記・封禪書》司馬貞《索隱》　案：《玉海》卷一六五作「作延壽觀，高三十丈」，誤，當從《索隱》。）

建章長樂宮，皆輦道相屬，懸棟飛閣，不由徑路。（《初學記》卷二十四）

漸臺高三十丈，南有壁門三層。內殿階陛，咸以玉爲之；鑄銅鳳皇，高五丈，飾以黃金，樓屋止。（《初學記》卷二十四）

武帝作玉堂，以玉璧薄椽頭，鑄爲大鳥，黃金途，長五丈，樓屋上。（《太平御覽》卷九百一十四）

玉堂基與未央前殿等，去地十二丈。」（《史記・孝武本紀》司馬貞《索隱》）

玉堂去地十二丈，基階皆用玉。（《太平御覽》卷一百七十六　又見於《藝文類聚》卷六十三《初學記》卷二十四〔兩引〕按：《初學記》引文止「有玉堂去地十二丈」一句。）

玉堂內殿十二門，階陛咸以玉爲之門，門二層，基高十餘丈，椽首槫以璧爲之，因名壁門。（《橘山四六》卷一）

漸臺高三十丈，南有壁門三層，內殿階陛咸以玉爲之，鑄銅鳳皇，高五丈，飾以黃金，樓屋上。（《初學記》卷二十四）

宮在直門南。（《史記・外戚世家》司馬貞《索隱》　又見於《漢書・外戚傳》顏師古注引　案：宮乃是鈎弋宮也。）

鈎弋宮在直門之南。（《三輔黃圖》卷三）

築通天台，於甘泉〔一〕去地百餘丈，望雲雨悉在其下，望見長安城。〔二〕武帝時祭泰乙，〔三〕上通天台，舞八歲童女〔四〕三百人，祠祀〔五〕，招仙人祭泰乙，云〔六〕令人升通天台，以候天神，天神既下祭所，若大流星，乃舉烽火而就竹宮，望拜上，有承露盤，仙人掌擎玉杯〔七〕，以承雲表之露。〔八〕元鳳間自毀，椽桷皆化爲龍鳳，從風雨飛去。(《三輔黃圖》卷五　又見於《玉海》卷一六二　案：承露盤之事，諸書有記者，大率皆簡，唯《事類賦》記載乃別家所無，今將諸家所記附列於後。)

〔校記〕

〔一〕於甘泉，《玉海》無。

〔二〕望見長安城，《玉海》上有「去長安三百里」一句。

〔三〕武帝時祭泰乙，《玉海》上有「黃帝以來祭天園丘處」一句，「時」，《玉海》無，「泰乙」，《玉海》作「太乙」，下同。「泰乙」、「太乙」，亦作「太一」，天神名，《史記・天官書》張守節《正義》云：「泰乙，天帝之別名也。」

〔四〕童女，《玉海》作「童男」。

〔五〕祠祀，《玉海》作「置祠祀」。

〔六〕云，《玉海》無。

〔七〕玉杯，《玉海》作「玉盃」。

〔八〕以，《玉海》無，且引文止此。

附：

帝作銅承露盤，〔一〕上有仙人掌擎玉盤，〔二〕以承雲表之露。〔三〕於其旁生芝草，九莖，莖如金葉，朱實，夜中有光，上嘉之。(《事類賦》卷三　又見於《初學記》卷二《藝文類聚》卷九十八《太平御覽》卷七百五十九《山谷內集詩注》內集卷十三《玉海》卷一百九十五〔兩引〕)

〔校記〕

〔一〕帝作銅承露盤，《初學記》作「上作承露盤」，《太平御覽》則作「武帝作承露盤」，《藝文類聚》作「承甘露盤」，語意不完，類書節引之緣故，《山谷內集詩注》內集作「作承露盤」，《玉海》無「帝」字。

〔二〕上有仙人掌擎玉盤，《山谷內集詩注》內集無此句，《初學記》《藝文類聚》《太平御覽》皆無「上有」二字，「仙人掌」，《太平御覽》作「仙人象」，疑誤。

〔三〕以承，《初學記》《太平御覽》作「以取」，《藝文類聚》作「爲取」。上兩句，《玉海》作「上有仙人掌以承露」，《初學記》、《藝文類聚》、《太平御覽》、《山谷內集詩注》內集、《玉海》引文皆止於此。

　　上于未央宮作承露盤，仙人掌之，以取雲表之露，和玉屑飲之求長生。（《紺珠集》卷九）

　　帝作金莖，擎玉杯，以承雲表之露。（《事類賦》卷三）

　　帝作金莖擎玉柘以承雲表之露揭以金莖承於瓊爵（《玉海》卷一九五）

　　欒大曰：「神尚清淨。」上於是於宮外起九間神室，〔一〕基高九尺，以赤土為陛，基上及阤，悉以碧石，〔二〕椽亦以金，〔三〕刻玭瑉為龍虎禽獸，以薄其上，狀如隱起，〔四〕椽首皆作龍形〔五〕，每龍首〔六〕銜鈴，流蘇懸之，〔七〕鑄金如竹收狀以為壁，〔八〕白石脂為泥，〔九〕漬椒汁以和之，〔一〇〕白密如脂，〔一一〕以火齊薄其上，扇屏悉以白琉璃作之，光照洞徹，〔一二〕以白珠為簾，玭瑉押之，以象牙為蔑，〔一三〕帷幕垂流蘇，以琉璃珠玉，〔一四〕明月夜光，〔一五〕雜錯天下珍寶為甲帳，〔一六〕其次為乙帳，甲以居神，乙以自御。〔一七〕俎案器服，皆以玉為之，〔一八〕前庭植玉樹，〔一九〕植玉樹之法，〔二〇〕葺珊瑚為枝，〔二一〕以碧玉為葉，〔二二〕花子或青或赤，〔二三〕悉以珠玉為之，〔二四〕子皆空中小鈴，〔二五〕鎗鎗有聲，〔二六〕蕚標作金鳳皇，軒翥若飛狀，〔二七〕口銜流蘇，長十餘丈，下懸大鈴，庭中皆壁以文石，〔二八〕率以銅為瓦，〔二九〕而淳漆其外，〔三〇〕四門並如之，〔三一〕雖崑崙玄圃，不是過也。〔三二〕上恒齋其中，而神猶不至，於是設諸僞使鬼語作神命云：「應迎神嚴裝入海。」上不敢去，東方朔乃言大之無狀，上亦發怒，收大，腰斬之。〔三三〕（《續談助》卷三　又見於《後漢書・班固傳》注《三輔黃圖》卷二《北堂書鈔》卷一百三十二〔三引〕《藝文類聚》卷六十一、卷八十三、卷八十四《初學記》卷二十五《白氏六帖》卷三、卷四《史記・孝武本紀》張守節《正義》《太平御覽》卷一百八十一、卷一百八十八、卷六百九十九、卷七百六十七、卷七百、卷八百二、卷八百三、卷八百五、卷八百七、卷八百八《事類備要》外集卷四十九《玉海》卷九十一《海錄碎事》卷四《紺珠集》卷九《事類賦》卷九《晁具茨詩集》卷一《雲谷雜記》卷一《演繁露》卷十二）

　　〔校記〕

　　〔一〕此句，《藝文類聚》作「上起神屋」。九間神室，諸家所引或作「神堂」，或作「神屋」，或作「神臺」，或作「祚屋」，《三輔黃圖》則作「神明殿」，並云「神明殿在未央宮」，引文僅此一句。

　　〔二〕「基高九尺」以下四句，《藝文類聚》無，而作「鑄銅為柱，黃金塗之，赤玉為階」，「黃金塗之」《白氏六帖》卷三下有「丈五圍」三字且引文止此。當以《藝文類聚》所引三句，補入「悉以碧石」之後，原文似當是「基高九尺，以赤土為陛，基上及阤，悉以碧石，赤玉為階，鑄銅為柱，黃金塗之，丈五圍」。

〔三〕椽亦以金，《太平御覽》卷一百八十八作「以金爲椽」，上有「上起神屋」一句，且
　　　引文始於此。

〔四〕狀若隱起，《藝文類聚》卷六十一無。

〔五〕龍形，《藝文類聚》卷六十一作「龍首」。

〔六〕每龍首，《藝文類聚》卷六十一無，《太平御覽》卷一百八十八無「每」字。

〔七〕《太平御覽》卷一百八十八引文止此。

〔八〕此句，《藝文類聚》卷六十一作「鑄銅如竹」。

〔九〕此句，《藝文類聚》卷六十一作「以赤白石脂爲泥」。

〔一〇〕此句，《藝文類聚》卷六十一作「椒汁和之」。

〔一一〕白密如脂，《藝文類聚》卷六十一無。

〔一二〕「扇屛」二句，《太平御覽》卷八百八作「武帝好神仙，起伺神屋，扉悉以白琉璃
　　　　作之，光照洞徹」，《北堂書鈔》卷一百三十二作「帝起神臺，其上扉牖屛風，悉
　　　　以白琉璃作之，光照洞澈」。

〔一三〕「以白珠爲簾」以下四句，《藝文類聚》卷六十一作「以白珠爲簾薄，玳瑁壓之，
　　　　以象牙爲牀」，《藝文類聚》卷八十四作「帝起神屋堂，以白玉爲簾，璕瑁爲押」，
　　　　且引文止此三句，《北堂書鈔》卷一百三十二、《初學記》卷二十五作「上起神屋，
　　　　以白珠爲簾箔，玳瑁神之，象牙爲篋」，且引文止此四句，《太平御覽》卷七百作
　　　　「甲帳居神，以白珠爲簾箔，玳瑁押之，象牙爲篋」，且引文止此四句，《太平御
　　　　覽》卷八百三作「上起神屋，以白珠爲簾，玳瑁爲枏」，且引文止此三句，《晃具
　　　　茨詩集》卷一作「武帝起神室，以白珠織爲箔，玳瑁壓之」，且引文止此三句，《事
　　　　類備要》外集作「漢武帝起神屋，以白珠爲神屋簾簾箔，玳瑁壓之，象牙爲篋」，
　　　　且引文止此四句，《錦繡萬花谷》續集卷六作「上起祚屋，以白珠爲簾箔，玳瑁
　　　　押之，象牙爲篋」。

〔一四〕琉璃，《白氏六帖》卷四作「瑠璃」，「琉「與「瑠」同。《北堂書鈔》卷一百三十
　　　　二、《太平御覽》卷六百九十九、《白氏六帖》卷四、《玉海》卷九十一、《事類備
　　　　要》外集卷四十九、《海錄碎事》卷四、《紺珠集》卷九引文始於此句。

〔一五〕以琉璃珠玉，明月夜光，《紺珠集》卷九作「帝以琉璃、夜光珠」。

〔一六〕此句，《紺珠集》卷九作「雜珍寶爲甲帳」，《太平御覽》卷八百二作「上雜錯天下
　　　　珍寶爲帳」，且引文始於此。

〔一七〕「其次爲乙帳」以下三句，《白氏六帖》卷四、《事類備要》外集卷四十九、《海錄
　　　　碎事》卷四皆作「次爲乙帳，甲以居神，乙以自居」，《紺珠集》卷九作「以次爲
　　　　乙帳，甲以居神，乙自居」，《太平御覽》卷八百二作「其次甲乙」，不辭，疑有
　　　　脫文；「乙以自御」，《藝文類聚》卷六十一、《玉海》卷九十一作「乙上自御之」，
　　　　且《玉海》卷九十一引文止此，《太平御覽》卷六百九十九作「乙以自居」。《北
　　　　堂書鈔》卷一百三十二、《太平御覽》卷六百九十九、《白氏六帖》卷四、《玉海》
　　　　卷九十一、《事類備要》外集卷四十九、《海錄碎事》卷四、《紺珠集》卷九引文
　　　　皆止於此。

〔一八〕此二句，《藝文類聚》卷八十三無。

〔一九〕前庭植玉樹,《後漢書・班固傳》注無「前庭」二字,《後漢書・班固傳》注、《太平御覽》卷八百七上皆有「武帝起神堂」一句,且引文始於此,《藝文類聚》卷八十三、《太平御覽》卷八百五、《事類賦》卷九上有《雲谷雜記》卷一上皆有「上起神屋」一句,且引文始於此,《演繁露》卷十二上有「既得爛大,即甘泉宮造甲乙帳」二句,且引文始於此。

〔二〇〕此句,《演繁露》卷十二無「植」字,《後漢書・班固傳》注、《藝文類聚》卷八十三、《太平御覽》卷八百五、卷八百七、《事類賦》卷九皆無。

〔二一〕此句,《藝文類聚》卷八十三無,「葺」,《藝文類聚》卷八十三、《太平御覽》卷八百五、《事類賦》卷九皆作「以」,《雲谷雜記》卷一無。《太平御覽》卷八百七引文止此。

〔二二〕以,《藝文類聚》卷八十三、《事類賦》卷九、《雲谷雜記》卷一皆無。《後漢書・班固傳》注、《雲谷雜記》卷一引文皆止於此句。

〔二三〕花子或青或赤,《藝文類聚》卷六十一無「花子」二字,《藝文類聚》卷八十三、《太平御覽》卷八百五、《事類賦》卷九皆作「華子青赤」,華子與花子通。

〔二四〕悉,《藝文類聚》卷八十三《太平御覽》卷八百五、《事類賦》卷九皆無。《演繁露》卷十二引文止於此句。

〔二五〕子皆空中小鈴,《藝文類聚》卷六十一作「子皆空其中,如小鈴」,《藝文類聚》卷八十三、《太平御覽》卷八百五、《事類賦》卷九皆作「空其中,如小鈴」。

〔二六〕此句,《太平御覽》卷八百五作「槍槍有聲也」,「槍槍」,疑當是形近而訛,以「鎗鎗」為是。《藝文類聚》卷八十三、《太平御覽》卷八百五、《事類賦》卷九引文皆止於此。

〔二七〕金,《藝文類聚》卷六十一無,且引文止於此。

〔二八〕此句,《太平御覽》卷七百六十七作「砌以文石」,上有「武帝起神明殿」一句,且引文始於此。

〔二九〕此句,《太平御覽》卷七百六十七作「用布為瓦」,《太平御覽》卷一百八十八作「以銅為瓦」,上有「上起神屋」,引文僅此二句,《白氏六帖》卷三作「以銅為瓦」,上有「起神屋」一句,且引文皆始於此。

〔三〇〕而淳漆其外,《白氏六帖》卷三作「漆其外」,且引文止於此。

〔三一〕《太平御覽》卷七百六十七引文止於此。

〔三二〕此二句,《太平御覽》卷一百八十一作「雖崑崙玄圃,不之過也」,上有「上起神屋九間」,且引文僅此二句。

〔三三〕「東方朔乃言」以下四句,《史記・孝武本紀》張守節《正義》作「東方朔言爛大無狀,上發怒,乃斬之」,且引文僅此三句。

帝起超神屋,有雲母窗、珊瑚窗。(太平御覽》卷一百八十八)

上起神屋,綴以火齊。(《太平御覽》卷八百九)

　　未央庭中設角抵戲，享外國，三百里內觀，角抵者，使角力相觸也，其
雲雨雷電，無異於真，畫地為川，聚石成山，倏忽變化，無所不為。（《藝文類
聚》卷四十一）

　　未央庭中設〔一〕角抵戲。角者，六國所造也。〔二〕秦並天下，兼而增廣
之。漢興雖罷，然猶不都絕。至上，復採用之。並四夷之樂，雜以奇幻，有
若鬼神。角抵者，〔三〕使角力相抵觸也〔四〕。（《太平御覽》卷七百五十五　又見
於《事物紀原》卷九《事文類聚》別集卷二十五）

　　〔校記〕
　　〔一〕設，《事文類聚》別集作「鼓」。
　　〔二〕「角者，六國所造也」二句，《事物紀原》作「角抵，昔六國時所造」，且引文僅此二
　　　　句，《事文類聚》別集作「角抵者，六國時所造也」。
　　〔三〕「秦并天下」以下十句，《事文類聚》別集無。
　　〔四〕也，《事文類聚》別集無。

　　驪山湯，初始皇砌石起宇，〔一〕至漢武又加修飾焉。〔二〕（初學記卷七　又
見於《杜工部草堂詩箋》卷十三《資治通鑑釋文》卷二十《玉海》卷二十四《事物紀
原》卷七）

　　〔校記〕
　　〔一〕初始皇，《杜工部草堂詩箋》作「秦皇」，《資治通鑑釋文》無「初」字；《事物紀原》
　　　　作「秦皇砌而起宇」，「而」，疑形近而訛。
　　〔二〕此句，《杜工部草堂詩箋》作「至漢甚加修飾焉」，《玉海》《事物紀原》作「武帝加
　　　　修飾焉」。

　　大將軍四子皆不才，皇后每因太子涕泣請上削其封。上曰：「吾自知之，
不令皇后憂也。」少子竟坐奢淫誅。上遣謝后，通削諸子封爵，各留千戶焉。
（《資治通鑑》卷二十一　案：《資治通鑑考異》卷一亦載此條，司馬光考證曰：「青
四子無坐奢淫誅者，妄也。」）

　　治隨太子反者，外連郡國數十萬人。壺關三老鄭茂上書，上感寤，赦反
者，拜鄭茂為宣慈校尉，持節徇三輔赦太子。太子欲出，疑弗實。吏捕太子
急，太子自殺。」（《資治通鑑考異》卷一）

　　上巡狩，過河聞，〔一〕見青紫氣，〔二〕自地屬天，望氣者以為其下有奇
女，〔三〕必天子之祥。〔四〕求之，〔五〕見一女子在空館中，姿貌殊絕，〔六〕
兩手皆拳，上令開其手，數百人擘莫能開，上自披，手即申，由是得幸，為
拳夫人，〔七〕進為婕妤，居鉤弋宮，解黃帝素女之術，大有寵，有身，十四

月，產昭帝。〔八〕上曰：「堯十四月而生，鉤弋亦然。」乃命其門曰堯母門。（《藝文類聚》卷七十八　又見於《太平御覽》卷三十三《荊楚歲時記》《事類備要》前集卷十八）

〔校記〕

〔一〕河聞，《藝文類聚》原注「當作間」；此二句，《太平御覽》、《荊楚歲時記》皆作「上巡狩河間」。

〔二〕青紫氣，《太平御覽》作「青氣」，《荊楚歲時記》、《事類備要》前集、《事文類聚》前集皆作「清光」。

〔三〕此句，《太平御覽》作「望氣云，下有貴子」，疑「望氣」下脫一「者」字，《荊楚歲時記》《事類備要》前集、《事文類聚》前集皆作「望氣者云，下有貴子」。

〔四〕此句，《太平御覽》、《荊楚歲時記》《事類備要》前集、《事文類聚》前集皆無。

〔五〕求之，《太平御覽》無，《荊楚歲時記》、《事類備要》前集、《事文類聚》前集上有一「上」字。

〔六〕空館，《荊楚歲時記》作「空室」；姿貌殊絕，《荊楚歲時記》作「姿色殊艷」，《事類備要》前集、《事文類聚》前集作「姿色殊絕」。此二句，《太平御覽》無。

〔七〕「兩手皆拳」以下七句，《荊楚歲時記》、《事類備要》前集、《事文類聚》前集作「兩手皆拳，數百人擘之莫舒，上自披即舒，號拳夫人」，《事類備要》前集、《事文類聚》前集下有「即鉤弋夫人」且引文止於此，《太平御覽》作「求之莫舒，上自披即舒，號拳夫人」，《御覽》引文當有脫誤。

〔八〕「進爲婕妤」以下七句，《太平御覽》《荊楚歲時記》皆作「善素女術，大有寵，即鉤弋夫人也」。

拳夫人進爲婕妤，居鉤弋宮，解黃帝素女之術。從上至甘泉，因幸，告上曰：「妾相運正應爲陛下生一男，男七歲妾當死，今年必死，宮中多蠱氣，必傷聖體。」言終而臥，遂卒。既殯，香聞十餘里，因葬雲陵。上哀悼，又疑非常人，發塚室，棺無屍，惟履存。〔一〕爲起通靈臺於甘泉。常有一青鳥集臺上，至宣帝時乃止。（《太平御覽》卷一百三十六　又見於《史記·外戚世家》司馬貞《索隱》）

〔校記〕

〔一〕「既殯」以下八句，《索隱》作「既殯，香聞十里，上疑非常人，發棺，無屍，衣履存焉」。

拳夫人從上至甘泉而卒，葬雲陵。上哀悼，爲起通靈臺。〔一〕常有一青鳥集臺上，〔二〕至宣帝時乃止。拳夫人即昭帝母。（《初學記》卷十　又見於《藝文類聚》卷九十一《太平御覽》卷九百二十七）

〔校記〕

〔一〕「爲起通靈臺」一句，《藝文類聚》《太平御覽》上皆有「鉤弋夫人卒」一句，「爲」
　　　上有「上」字，且引文始於此。

〔二〕《藝文類聚》《太平御覽》引文皆止於此。

　　治隨太子反者，外連郡國數十万人。壺關三老鄭茂上書，上感寤，赦反
者，拜鄭茂爲宣慈校尉，持節徇三輔，赦太子。太子欲出，疑弗實。吏捕太
子急，太子自殺。（《資治通鑒考異》卷一）

　　帝行幸河東，祠后，上顧視帝京忻然，中流與羣臣燕，作《秋風辭》曰：
「秋風起兮白雲飛，草木黃落兮雁南歸，蘭有秀兮菊有芳，攜佳人兮不能忘，
汎樓船兮濟汾河，橫中流兮揚素波，簫鼓鳴兮發櫂歌，歡樂極兮哀情多，少
壯幾時兮柰老何？」（《玉海》卷二十九　案：此條所記又見於《北堂書鈔》
卷一百六，乃是節引，其文曰：「上幸河東，顧視帝京，作《秋風辭》曰：汎
樓舡兮濟汾河，橫中流兮揚素波。簫鼓吹兮發櫂歌，極歡樂兮哀情多。」又，
《文選》卷四十五《秋風辭序》曰：「上行幸河東，祠后土，顧視帝京欣然，
中流與群臣飲燕，上歡甚乃自作《秋風辭》。」）

　　行幸欣言，中流與群臣飲宴乃自作《秋風辭》，顧謂群臣曰：「漢有六七之
厄，〔一〕法應再受命，宗室子孫誰當應此者，六七四十二代漢者，當塗高也。」
群臣進曰：「漢應天受命，祚逾周殷，子子孫孫，萬世不絕，陛下安得此亡國之
言，過聽於臣妾乎？」上曰：「吾醉言耳。然自古以來，不聞一姓遂長王天下者，
但使失之，非吾父子可矣。」（《太平御覽》卷八十八　又見於《北堂書鈔》卷四十二）

〔校記〕

〔一〕漢有六七之厄，《北堂書鈔》作「漢有三七之阨」，且引文僅此一句。

　　上欲浮海求神仙，海水暴沸湧，大風晦冥，不得御樓船，乃還。上乃言
曰：「朕即位已來，天下愁苦，所爲狂勃，不可追悔。自今有妨害百姓費耗天
下者，罷之。」田千秋奏請罷諸方士，斥遣之。上曰：「大鴻臚奏是也。其海
上諸侯及西王母驛悉罷之。」拜千秋爲丞相。（《續談助》卷三）

　　行幸五祚宮，謂霍光曰：「朕去死矣，可立鉤弋子，公善輔之。」三月丙
寅，上晝臥不覺，顏色不異，而身冷無氣。明日，色漸變，閉目，乃發哀告
喪。未央前殿朝晡上祭，若有食之者。常所幸御，葬畢悉居茂陵園，上自婕
好以下二百餘人，上幸之如平生，而傍人不見也。光聞之，乃更出宮人，增
爲五百人，因此遂絕。（《太平御覽》卷八十八）

時上年六十餘，髮不白，更有少容，服食辟穀，希復幸女子矣。每見群臣，自歎愚惑：「天下豈有仙人，盡妖妄耳。節食服藥，故差可少病。」自是亦不服藥，而身體皆瘠瘦。一二年中，慘慘不樂。三月丙寅，上晝臥，不覺明日，色漸變閉目，乃發哀告喪。（《續談助》卷三）

武帝葬茂陵，芳香之氣異常，積於墳埏之間，如大霧。（《初學記》卷二）

始元二年，吏告民盜用乘輿御物者，案其題，乃茂陵中明器也，民別買得，光疑葬日監官不謹，容致盜竊，乃收將作以下繫長安獄考訊。居歲餘，鄴〔一〕縣又有一人於市貨玉杯。吏疑其御物，欲捕之，因忽不見，縣送其器推問，又茂陵中物也。光自呼吏問之，說市人形貌如先帝。光於是默然，乃赦前所繫者。歲餘，上又見形，謂茂陵令薛平曰：「吾雖失世，猶爲汝〔二〕君，奈何令吏卒上吾陵上〔三〕磨刀劍乎？〔四〕」忽然不見。因推問，陵旁有方石，以爲礪〔五〕，吏卒常〔六〕盜磨刀劍。〔七〕甘泉宮恒自然有鐘鼓聲，候者時見從官鹵簿似天子，自後轉稀，至宣帝世乃絕。（《太平御覽》卷八十八　案：《太平御覽》卷七百五十九《紺珠集》卷九《海錄碎事》卷十下《北堂書鈔》卷一百六十《水經注》卷十九《長安志》卷十四亦有節引。）

〔校記〕

〔一〕鄴，《太平御覽》卷七百五十九作「鄠」。案鄠縣位於陝西西安市，鄴縣位於河北，從地域而言作「鄠縣」更當。

〔二〕汝，《長安志》卷十四作「女」字，二字相通。

〔三〕上吾陵上，《北堂書鈔》卷一百六十作「上吾山陵上」，《水經注》卷十九作「上吾陵」。

〔四〕此句，《水經注》卷十九、《長安志》卷十四下有「自今以後可禁之」七字。

〔五〕此句，《北堂書鈔》卷一百六十作「怪問之，陵傍有石」，《水經注》卷十九作「推問陵傍，果有方石，可以爲礪」，《長安志》卷十四作「往問陵旁，果有方石，可以爲礪」。

〔六〕常，《長安志》作「嘗」。

〔七〕此句，《水經注》卷十九、《長安志》卷十四下有「霍光欲斬之，張安世曰：『神道茫昧，不宜爲法。』乃止」句。《北堂書鈔》卷一百六十作「霍光聞欲斬陵下官，張安世諫乃止」。

宣帝即位，尊孝武廟〔一〕，奏樂之日虛中有唱善者，告祠之日白鵠〔二〕群飛集後庭。西河立廟，神光滿殿中，狀如月。東萊立廟，有大鳥跡，意路上，白龍夜見河東。立廟告祠之日，白虎銜肉置殿前。又有一人騎馬，馬異於常馬，持捉一札〔三〕，賜將作丞曰〔四〕：「聞汝績克成，賜汝金一斤。〔五〕」因忽不見，札乃變爲金，稱〔六〕之有一斤。廣川告祠之明日，有鐘磬音，房戶皆開，夜有光，香氣正聞二三里。宣帝親祠〔七〕甘泉，有頃，紫黃氣從西

北來〔八〕，散於殿前，肅然有風。空中有妓樂聲，群鳥翔舞蔽天。宣帝既親睹光怪，乃疑先帝有神，復招諸方士，冀得仙焉。（《太平御覽》卷八十八　案：《太平御覽》卷五百三十一、卷六百六、卷八百七十二《事類備要》外集卷六十一《北堂書鈔》卷八十七《藝文類聚》卷一《編珠》卷一亦有節引）

〔校記〕

〔一〕二句，《太平御覽》卷五百三十一、《北堂書鈔》卷八十七作「立孝武廟於河東」，《北堂書鈔》卷八十七作「於西河立孝武廟」。

〔二〕鵠，《北堂書鈔》卷八十七作「鶴」。

〔三〕「持捉一札」四字，《太平御覽》卷五百三十一作「持尺一札」，《太平御覽》卷六百六、《事類備要》外集卷六十一、《北堂書鈔》卷八十七作「持一尺札」。

〔四〕「賜將作丞曰」五字，《太平御覽》卷五百三十一作「賜將作函文曰」，「函」當爲形訛；《太平御覽》卷六百六作「賜將作大匠丞文曰」，《北堂書鈔》卷八十七作「賜將作丞文曰」。

〔五〕《太平御覽》卷五百三十一、卷六百六、《事類備要》外集卷六十一、《北堂書鈔》卷八十七皆無「聞」字，《事類備要》無「汝」字。《太平御覽》卷六百六「一斤」作「十斤」，誤。

〔六〕稱，《北堂書鈔》卷八十七作「秤」。

〔七〕祠，《太平御覽》卷八百七十二作「祀」。

〔八〕紫黃氣從西北來，《藝文類聚》卷一、《編珠》卷一、《太平御覽》卷八百七十二作「紫雲從西北來」，《北堂書鈔》卷八十九作「紫黃氣從西來」。

上起明光宮，發燕趙美女二〔一〕千人充之。取年十五已上、二十已下〔二〕，滿四〔三〕十者出嫁。掖庭令總其籍，時有死出者，隨補之，凡諸宮美人可有七八千〔四〕。建章、未央、長樂三宮皆輦道相屬，懸棟飛閣，不由徑路。〔五〕（《太平御覽》卷一百七十三　案：《太平御覽》卷三百八十《西漢年紀》卷十六《長安志》卷四《施注蘇詩》卷四注《藝文類聚》卷十八、卷六十二亦有節引）

〔校記〕

〔一〕二，《長安志》卷四作「三」。

〔二〕取，《西漢年紀》卷十六、《長安志》卷四作「皆」；已，《藝文類聚》卷十八、《太平御覽》卷三百八十作「以」；下，《西漢年紀》卷十六、《長安志》卷四作「還」。

〔三〕四，《西漢年紀》卷十六、《長安志》卷四作「三」。

〔四〕千，《藝文類聚》卷十八作「十」。

〔五〕《太平御覽》卷三百八十下有引文：「帝從行郡國，載之後車，與上同輦者十六人，員數恒使滿，皆自然美麗，不使粉白黛黑，侍衣軒者亦如之。」《太平御覽》卷七百七十四、《藝文類聚》卷十八亦有節引。《西漢年紀》卷十六又有「嘗被御幸者，僕射輒注其籍」句爲各書所無。

　　昆邪王殺休屠王，以其眾〔一〕降。得〔二〕金人之神，上〔三〕置之甘泉宮。金人〔四〕皆長丈餘，其祭不用牛羊，惟〔五〕燒香禮拜，上使依其國俗〔六〕。又元狩三年，穿昆明池底得黑灰〔七〕，帝問東方朔，朔曰：「可問西域道人。」（《野客叢書》卷十　案：《識遺》卷六《世說新語‧文學篇》注《施注蘇詩》補遺卷下注《緯略》卷一《古文集成前集》卷二十二《陳氏香譜》卷四亦有節引）

〔校記〕

〔一〕餘書「眾」下皆有「來」字。

〔二〕餘書「得」下皆有「其」字。

〔三〕上，《識遺》卷六作「武帝」。

〔四〕《緯略》卷一、《古文集成前集》卷二十二前丁集、《陳氏香譜》卷四「人」下有「者」字。

〔五〕惟，《緯略》卷一、《古文集成前集》卷二十二前丁集作「唯」。

〔六〕《識遺》卷六、《世說新語‧文學篇》注、《古文集成前集》卷二十二前丁集「國俗」下有「祀之」二字。

〔七〕本句，《識遺》卷六作「又時作昆明池，掘得黑灰」。

　　張寬字叔文，漢時爲侍中〔一〕，從祀於甘泉〔二〕。至渭橋，有女子浴於渭水〔三〕，乳長七尺。上怪其異，遣問之〔四〕，女曰：「帝後第七車〔五〕，知我所來。」時〔六〕寬在第七車，對曰：「天〔七〕星主祭祀者，齋戒不嚴，即〔八〕女人星見。」（《太平廣記》卷一百六十一　又見於《施注蘇詩》補遺卷下）

〔校記〕

〔一〕「張寬字叔文漢時爲侍中」十字，《施注蘇詩》無。

〔二〕此句，《施注蘇詩》作「帝祀甘泉」。

〔三〕《施注蘇詩》無「水」字。

〔四〕本句，《施注蘇詩》作「上怪而問之」。

〔五〕車，《施注蘇詩》下有「侍中」二字。

〔六〕時，《施注蘇詩》下有「張」字。

〔七〕天，《施注蘇詩》作「此」。

〔八〕即，《施注蘇詩》作「則」。

　　一畫連心細長，謂之「連頭眉」，又曰「仙娥妝」。（《海錄碎事》卷七　又見於《紺珠集》卷九）

　　白雲趣宮。（《北堂書鈔》卷一十二）

　　漢成帝爲趙飛燕造服湯殿，綠琉璃爲戶。（《太平御覽》卷八百八）

高皇廟中御衣，自篋中出，舞於殿上，冬衣自下在席上。平帝時，哀帝廟衣自在枑外。（《杜工部草堂詩箋》卷十一　按：《類編長安志》卷八引《漢宮殿儀疏》謂御衣舞事發生於惠帝七年正月。）

《李陵別傳》

《李陵別傳》，不題撰人，《隋書‧經籍志》、兩《唐志》皆不著錄，《太平御覽經史圖書綱目》則列之，姚振宗《漢書藝文志拾補》認爲「《李陵別傳》當是前漢人作」。李陵，西漢時人，其事跡見於《史記》卷一百九《李廣傳》附列《李陵傳》、《漢書》卷五十四《李陵傳》。

陵與蘇武書曰：「男兒生不成名，死必葬蠻夷中耳。誰復能屈伸稽顙還，向北闕使刀筆吏，弄其文墨耶！願足下勿復望陵。嗟乎！子卿，知復何言！相去萬里，人絕路殊，生爲別離之人，死爲異域之鬼。」（《太平御覽》卷四百八十九）

與蘇武書曰：「陵與步卒五千出征絕域。」（《北堂書鈔》卷一百一十四）

陵與蘇武書曰：「但見韋韝毳幙，以禦風雨。」（《北堂書鈔》卷一百三十二）

陵以五千之眾，對十萬之軍，猶斬將搴旗，追奔逐北，滅跡揚塵，斬其梟帥，使三軍之士視死如歸也。（《北堂書鈔》卷一百一十七）

李陵振臂一呼，創病皆起，舉刃指虜，胡馬奔起，從首奮喚，爭爲先登，當此時也，天地爲陵震怒，戰士爲陵飲血。（《北堂書鈔》卷一百一十八）

陵與單于戰，矢盡抵山，入陵谷。單于遮其後，乘隅下壘石，士多死。陵曰：「吾不死，非壯士也！」於是盡斬旗旌及珍寶埋於地下。（《北堂書鈔》卷一百二十　案：此條記載亦見於《淵鑒類函》卷二百二十七，然較之於《北堂書鈔》更爲詳細，似爲後人據《漢書》增補而成，附列於後。）

附：

陵與單于戰，矢盡軍吏持尺刀抵山，入陿谷。單于遮其後，乘隅下壘石，士卒多死，不得行。陵曰：「吾不死，非壯士也！」於是盡斬旌旗及珍寶埋地中。陵歎曰：「復得數十矢，足以脫矣。今無兵復戰，天明坐受縛矣。」夜半，虜騎數千追之，陵遂降。（《淵鑒類函》卷二百二十七）

陵與單于戰數日，拒山谷中連戰。陵曰：「吾士氣少衰，而鼓不起，何也？軍中豈有女子氣乎？」(《北堂書鈔》卷一百二十一　案：《淵鑒類函》卷二百二十八亦載，然所述之事於此意旨有別，附列於後。)

附：

陵與單于戰數日，拒山谷中，連戰數敗，陵曰：「吾士氣少衰，而鼓不起，何也？軍中豈有女子乎？」搜軍中得卒妻，皆斬之。(《淵鑒類函》卷二百二十八)

《東方朔別傳》

《東方朔別傳》，不題撰人。《隋書‧經籍志》作《東方朔傳》，八卷，兩《唐志》同。諸書所引，又或稱《東方朔記》。其「智悟孝武」條有「司空」二字，司空之職，初掌水利、營建之事；西漢初不置司空，漢成帝之時，始改御史大夫爲大司空，光武帝時去「大」字爲司空。此司空謂御史大夫也，掌管監察之事，則此書之出，必在東漢以後也。又「未央鐘鳴」一事，漢武帝時無蜀銅山崩事，《世說新語》注引《東方朔傳》下復引《樊英別傳》：「漢順帝時，殿下鐘鳴。問英，對曰：『蜀嶓山崩，山於銅爲母，母崩子鳴，非聖朝災。』後蜀果上言山崩，日月相應。」然云「嶓山」，未言「銅山」。《異苑》卷二載：「魏時，殿前大鐘不扣自鳴，人皆異之，以問張華。華曰：『此蜀郡銅山崩，故鐘鳴應之耳。』尋蜀郡上其事，果如華言。」(又見《太平廣記》卷一百九十七引《殷芸小說》。)與此事，當即一事之變。《劉子‧類感》篇云「銅山崩蜀，鐘鳴於晉」，《魏書‧張淵傳》有「晉鐘之應銅山」，俱云其事在晉時，則其事最早或屬之張華，其後漸移於東方朔之身。劉敬叔(？～468)乃南朝宋人，劉孝標注《世說新語》時在齊永明四年(486)以後，疑此書之撰，或在晉末宋初之時也。姚振宗云：「《史記‧滑稽列傳》附載褚少孫所補六事中，有東方朔事，與《漢書》互有同異，似即本之《別傳》。少孫自言臣爲郎時，好讀外家傳語。案外家傳語即《別傳》之流。然則此《別傳》豈猶是前漢所傳，爲褚少孫、劉子政、班孟堅所見者歟？」(見《隋書經籍志考證》)以爲是西漢以前著作，恐非。又是書，《太平御覽》《太平廣記》尚見徵引，《太平御覽經史圖書綱目》亦著錄，其後諸書不見，諸家書目亦未見著錄者，或亡於兩宋之時也。

朔，南陽步廣里人。（《世說新語・規箴篇》注。）

漢武上甘泉〔一〕，至長平坂，上馳道，有蟲盤而覆地，赤如生肝，〔二〕狀頭目口鼻耳齒盡具〔三〕，先驅旄頭馳還以聞〔四〕。方朔從上在後車上，使往視之，還，〔五〕對曰：「怪也。」上曰：「何謂？」對曰：「秦始皇拘繫無罪，幽殺無辜，眾庶恨怨，憤氣之所生也。是地必秦之故獄處也。」〔六〕詔丞相公孫弘按地圖，果秦獄也。〔七〕上曰：「善！當何以去之？」〔八〕朔曰：「積憂者得酒而忘，致酒其上以消糜之。」〔九〕以酒澆之〔一○〕，果消〔一一〕。上大笑，曰：「東方生眞先生也。」〔一二〕賜帛百疋〔一三〕。自此之後属車上盛酒〔一四〕，以此故也〔一五〕。（宋敏求《長安志》卷十七。又見於《北堂書鈔》卷四十四、卷一百三十、卷一百五十七、《藝文類聚》卷七十二《太平御覽》卷八百一十八、卷八百四十五《事類賦》卷十七《酒譜》《玉海》卷一百五十五《九家集註杜詩》卷二十二《落日》注。《長安志》原云出《東方朔記》，然此文最爲完備，故以之爲底本。諸書所引差異較大，今以句校爲主。事又見《述異記》卷上、《太平廣記》卷四百七十三引《殷芸小説》。）

〔校記〕

〔一〕此句，《北堂書鈔》卷四十四、卷一百五十七作「孝武皇帝時行上甘泉」，《北堂書鈔》卷一百三十作「武帝幸甘泉宮」，《藝文類聚》、《太平御覽》卷八百一十八、卷八百四十五、《事類賦》卷十七、《酒譜》、《玉海》、《九家集註杜詩》作「武帝幸甘泉」。

〔二〕以上四句，《北堂書鈔》卷四十四作「至長陵平阪上，馳道中有虻覆地，而赤如生肺」，卷一百三十作「長安馳道中央有虫覆而赤」，卷一百五十七作「至長陵平阪上，馳道開有赤虫出」，《藝文類聚》作「長平坂道中有蟲，赤如肝，頭目口齒悉具」，《太平御覽》卷八百一十八作「長平阪道中有虫覆地，如赤肝」，卷八百四十五作「長平阪道中有虻，赤如肝」，《事類賦》作「長平阪道中有蟲，赤如肝」，《酒譜》作「嘗平阪道中有虫，赤如肝」，《玉海》作「長平阪」，《九家集註杜詩》作「長平坂道中有虫，赤如肝」。「嘗」乃「長」之音訛，「阪」、「坂」通，「虫」、「虻」爲「蟲」之俗體字，「肺」是「肝」之形訛。

〔三〕此句，《北堂書鈔》卷四十四作「牂頭目齒鼻盡具」，《藝文類聚》、《太平御覽》卷八百四十五、《事類賦》、《酒譜》、《九家集註杜詩》作「頭目口齒悉具」，《北堂書鈔》卷一百三十、卷一百五十七、《太平御覽》卷八百一十八、《玉海》無。「牂」乃「狀」之形訛。

〔四〕此句，《北堂書鈔》卷一百五十七作「髦頭馳還以聞」，《藝文類聚》、《太平御覽》卷八百四十五作「先驅馳還以報，上使視之，莫知也」，《事類賦》作「人莫知也」。又《北堂書鈔》卷一百三十引至此止。

〔五〕「方朔」以下至此，《北堂書鈔》卷四十四作「上令朔視之，還」，《藝文類聚》、《太平御覽》卷八百四十五、《事類賦》作「時朔在屬車中，令往視焉」，《玉海》作「朔在屬車中」，《北堂書鈔》卷一百五十七、《太平御覽》卷八百一十八、《酒譜》、《九家集註杜詩》無。又《玉海》引至此止。

〔六〕「對曰怪也」以下至此，《北堂書鈔》卷四十四作「曰：『怪哉。』上曰：『謂何也？』曰：『秦始皇拘繫無道，悲哀無所告愬，仰天嘆曰「怪哉」，感動皇天，此憤氣之所生也，故名之曰「怪哉」。是地必秦之獄處也。』」卷一百五十七作：「朔曰：『憤氣所生。此必秦之置獄處。』」《藝文類聚》作「朔曰：『此謂「怪哉」，是必秦獄處也。』」《太平御覽》卷八百一十八作「朔曰：『必秦獄處也。』」卷八百四十五作：「朔曰：『此謂怪氣，是必秦獄處也。』」《事類賦》作「朔曰：『此謂怪氣，是必秦獄處也。』」《酒譜》作「朔曰：『此怪氣。必秦獄處。』」《九家集註杜詩》作「朔曰：『此謂怪氣，是必秦獄處也。』」又《北堂書鈔》卷一百五十七引至此止。

〔七〕以上兩句，《北堂書鈔》卷四十四「丞相按圖，果秦獄也」，《藝文類聚》作「上使按地圖，果秦獄地」，《太平御覽》卷八百四十五作「上使案地圖，果秦獄地」，《事類賦》作「上使按地圖，果秦獄地」。《太平御覽》卷八百一十八、《酒譜》、《九家集註杜詩》無。又《北堂書鈔》卷四十四引至此止。

〔八〕「上曰」下，《藝文類聚》作「上問朔何以知之」，《太平御覽》卷八百四十五作「上問朔何以去之」，《太平御覽》卷八百一十八、《事類賦》、《酒譜》、《九家集註杜詩》無。《藝文類聚》之「知」乃「去」之形訛。

〔九〕「朔曰」下，《藝文類聚》作「朔曰：『夫積憂者，得酒而解。』」《太平御覽》卷八百一十八作「夫愁者得酒而解。」《太平御覽》卷八百四十五、《事類賦》作「朔曰：『夫積憂者得酒而解。』」《酒譜》作「積憂者得。」《九家集註杜詩》作「夫積憂者得酒而解。」《酒譜》下有脫文，據《藝文類聚》《太平御覽》《事類賦》所引，當脫「酒而解」三字。又《酒譜》引至此止。

〔一〇〕此句，《藝文類聚》《事類賦》作「乃取蟲置酒中」，《太平御覽》卷八百一十八、《九家集註杜詩》作「乃取虫置酒中」，《太平御覽》卷八百四十五作「乃取䖝置酒中」。

〔一一〕果，《藝文類聚》、《太平御覽》卷八百一十八、卷八百四十五、《事類賦》、《九家集註杜詩》作「立」。「消」下，《太平御覽》卷八百一十八有「糜」字。又《九家集註杜詩》引至此止。

〔一二〕「上大笑」下十一字，《藝文類聚》、太平御覽》卷八百一十八、卷八百四十五、《事類賦》無。

〔一三〕「賜」下，《藝文類聚》、《太平御覽》卷八百四十五有「朔」字。疋，《藝文類聚》作「匹」，「疋」為「匹」之異體字。此句，《事類賦》無。

〔一四〕「自此之」三字，《藝文類聚》、《太平御覽》卷八百一十八、卷八百四十五、《事類賦》無。

〔一五〕以，《藝文類聚》、《太平御覽》卷八百一十八、卷八百四十五、《事類賦》作「為」。故，《藝文類聚》無。

漢孝武帝時〔一〕，未央宮前殿鐘無故自鳴〔二〕，三日三夜不止〔三〕。於是帝召太史待詔方朔問之〔四〕，曰〔五〕：「恐有兵氣〔六〕。」帝更問於東方朔〔七〕，曰〔八〕：「夫銅者〔九〕，土之子〔一〇〕；土者〔一一〕，銅之母〔一二〕，以陰陽氣類言之〔一三〕，子母相感動〔一四〕，山恐有崩墮者〔一五〕，是以鐘先爲之鳴〔一六〕。故《易》曰〔一七〕：『鳴鶴在陰〔一八〕，其子和之。』精之至也〔一九〕。」帝曰〔二〇〕：「應在幾日？」朔曰：「在後五日內〔二一〕。」居三日〔二二〕，南郡太守上書言山崩〔二三〕，丞相以聞。帝曰：「善。」賜朔帛三十疋。〔二四〕（《開元占經》卷九十九。又見《世說新語·文學》注《北堂書鈔》卷一百〇八《初學記》卷十六、《白氏六帖》卷十八《太平御覽》卷五百七十五《樂書》卷一百三十三《錦繡萬花谷》後集卷三十二《事類備要》外集卷十三。除《開元占經》《北堂書鈔》云出《東方朔別傳》外，餘書並云出《東方朔傳》。又《記纂淵海》卷一百五十一引此，云出「□□外傳」，當亦即《東方朔別傳》，故亦以之校。）

〔校記〕

〔一〕此句，《北堂書鈔》《初學記》《白氏六帖》《錦繡萬花谷》《記纂淵海》《事類備要》作「漢武帝時」，《世說新語》注作「孝武皇帝時」，《太平御覽》作「漢武帝」，《樂書》作「武帝」。

〔二〕殿，《初學記》《白氏六帖》《太平御覽》《樂書》《錦繡萬花谷》《記纂淵海》《事類備要》無。此句，《記纂淵海》無。

〔三〕「日」、「夜」兩字，《錦繡萬花谷》乙。「不止」二字，《北堂書鈔》《白氏六帖》《事類備要》無。此句，《記纂淵海》無。

〔四〕此句，《世說新語》注作「詔問太史待詔王朔」，《初學記》作「大怪之，召待詔王朔問之」，《太平御覽》作「大恠之，召待詔王朔問之」，《北堂書鈔》《白氏六帖》《樂書》《錦繡萬花谷》《記纂淵海》《事類備要》無。《太平御覽》之「恠」乃「怪」之異體字。又「方朔」，《世說新語》注、《初學記》皆作「王朔」，《太平御覽》作「王」，蓋脫「朔」字。漢武帝時別有王朔，善望氣，亦術士之流。「方」、「王」相近，「方」蓋「王」之形訛。

〔五〕曰，《世說新語》注作「朔言」，《初學記》作「朔對」，《太平御覽》作「朔對曰」，《北堂書鈔》《白氏六帖》《樂書》《錦繡萬花谷》《記纂淵海》《事類備要》無。

〔六〕恐，《初學記》《太平御覽》無。此句，《北堂書鈔》《白氏六帖》《樂書》《錦繡萬花谷》《記纂淵海》《事類備要》無。

〔七〕此句，《世說新語》注作「更問東方朔」，《初學記》《太平御覽》作「上更問東方朔」，《白氏六帖》《事類備要》作「詔問朔」，《樂書》作「帝以問朔」，《錦繡萬花谷》作「上問東方朔」，《記纂淵海》作「詔問東方朔」，《北堂書鈔》無。

〔八〕此句，《世說新語》注、《白氏六帖》、《事類備要》作「朔曰」，《北堂書鈔》作「東方朔曰」，《初學記》《太平御覽》《樂書》《錦繡萬花谷》作「朔對曰」，《記纂淵海》作「曰」。

〔九〕此句之上，《初學記》《太平御覽》有「王朔知其一不知其二」八字。夫，《世說新語》
　　　注、《北堂書鈔》、《初學記》、《錦繡萬花谷》作「臣聞」，《太平御覽》作「昔聞」，《白
　　　氏六帖》《樂書》《記纂淵海》《事類備要》無。者，《太平御覽》脫。

〔一〇〕土，《世說新語》注作「山」。

〔一一〕土，《世說新語》注作「山」。此二字，《北堂書鈔》《初學記》《白氏六帖》《太
　　　平御覽》《樂書》《錦繡萬花谷》《記纂淵海》《事類備要》無。

〔一二〕此句，《北堂書鈔》《初學記》《白氏六帖》《太平御覽》《樂書》《錦繡萬花谷》
　　　《記纂淵海》《事類備要》無。

〔一三〕陰，《世說新語》注、《太平御覽》、《樂書》、《錦繡萬花谷》作「隂」，「隂」為「陰」
　　　之異體字。陽，《北堂書鈔》脫。此句，《白氏六帖》《記纂淵海》《事類備要》節
　　　作「以類言之」。

〔一四〕動，《世說新語》注、《初學記》、《太平御覽》、《樂書》、《錦繡萬花谷》無。
　　　此句，《白氏六帖》《記纂淵海》《事類備要》作「子母感而相應」。

〔一五〕「山恐」二字，《樂書》誤乙。墮，《世說新語》注、《初學記》、《錦繡萬花谷》
　　　作「弛」，《北堂書鈔》作「絕」，《白氏六帖》《記纂淵海》《事類備要》作「移」，
　　　《太平御覽》作「弛」，「樂書」作「陁」，「弛」、「陁」謂「弛」之異體字。

〔一六〕此句，《世說新語》注、《北堂書鈔》、《初學記》、《白氏六帖》、《太平御覽》、《錦
　　　繡萬花谷》、《記纂淵海》、《事類備要》並作「故鐘先鳴」，《樂書》無。

〔一七〕故，《世說新語》注、《初學記》、《太平御覽》、《錦繡萬花谷》無。又自此句至下
　　　「在後五日內」二十八字，《北堂書鈔》《白氏六帖》《樂書》《記纂淵海》《事類
　　　備要》無。

〔一八〕陰，《世說新語》注、《太平御覽》、《錦繡萬花谷》作「隂」，「隂」為「陰」之異
　　　體字。

〔一九〕此句，《初學記》《太平御覽》《記纂淵海》無。

〔二〇〕帝，《初學記》《太平御覽》《記纂淵海》作「上」。

〔二一〕後，《初學記》《太平御覽》《記纂淵海》無。又自「帝曰」以下至此，《世說新語》
　　　注作「其應在後五日內」。

〔二二〕居，《白氏六帖》《記纂淵海》《事類備要》無。

〔二三〕此句，《北堂書鈔》作「南郡中上言山崩」，《初學記》《白氏六帖》《錦繡萬花
　　　谷》《事類備要》作「南郡太守上言山崩」，《太平御覽》作「南郡太守言有山
　　　崩」，《樂書》作「南郡太守以山崩為言」，《記纂淵海》作「南郡上言山崩」。又
　　　《記纂淵海》引至此止。

〔二四〕「丞相」以下，《世說新語》注作「延袤二十餘里」，《北堂書鈔》作「賜朔帛二十
　　　疋」，《初學記》《太平御覽》作「延袤二十餘里。上大笑，賜帛三十疋」，《白氏
　　　六帖》、《事類備要》作「上大笑」，《樂書》作「帝因大笑」，《錦繡萬花谷》作「延
　　　袤二十里。上大笑，賜帛三十疋」。

有赤雲如冠珥〔一〕，上以問朔。朔曰：「不大雨〔二〕。」即日暈，後數日果大雨。（《編珠》卷一。又見於《北堂書鈔》卷一百五十）

〔校記〕

〔一〕此句前，《北堂書鈔》有「武帝時」三字。此句，《北堂書鈔》作「日傍有赤雲如冠珥」。又《北堂書鈔》引至此止。

〔二〕此句義不通，《開元占經》卷九十二引《天鏡占》京房語曰：「日傍有赤雲如冠珥，不有大風，必有大雨。」則此文似脫「有大風必有」五字。

孝武皇帝好方士〔一〕，敬鬼神，使人求神僊不世之藥，甚至初無所得。天下方士，四面鋒至，不可勝言。東方朔睹方士虛語，以求尊顯，即云上天欲以喻之。〔二〕其辭曰〔三〕：「陛下所使取神藥者，皆天地之間藥也〔四〕，不能使人不死〔五〕。獨天上藥〔六〕，能使人不世耳〔七〕。」上曰：「然天何可上也〔八〕？」朔對曰〔九〕：「臣能上天。」上知其謾詑，欲極其語，即使朔上天取不世之藥。〔一〇〕朔既辭去〔一一〕，出殿門，復還，曰：「今臣上天，似謾詑者〔一二〕，願得一人為信驗。」上即遣方士與朔俱往〔一三〕，期三十日而反〔一四〕。朔等既辭而行〔一五〕，日日過諸侯傳飲，往往留十餘日。期又且盡，無上天意，方士謂之曰：「期且盡，日日飲酒，為奈何？」朔曰：「鬼神之事難豫。」言「當有神來迎我者」。〔一六〕於是方士晝臥〔一七〕，良久〔一八〕，朔遽覺之〔一九〕，曰：「呼君極久不應〔二〇〕，我今者屬從天上來〔二一〕。」方士大驚，還〔二二〕，具以聞上〔二三〕。上以為面欺，詔下朔獄〔二四〕。朔啼對曰〔二五〕：「朔湏幾死者再〔二六〕。」上曰：「何也？」朔對曰：〔二七〕「天公問臣：『下方人何衣〔二八〕？』臣朔曰〔二九〕：『衣虫〔三〇〕。』『虫何若〔三一〕？』臣朔曰〔三二〕：『虫喙髯髯類馬，邠邠類虎。〔三三〕』天公大怒，以臣為謾言〔三四〕，繫臣〔三五〕，使下問〔三六〕，還報有之〔三七〕，名蚕〔三八〕。天公乃出臣〔三九〕。今陛下苟以臣為詐〔四〇〕，願使人上問之天〔四一〕。」上大驚曰〔四二〕：「善〔四三〕！齊人多詐〔四四〕，欲以喻我止方士也〔四五〕。」罷諸方士〔四六〕，弗復用也。由此朔日以親近。（《太平御覽》卷九百八十四　又見於《玉燭寶典》卷三《藝文類聚》卷八十一《太平御覽》卷八百二十五。《藝文類聚》云出《東方朔記》。）

〔校記〕

〔一〕「孝」、「皇」二字，《藝文類聚》無。

〔二〕「敬鬼神」以下至此，《藝文類聚》無。

〔三〕此句，《藝文類聚》作「朔曰」。

〔四〕也,《藝文類聚》無。

〔五〕「死」下,《藝文類聚》有「耳」字。

〔六〕「獨」下,《藝文類聚》有「取死人藥」四字,「死人藥」三字當衍。

〔七〕世,《藝文類聚》作「死」。

〔八〕此句,《藝文類聚》作「天何可至」。

〔九〕對,《藝文類聚》無。

〔一○〕以上三句,《藝文類聚》無。

〔一一〕朔,《藝文類聚》無。

〔一二〕詫,《藝文類聚》作「誕」。

〔一三〕往,《藝文類聚》無。

〔一四〕反,《藝文類聚》作「返」,「反」、「返」通。

〔一五〕既,《藝文類聚》無。

〔一六〕「往往留十餘日」以下至此四十五字,《藝文類聚》無。又自開篇至此,《太平御覽》卷八百二十五作「武帝求神仙,朔言能上天取藥,上知其謾,欲極其言,即遣方士與朔上天,朔曰:『當有神來迎我。』」

〔一七〕於是,《藝文類聚》無,《太平御覽》卷八百二十五作「後」。

〔一八〕此二字,《藝文類聚》、《太平御覽》卷八百二十五無。

〔一九〕覺,《藝文類聚》作「呼」。

〔二○〕此句,《藝文類聚》作「若極久不應我何耶」。

〔二一〕我,《藝文類聚》無。又自「朔遽覺之」至此句,《太平御覽》卷八百二十五節作「朔遽口呼,若極真者,吾從天上還」,似有脫誤。

〔二二〕還,《藝文類聚》作「乃」,屬下讀。

〔二三〕此句下,《藝文類聚》有「問朔,朔曰:誦天上之物,不可稱原」十三字。又以上三句,《太平御覽》卷八百二十五節作「方士遽以聞」。

〔二四〕詔,《太平御覽》卷八百二十五無。「下朔」二字,《藝文類聚》乙。

〔二五〕此句上,《藝文類聚》有「問之左右,方提去」七字。「啼」、「對」二字,《太平御覽》卷八百二十五無。「啼」下,《藝文類聚》有「泣」字。

〔二六〕朔湏,《藝文類聚》作「使須」,《太平御覽》卷八百二十五作「臣」,「湏」為「須」之異體字。

〔二七〕「上曰」下七字,《太平御覽》卷八百二十五無。

〔二八〕人,《太平御覽》卷八百二十五無。又自篇首至此,《玉燭寶典》節作「朔為漢武所使上天之帝,問朔:『人何衣?』」

〔二九〕此句,《玉燭寶典》作「苔云」,《藝文類聚》作「臣對曰」,《太平御覽》卷八百二十五作「朔曰」。

〔三○〕虫,《玉燭寶典》作「蜇」,《藝文類聚》作「蟲」,《太平御覽》卷八百二十五作「蠶」。「虫」為「蟲」之異體字,「蜇」為「蠶」之異體字。又《玉燭寶典》、《太平御覽》卷八百二十五乃節引,下無復出「蠶」名,故此作「蜇」、「蠶」者,皆不誤。

〔三一〕此三字，《玉燭寶典》作「帝問其狀」。

〔三二〕此三字，《玉燭寶典》作「朔云」，《藝文類聚》作「臣對曰」，《太平御覽》卷八百二十五作「曰」。

〔三三〕以上兩句，《玉燭寶典》作「色斑斑似虎，喙駬駬似馬」，《藝文類聚》作「蟲喙頒頒類馬，色邪邪類虎」，《太平御覽》卷八百二十五「啄呷呷類馬，色班班類虎」。又《玉燭寶典》引至此止。案：《太平御覽》卷八百二十五下注「呷」字云「仁廉切」，《爾雅翼·釋蠶》亦云「蠶之狀喙呷呷類馬，色斑斑似虎」，當即用此文；《玉燭寶典》作「駬」，本文作「髯」，字雖不同，俱從「冉」得聲。《玉篇》：「呷呷，噍貌。」《荀子·榮辱》篇「呷呷而噍」楊倞注：「呷呷，噍貌，如鹽反。噍，嚼也，才笑反。」「呷」即「呷」字。《北堂書鈔》卷一百四十三引應璩詩「豐隆賜美味，受嚼方呷呷」，亦作「呷呷」，則作「呷呷」為是，咀嚼之貌，言蠶嚼食如馬也。作「駬」、「髯」者，皆「呷」之借。《藝文類聚》作「頒」，當即「顄」之形訛，「顄」亦從「冉」得聲。邪邪，有文采之貌，「邪」、「班」、「斑」通。

〔三四〕謾，《藝文類聚》誤作「慢」。言，《藝文類聚》、《太平御覽》卷八百二十五無。

〔三五〕此句，《藝文類聚》無。「臣」下，《太平御覽》卷八百二十五有「司空」二字。

〔三六〕「使」下，《藝文類聚》、《太平御覽》卷八百二十五復有「使」字，為上。

〔三七〕有之，《藝文類聚》無。

〔三八〕此句，《太平御覽》卷八百二十五無。「名」下，《藝文類聚》有「曰」字。蚕，《藝文類聚》作「蠶」，「蚕」為「蠶」之俗體字。

〔三九〕天公，《太平御覽》卷八百二十五無。

〔四〇〕苟，《太平御覽》卷八百二十五無。臣，《藝文類聚》無。

〔四一〕人，《太平御覽》卷八百二十五作「使」。「上」下，《藝文類聚》有「天」字。天，《藝文類聚》、《太平御覽》卷八百二十五無。

〔四二〕大驚，《太平御覽》卷八百二十五無。

〔四三〕此字，《太平御覽》卷八百二十五無。

〔四四〕此句，《藝文類聚》無。

〔四五〕「我」下，《太平御覽》卷八百二十五復有「我」字，贅。又《藝文類聚》引至此止。

〔四六〕諸，《太平御覽》卷八百二十五無。又《太平御覽》卷八百二十五引至此止。

凡占，長吏下車〔一〕，當視天有黃雲來〔二〕，如覆車〔三〕，五穀大熟〔四〕。青雲致兵，白雲致盜，烏黑雲多水，赤雲有火。〔五〕（《初學記》卷一　又見於《藝文類聚》卷一《北堂書鈔》卷一百五十〔兩引〕、卷一百五十六《太平御覽》卷八《九家集註杜詩》卷七《古柏行》《續博物志》卷一《海錄碎事》卷一《錦繡萬花谷》卷二《事類備要》前集卷三。案：《北堂書鈔》卷一百五十六、《九家集註杜詩》、《續博物志》云出《東方朔別傳》，餘云出《東方朔傳》。據其內容，此似為《東方朔占》之文。）

〔校記〕

〔一〕長吏，《續博物志》脫。下車，《北堂書鈔》卷一百五十兩引均作「東耕下車」，卷一百五十六作「東騎初出下車」，《太平御覽》《九家集註杜詩》《海錄碎事》《錦繡萬花谷》《事類備要》作「東耕」，《續博物志》作「東畔」。案：諸書所引，似以《書鈔》卷一百五十六最善，言爲長吏者騎馬東行，初出城門，即下車觀之。「耕」或「騎」字之誤，「畔」則又「耕」字之訛。

〔二〕此句，《北堂書鈔》卷一百五十次引作「視天有烏雲」。

〔三〕此句，《北堂書鈔》卷一百五十次引脫。又「如」字，除《續博物志》外，餘書皆無，從上讀。

〔四〕此句，《北堂書鈔》卷一百五十次引脫。又《藝文類聚》、《北堂書鈔》卷一百五十次首引、卷一百五十六、《九家集註杜詩》、《海錄碎事》、《錦繡萬花谷》、《事類備要》皆引至此止。

〔五〕以上四句，《北堂書鈔》卷一百五十次引僅餘「多水」二字，脫誤甚重；《太平御覽》引「烏黑雲多水」一句脫「黑」字；《續博物志》作「青致兵，白致盜，烏黑多水，赤火」，皆略「雲」字，據其所省，「赤」下似脫「有」字。

漢武帝喜極天下物，見一坑，遣使者視之，知深幾丈。使者還對，坑深不知幾丈。武帝曰：「朔多智，使往視之，深淺方。」朔對曰：「坑深一百十七丈。」武帝曰：「先生何以知之耶？」朔對曰：「臣到，以大石投坑中，傾耳而聽之，久久乃到，僇僇有聲。九九八十一，六六三十六，臣以此知。」(《北堂書鈔》卷一百六十。案：此文未見他處徵引，文中多有不解之處，若云「知深幾丈」，後復云「坑深不知幾丈」，前後矛盾，前蓋有脫誤，且兩句贅說，不當如此；又「深淺方」三字不辭，「方」下或脫「知」字。)

武帝問曰：「刑不上大夫何？」朔曰：「刑者，所以止暴亂、誅不義也。大夫者，天下表儀，萬人法則，所以共承宗廟而安社稷也。」(《文選》司馬遷《報任少卿書》李善注。)

武帝常飲酎，以八月九月中禾稼方盛熟，夜漏下水十刻，微行乃出。(《太平御覽》卷二。)

朔於上前射覆，中之。郭舍人踦屈，被榜。上輒大笑。(《太平御覽》卷三百九十一。案：《漢書·東方朔傳》載：「上嘗使諸數家射覆，置守宮盂下，射之，皆不能中。朔自贊曰：『臣嘗受《易》，請射之。』乃別蓍布卦而對曰：『臣以爲龍又無角，謂之爲蛇又有足，跂跂脈脈善緣壁，是非守宮即蜥蜴。』上曰：『善。』賜帛十匹。復使射他物，連中，輒賜帛。時，有幸倡郭舍人，滑稽不窮，常侍左

右，曰：『朔狂，幸中耳，非至數也。臣願令朔復射，朔中之，臣榜百，不能中，臣賜帛。』乃覆樹上寄生，令朔射之。朔曰：『是寠藪也。』舍人曰：『果知朔不能中也。』朔曰：『生肉爲膾，乾肉爲脯；著樹爲寄生，盆下爲寠藪。』上令倡監榜舍人，舍人不勝痛，呼謈。朔笑之曰：『咄！口無毛，聲謷謷，尻益高。』舍人恚曰：『朔擅詆欺天子從官，當棄市。』上問朔：『何故詆之？』對曰：『臣非敢詆之，乃與爲隱耳。』上曰：『隱云何？』朔曰：『夫口無毛者，狗竇也；聲謷謷者，鳥哺鷇也；尻益高者，鶴俯啄也。』舍人不服，因曰：『臣願復問朔隱語，不知，亦當榜。』即妄爲諧語曰：『令壺齟，老柏塗，伊優亞，狋吽牙。何謂也？』朔曰：『令者，命也。壺者，所以盛也。齟者，齒不正也。老者，人所敬也。柏者，鬼之廷也。塗者，漸如徑也。伊優亞者，辭未定也。狋吽牙者，兩犬爭也。』舍人所問，朔應聲輒對，變詐鋒出，莫能窮者，左右大驚。上以朔爲常侍郎，遂得愛幸。」此言「郭舍人巫屈」，或即此事。）

「南山有木，名曰柘。良工材之，可以射。射中人情，如掩兔。舍人數窮，何不早謝。」上乃搏髀大笑也。（《太平御覽》卷三百九十一　案：此條仍東方朔難郭舍人之語，「柘」、「射」、「謝」三字相韻，「兔」字不入韻，疑有誤。）

武帝問朔曰：「公孫丞相、倪大夫等，先生自視何與此哉？」朔曰：「臣觀其舌齒牙，樹頰胘，吐唇吻，擢項頤，結股肱，連脽尻，逶蛇其跡，行步偊旅。臣朔雖不肖，尚兼此數子。」（《太平御覽》卷三百九十四　案：此事又見《漢書・東方朔傳》，文較此爲詳。）

孝武皇帝時〔一〕，人有殺上林鹿者〔二〕，武帝大怒〔三〕，下有司殺之〔四〕。羣臣皆相阿，煞人主鹿，大不敬，當死。〔五〕東方朔時在旁〔六〕，曰：「是人罪一，當死者三：〔七〕使陛下以鹿之故殺人〔八〕，一當死〔九〕；使天下聞之〔一〇〕，皆以陛下重鹿賤人〔一一〕，二當死也〔一二〕；匈奴即有急〔一三〕，推鹿觸之〔一四〕，三當死也〔一五〕。」武帝默然，遂釋煞鹿者之罪。〔一六〕（《太平御覽》卷四百五十七　又見於《藝文類聚》卷二十四、卷九十五《太平御覽》卷九百〇六《事類賦》卷二十三。《藝文類聚》兩引，皆云出《東方朔傳》。案：《漢書・東方朔傳》載其「董偃有斬罪三」之事，亦以悟武帝，不載此事。《晏子春秋・內篇下》：「景公使圉人養所愛馬，暴死，公怒，令人操刀解養馬者。是時晏子侍前，左右執刀而進。晏子止而問于公曰：『堯、舜支解人，從何軀始？』公矍然曰：『從寡人始。』遂不支解。公曰：『以屬獄。』晏子曰：『此不知其罪而死，臣爲君數之，使知其罪。然後致之獄。』公曰：『可。』晏子數之曰：『爾罪有三：公使汝養馬而殺之，當死罪一也；又殺公之所最善馬，當死罪

二也；使公以一馬之故而殺人，百姓聞之必怨吾君，諸侯聞之必輕吾國，汝殺公馬，使怨積于百姓，兵弱于鄰國，汝當死罪三也。今以屬獄。』公喟然嘆曰：『夫子釋之！夫子釋之！勿傷吾仁也。」此事即因晏子事、董偃事演變而成。）

〔校記〕

〔一〕此句，《藝文類聚》卷二十四無，《藝文類聚》卷九十五、《太平御覽》卷九百〇六、《事類賦》作「武帝時」。

〔二〕人，《藝文類聚》卷九十五、《太平御覽》卷九百〇六、《事類賦》無。

〔三〕大怒，《藝文類聚》卷二十四無。此句，《藝文類聚》卷九十五、《太平御覽》卷九百〇六、《事類賦》無。

〔四〕「殺」上，《藝文類聚》卷九十五、《太平御覽》卷九百〇六、《事類賦》有「收」字。

〔五〕「羣臣」下至此，《藝文類聚》卷二十四、卷九十五、《太平御覽》卷九百〇六、《事類賦》無。

〔六〕東方，《藝文類聚》卷九十五、《太平御覽》卷九百〇六、《事類賦》無。時在旁，《藝文類聚》卷二十四無。旁，《事類賦》作「傍」。

〔七〕以上兩句，《藝文類聚》卷二十四作「是人固當死者三」，《藝文類聚》卷九十五、《事類賦》作「是故當死者三」，《太平御覽》卷九百〇六作「是固當死者三」。

〔八〕使，《藝文類聚》卷九十五無。之故，《藝文類聚》卷九十五、《太平御覽》卷九百〇六、《事類賦》無。

〔九〕「死」下，《藝文類聚》卷二十四有「也」字。案：此句與下「二當死也」、「三當死也」相對，「也」字當有。

〔一〇〕「使」、「之」二字，《藝文類聚》卷九十五、《太平御覽》卷九百〇六、《事類賦》無。

〔一一〕皆以，《藝文類聚》卷九十五、《太平御覽》卷九百〇六、《事類賦》無。「重」上，《藝文類聚》卷二十四有「為」字。

〔一二〕也，《藝文類聚》卷九十五、《太平御覽》卷九百〇六、《事類賦》無。

〔一三〕即，《藝文類聚》卷九十五、《太平御覽》卷九百〇六、《事類賦》無。

〔一四〕推，《藝文類聚》卷九十五、《太平御覽》卷九百〇六作「湏」，《事類賦》作「以」。

〔一五〕也，《藝文類聚》卷九十五、《太平御覽》卷九百〇六、《事類賦》無。又《藝文類聚》卷九十五引至此止。

〔一六〕以上兩句，《藝文類聚》卷二十四作「武帝嘿然，遂赦之」，《太平御覽》卷九百〇六作「帝默而赦之」，《事類賦》作「帝默然赦之」，「嘿」、「默」通。

朔書與公孫弘借馬曰〔一〕：「朔當從甘泉，願僥吳廄之後乘。〔二〕木槿夕死而朝生者〔三〕，士亦不必長貧也〔四〕。」（《太平御覽》卷四百八十五　又見於《齊民要術》卷十《藝文類聚》卷八十九　案：《齊民要術》、《藝文類聚》並云出《東方朔傳》。）

〔校記〕

〔一〕此句，《齊民要術》作「朔書與公孫弘借車馬曰」，《藝文類聚》作「東方朔與丞相公
　　孫弘借車馬書曰」，此處蓋脫「馬」字。

〔二〕以上兩句，《齊民要術》《藝文類聚》無。

〔三〕槿，《齊民要術》作「菫」。而，《齊民要術》《藝文類聚》無。生，《齊民要術》、《藝
　　文類聚》作「榮」。者，《齊民要術》《藝文類聚》無。

〔四〕必，《齊民要術》《藝文類聚》無。也，《齊民要術》無。

　　驃騎難諸博士〔一〕，東方朔對曰〔二〕：「干將、莫耶，天下之利劍也，水
斷鵠鴈，陸斷馬牛，將以補屬，曾不如一錢之錐。〔三〕騏驥、騄耳〔四〕，天下
之良馬也〔五〕，將以捕鼠於深宮〔六〕，曾不如跛猫。」（《藝文類聚》卷九十三　又
見於《初學記》卷二十九《太平御覽》卷八百九十七、卷九百〇四《事類賦》卷二十
一。案：除《太平御覽》卷九百〇四云出《東方朔別傳》外，餘並云出《東方朔傳》。
又《施注蘇詩》卷十九《鐵竹杖》：「《説苑》：『干將、莫邪，斬羽截鐵，制鍾不錚，
此至利也，使之補履，曾不如兩錢之錐。』《東方朔別傳》亦云。」即此文之句。）

〔校記〕

〔一〕此句，《初學記》、《太平御覽》卷九百〇四無。

〔二〕此句，《初學記》、《太平御覽》卷九百〇四無。東方，《太平御覽》卷八百九十七、《事
　　類賦》無。

〔三〕「干將」以下至此二十九字，《初學記》、《太平御覽》卷八百九十七、卷九百〇四、《事
　　類賦》無。

〔四〕驥，《太平御覽》卷八百九十七、《事類賦》作「驪」。騄，《太平御覽》卷八百九十
　　七、《事類賦》作「綠」。此句，《太平御覽》卷九百〇四無。此句之下，《初學記》
　　有「飛兔騉」三字，《太平御覽》卷八百九十七、《事類賦》有「蜚鴻華騮」四字。

〔五〕之，《太平御覽》卷八百九十七、《事類賦》無。「馬」下，《初學記》有「者」字。
　　也，《太平御覽》卷九百〇四無。

〔六〕將以，《事類賦》作「若」。於，《太平御覽》卷九百〇四無。

〔七〕猫，《太平御覽》卷九百〇四誤作「犬」，其下又有「也」字。

　　孝武皇帝時〔一〕，閒居無事〔二〕，燕坐未央前殿〔三〕。天新雨止〔四〕，當此
時〔五〕，東方朔執戟在殿階傍〔六〕，屈指獨語〔七〕。上從殿上見朔〔八〕，呼問之
〔九〕：「生獨所語者何也〔一〇〕？」朔對曰〔一一〕：「殿後栢樹上〔一二〕，有鵲立
枯枝上〔一三〕，東向而鳴也〔一四〕。」帝使視之〔一五〕，果然〔一六〕。問朔何以知
之〔一七〕？對曰〔一八〕：「以人事言之〔一九〕，風從東方來〔二〇〕，鵲尾長〔二一〕，
傍風則傾〔二二〕，背風則靡。必當順風而立，是以知也〔二四〕。」（《太平御覽》卷

九百二十一　又見於《北堂書鈔》卷一百二十四《白氏六帖》卷二十九《初學記》卷二十八、卷三十《太平御覽》卷三百五十二、卷九百五十四《事類賦》卷十九、卷二十五《事文類聚》前集卷三、後集卷四十四《事類備要》前集卷二、別集卷四十二。案：《太平御覽》卷九百二十一云出《東方朔別傳》，《事文類聚》前集卷三云出《朔傳》，《事文類聚》後集卷四十四、《事類備要》別集卷七十二云出《別傳》，餘並云出《東方朔傳》。）

〔校記〕

〔一〕此句，《白氏六帖》無，《北堂書鈔》、《太平御覽》卷三百五十二作「武帝」，《事類賦》卷十九、卷二十五、《事文類聚》前集卷三、《事類備要》前集卷二作「孝武」，《事文類聚》後集卷四十四、《事類備要》別集卷七十二作「孝武帝」，並連下讀。

〔二〕此句，《北堂書鈔》、《白氏六帖》、《太平御覽》卷三百五十二、《事類賦》卷十九、卷二十五、《事文類聚》前集卷三、後集卷四十四、《事類備要》前集卷二、別集卷四十二無。

〔三〕此句，《白氏六帖》無。燕，《北堂書鈔》、《太平御覽》卷三百五十二、《事類賦》卷十九、《事文類聚》前集卷三、《事類備要》前集卷二無。坐，《事類賦》卷二十五無。又以上兩句，《初學記》卷二十八作「聞居鵲鳴」，「聞」為「閒」之訛，又有脫誤。

〔四〕此句，《白氏六帖》、《初學記》卷二十八、《事文類聚》後集卷四十四、《事類備要》別集卷七十二作「新雨止」，《事類賦》卷十九無，卷二十五作「雨新止」，《事文類聚》前集卷三、《事類備要》前集卷二作「天新雨」。

〔五〕此句，《北堂書鈔》、《初學記》卷二十八、《太平御覽》卷三百五十二、卷九百五十四、《事類賦》卷十九、卷二十五、《事文類聚》前集卷三、後集卷四十四、《事類備要》前集卷二、別集卷四十二無。又自此以下之「所語者何也」三十二字，《白氏六帖》節作「聞鵲聲，問朔」。

〔六〕此句，《北堂書鈔》作「朔執戟在殿階旁」，《初學記》卷二十八作「朔執戟在殿上」，《太平御覽》卷三百五十二作「朔執戟在殿陛」，《太平御覽》卷九百五十四、《事類賦》卷二十五作「朔執戟在殿階」，《事類賦》卷十九作「東方朔執戟階傍」，《事文類聚》前集卷三、《事類備要》前集卷二作「東方朔」，《事文類聚》後集卷四十四、《事類備要》別集卷七十二作「東方朔執戟在階傍」。

〔七〕此句，《初學記》卷二十八無，《太平御覽》卷三百五十二作「遙指獨語」，《太平御覽》卷九百五十四、《事類賦》卷二十五作「獨語」。

〔八〕此句，《初學記》卷二十八無，《太平御覽》卷三百五十二作「上見」，《太平御覽》卷九百五十四、《事類賦》卷二十五、《事文類聚》前集卷三、後集卷四十四、《事類備要》前集卷二、別集卷四十二皆只有「上」字，從下讀。

〔九〕呼，《事文類聚》前集卷三、後集卷四十四、《事類備要》前集卷二、別集卷四十二無。

〔一○〕此句，《初學記》卷二十八、《太平御覽》卷三百五十二、卷九百五十四、《事類賦》卷十九、卷二十五、《事文類聚》前集卷三、後集卷四十四、《事類備要》前集卷二、別集卷四十二無。

〔一一〕此句，《白氏六帖》、《事類賦》卷十九作「朔曰」，《初學記》卷二十八、《太平御覽》卷九百五十四、《事類賦》卷二十五作「答曰」，《事文類聚》前集卷三、後集卷四十四、《事類備要》前集卷二、別集卷四十二作「對曰」。

〔一二〕樹，《事文類聚》前集卷三、《事類備要》前集卷二無。上，《事類賦》卷二十五無。

〔一三〕枯，《事類備要》前集卷二作「柏」。

〔一四〕此句，《初學記》卷二十八作「東嚮鳴」，《太平御覽》卷三百五十二作「東向鳴」，《太平御覽》卷九百五十四、《事類賦》卷二十五作「向東鳴」，《事類賦》卷十九、《事文類聚》前集卷三、後集卷四十四、《事類備要》前集卷二、別集卷四十二作「東向而鳴」。又以上三句，《白氏六帖》作「必殿後枯樹上車向也」，「車」爲「東」之形訛，且有脫漏。又《初學記》卷三十引至此止。

〔一五〕此句，《白氏六帖》無，《初學記》卷二十八、《太平御覽》卷九百五十四、《事類賦》卷二十五作「上遣視」，《太平御覽》卷三百五十二作「上遣侍中視之」，《事類賦》卷十九作「使視之」，《事文類聚》前集卷三、後集卷四十四、《事類備要》前集卷二、別集卷四十二作「視之」。

〔一六〕此句，《白氏六帖》作「果如言」，《初學記》卷二十八、《太平御覽》卷三百五十二、卷九百五十四、《事類賦》卷二十五作「如朔言」。又《初學記》卷二十八引至此止。

〔一七〕此句，《白氏六帖》、《事類賦》卷二十五作「問何以知之」，《太平御覽》卷三百五十二、卷九百五十四作「上問何以知之」，《事文類聚》後集卷四十四、《事類備要》別集卷七十二無。

〔一八〕對，《白氏六帖》、《太平御覽》卷三百五十二、卷九百五十四、《事類賦》卷二十五、《事文類聚》後集卷四十四、《事類備要》別集卷七十二作「朔」。

〔一九〕此句，《白氏六帖》作「以人事言」，《事文類聚》前集卷三、《事類備要》前集卷二作「此以人事知之」，《太平御覽》卷三百五十二、《事類賦》卷十九無。

〔二〇〕方，《白氏六帖》、《太平御覽》卷三百五十二無。

〔二一〕長，《太平御覽》卷三百五十二脫。

〔二二〕傍，《白氏六帖》、《太平御覽》卷三百五十二作「旁」，「傍」讀作「旁」，謂斜斜至之風。傾，《白氏六帖》、《事文類聚》前集卷三、《事類備要》前集卷二作「順」，作「傾」是，「順」乃「傾」之訛。「則傾」二字，《太平御覽》卷九百五十四、《事類賦》卷二十五脫。又《白氏六帖》所引，此下唯「立枯不滑」四字，語意不明，未知何以致誤。

〔二三〕背風，《太平御覽》卷九百五十四、《事類賦》卷二十五脫。厭，《太平御覽》卷九百五十四、《事類賦》卷二十五、《事文類聚》前集卷三、《事類備要》前集卷二作「壓」，二字同。

〔二四〕此句，《太平御覽》卷三百五十二作「故知」，《太平御覽》卷九百五十四、《事類賦》卷二十五作「是以知」，《事類賦》卷十九作「是以知之」，《事文類聚》後集

卷四十四作「是以知之也」。又此句之下，《太平御覽》卷三百五十二有「東向鳴也。新雨生，枝滑，故枝澀，故立枯枝上。上大笑，賜帛十疋」二十四字，卷九百五十四有「東向鳴也，何以知立枯枝上？朔曰：新雨上生，枝滑；枯枝澀，是以知立枯枝。上大笑」三十一字，《事類賦》卷二十五有「東向鳴，新雨生，枝滑；枯枝澀，是以知立枯枝。上大笑」二十字，當據《太平御覽》卷九百五十四補之。

　　孝武元封三年，作栢梁臺，召群臣有能爲七言者，乃得上坐。衛尉曰：「周衛交戟禁不時。」(《太平御覽》卷三百五十二　又見於《世說新語·排調篇》注，《世說新語》注云出《東方朔傳》。案：柏梁賦詩，詳見《藝文類聚》卷五十六，東方朔賦「迫窘詰屈幾窮哉」七字。以此審之，則《東方朔別傳》當全錄其文也。)

　　〔校記〕

　　〔一〕以上兩句，《世說新語》注作「漢武帝在柏梁臺上」。

　　〔二〕此句，《世說新語》注作「使群臣作七言詩」，並引至此止。

　　朔與弟子偕行〔一〕，渴，令弟子扣道邊家求飲〔二〕，不知姓名，主人門門不與〔三〕。須臾，見伯勞飛集主人門中李樹上〔四〕，朔謂弟子曰〔五〕：「此主人姓李名伯當爾〔六〕，但呼李伯當。」果有李伯當應〔七〕，即入取飲。(《太平御覽》卷九百二十三。又見《事文類聚》後集卷四十七、《事類備要》別集卷七十五、《韻府群玉》卷五下，三書但云出《別傳》。)

　　〔校記〕

　　〔一〕「朔」上，《事文類聚》《事類備要》《韻府群玉》有「東方」二字。「與弟子偕」四字，《韻府群玉》無。

　　〔二〕「令弟子」三字，《韻府群玉》無。求，《事類備要》《韻府群玉》作「取」。

　　〔三〕首「門」字，《事文類聚》《事類備要》作「開」。「門」必誤字，然「開」字似亦不確，或爲「閈」、「關」(異體字作「関」)之誤。此句，《韻府群玉》無。

　　〔四〕「主人門中」四字，《韻府群玉》無。

　　〔五〕「謂弟子」三字，《韻府群玉》無。

　　〔六〕當，《事文類聚》《事類備要》《韻府群玉》作「勞」。案：此言伯勞鳥飛李樹上，故言李伯勞，若作「當」字，字無所承；「勞」字爲上。爾，《事類備要》作「耳」，《韻府群玉》無。

　　〔七〕此句，《事文類聚》脫「勞」(當)字，《韻府群玉》作「即應」。

　　〔八〕此句，《韻府群玉》作「果然」，或當屬上讀而脫此句。

　　占人被召見，人以罔求鵲，鵲飛入罔，知必有罪。「非」入「罔」，「罪」字，故也。(《太平御覽》卷九百二十四)

上置蜻蛉蓋下，使朔獨射之。朔對曰：「馮翊馮翊，六足四翼，頭如珠，尾正直，長尾短項，是非勾簧，即蜻蛉。」上曰：「善。」賜帛十四。（《太平御覽》卷九百五十）

朔與三門生俱行〔一〕，見一鳩〔二〕，占皆不同〔三〕。一生曰：「今日當得酒〔四〕。」一生曰：「其酒必酸。」一生曰：「雖得酒，不得飲也〔五〕。」三生皆到主人〔六〕，須臾，主人出酒樽中〔七〕，即安於地，贏而覆之，〔八〕訖不得酒〔九〕。出門〔一〇〕，問其故〔一一〕，曰：「見鳩飲水，故知得酒。鳩飛集梅樹上〔一二〕，故知酒酸。鳩飛去，所集枝折墮地〔一三〕，折者，傷覆之象，〔一四〕故知不得飲也。」（《太平御覽》卷九百七十　又見於《藝文類聚》卷八十六《全芳備祖》後集卷五。《藝文類聚》云出《東方朔傳》，《全芳備祖》云出《別傳》。）

〔校記〕

〔一〕「朔」上，《全芳備祖》有「東方」二字。俱，《全芳備祖》無。

〔二〕「見」上，《藝文類聚》有「乃」字。

〔三〕此句，《藝文類聚》《全芳備祖》無。

〔四〕此句，《藝文類聚》作「今當有酒」，《全芳備祖》作「當有酒」。

〔五〕得，《全芳備祖》作「及」。也，《全芳備祖》無。

〔六〕主人，《藝文類聚》無。此句，《全芳備祖》無。

〔七〕樽中，《藝文類聚》《全芳備祖》無。

〔八〕以上兩句，《藝文類聚》作「即安樽於地而覆之」，《全芳備祖》作「安地而覆之」。

〔九〕訖，《全芳備祖》無。

〔一〇〕此二字，《全芳備祖》無，《藝文類聚》在下「見鳩飲水」上。

〔一一〕「問」上，《藝文類聚》有「乃」字。

〔一二〕樹上，《全芳備祖》無。上，《藝文類聚》無。

〔一三〕此句，《藝文類聚》作「所集枝折」，《全芳備祖》作「折枝」。

〔一四〕「折者」以下六字，《藝文類聚》《全芳備祖》無。

東方朔對驃騎難曰〔一〕：「以珠彈〔二〕，不如泥丸，各有所用也。」（《藝文類聚》卷六十　又見於《太平御覽》卷三百五十、卷八百〇三。三處皆云出《東方朔記》。又《北堂書鈔》卷一百二十四載：「東方朔云：朔對驃騎難曰：『以珠彈鳥，不如泥丸。』」「東方朔」下蓋脫「記」字。）

〔校記〕

〔一〕此句，《太平御覽》卷八百〇三無。

〔二〕以，《太平御覽》卷八百〇三無。又以上《北堂書鈔》觀之，「彈」下似脫「鳥」字，否則文義有闕。《莊子·讓王》篇云：「今且有人於此，以隨侯之珠，彈千仞之雀，世必笑之。」（又見《呂氏春秋·貴生》）《金樓子·立言》：「黃金滿筒，不以投龜；明珠徑寸，豈勞彈雀。」文雖不同，亦足證此處有脫文。

東方朔爲中郎，賜帛百匹，給事中。（《太平御覽》卷二百二十一。原云出《東方朔記》。）

東方朔，小名曼倩，父張氏，名夷，字少平；母田氏。夷年二百歲，顏若童子，朔生三日而田氏死。死時，漢景帝三年也。鄰母拾朔養之，時東方始明，因以姓焉。年三歲，天下秘識，一覽暗誦於口，恒指揮天上空中獨語。隣母忽失朔，累月暫歸，母笞之。後復去，經年乃歸，母見之，大驚曰：「汝行經年一歸，何以慰吾？」朔曰：「兒暫之紫泥之海，有紫水污衣，仍過虞泉湔浣。朝發中還，何言經年乎？」母又問曰：「汝悉經何國？」朔曰：「兒湔衣竟，暫息宴都崇臺，一窹眠，王公啗兒以丹栗霞漿，兒食之既多，飽悶幾死，乃飲玄天黃露半合。即醒，還遇一蒼虎息於路，初兒騎虎而還，打捶過痛，虎囓兒脚傷。」母便悲嗟，乃裂青布裳裹之。朔復去家萬里，見一枯樹，脫布掛樹，布化爲龍，因名其地爲布龍澤。朔以元封中遊鴻濛之澤，忽遇母採桑於白海之濱。俄而有黃眉翁，指母以語朔曰：「昔爲我妻，託形爲太白之精。今汝亦此星之精也。吾却食吞氣，已九十餘年，目中童子，皆有青光，能見幽隱之物。三千年一返骨洗髓，二千年一剝皮伐毛，吾生來已三洗髓、五伐毛矣。」朔既長，仕漢武帝爲太中大夫。武帝暮年，好仙術，與朔狎暱。一日謂朔曰：「朕欲使愛幸者不老，可乎？」朔曰：「臣能之。」帝曰：「服何藥？」曰：「東北地有芝草，西南有春生之魚。」帝曰：「何知之？」曰：「三足烏欲下地食此草，羲和以手掩烏目，不許下，畏其食此草也。鳥獸食此，即美悶不能動。」問曰：「子何知之？」朔曰：「小兒時掘井，陷落井下，數十年無所託。有人引臣往取此草，乃隔紅泉不得渡。其人與臣一隻履，臣乃乘履泛泉，得而食之。其國人皆織珠玉爲簟，要臣入雲韍之幕，設玄珉雕枕，刻鏤爲日月雲雷之狀，亦曰鏤空枕，亦曰玄雕枕。又薦蚖毫之珍褥，以百蚖之毫織爲褥。此毫褥而冷，常以夏日舒之，因名柔毫水藻之褥。臣舉手拭之，恐水濕席，定視乃光也。」其後武帝寢於靈光殿，召朔於青綺窗綈紈幕下，問朔曰：「漢年運火德統，以何精何瑞爲祥？」朔對曰：「臣常遊昊然之墟，在長安之東，過扶桑七萬里，有雲山。山頂有井，雲從井中出。若土德則黃雲，火德則赤雲，金德則白雲，水德則黑雲。」帝深信之。太初二年，朔從西那邪國還，得聲風木十枝以獻帝，長九尺，大如指，此木出因洹之水，則《禹貢》所謂「因桓」是來。即其源也，出甜波，上有紫燕、黃鵠集其間。實如細珠，風吹珠如玉聲，因以爲名。帝以枝遍賜群臣，年百歲者頒賜。此

人有疾，枝則有汗，將死者枝則折。昔老耼在周二千七百年，此枝未汗；洪崖先生，堯時年已三千歲，此枝亦未一折。帝乃賜朔，朔曰：「臣見此枝三遍枯死，死而復生，何翅汗折而已？語曰：『年末年，枝忽汗。』此木五千歲一濕，萬歲一枯也。」帝以爲然。又天漢二年，帝升蒼龍館，思仙術，召諸方士，言遠國遐鄉之事。唯朔下席操筆疏曰：「臣遊北極，至鏡火山，日月所不照，有龍街火，以照山四極。亦有園囿池苑，皆植異草木。有明莖草，如金燈，折爲燭，照見鬼物形。仙人甯封嘗以此草然爲夜，朝見腹內外有光，亦名洞腹草。」帝剉此草爲蘇，以塗明雲之觀，夜坐此觀，即不加燭，亦名照魅草。採以籍足，則入水不沉。朔又嘗東遊吉雲之地，得神馬一匹，高九尺。帝問朔：「何獸？」曰：「王母乘雲光輦，以適東王公之舍，稅此馬於芝田，東王公怒，棄此馬於清津天岸。臣至王公壇，因騎而反，遶日三匝，此馬入漢關，關門猶未掩。臣於馬上睡，不覺還至。」帝曰：「其名云何？」朔曰：「因事爲名，名步景駒。」朔曰：「自馭之如駑馬蹇驢耳。」朔曰：「臣有吉雲草千頃，種於九景山東，二千年一花，明年應生，臣走往刈之，以秣馬，馬立不饑。」朔曰：「臣至東極，過吉雲之澤。」帝曰：「何爲吉雲？」曰：「其國常以雲氣占凶吉，若有喜慶之事，則滿室雲起，五色照人。着於草樹，皆成五色露，露味皆甘。」帝曰：「吉雲、五露可得否？」曰：「臣負吉雲草以備馬，此立可得，日可三二往。」乃東走，至夕而還，得玄白青黃露，盛以青琉璃，各受五合，授帝。帝徧賜羣臣，其得之者，老者皆少，疾者皆除也。又武帝常見彗星，朔折指星木以授帝，帝指彗星，應時星沒，時人莫之測也。朔又善嘯，每曼聲長嘯，輒塵落漫飛。朔未死時，謂同舍郎曰：「天下人無能知朔，知朔者唯太王公耳。」朔卒後，武帝得此語，即召太王公問之曰：「爾知東方朔乎？」公對曰：「不知。」「公何所能？」曰：「頗善星曆。」帝問：「諸星皆具在否？」曰：「諸星具，獨不見歲星十八年，今復見耳。」帝仰天歎曰：「東方朔生在朕傍十八年，而不知是歲星哉。」慘然不樂。(《太平廣記》卷六。原注云：「出《洞冥記》及《朔別傳》。」則此文出《洞冥記》，而《東方朔別傳》有相似之文。又此下原有「其餘事跡，多散在別卷，此不備載」十三字，當作者迻錄之時所自加語，今不錄。)

〔校記〕
〔一〕仍，當作「乃」。
〔二〕「美」字難通，當有誤。

存疑

《漢書・東方朔傳》俱錄東方朔事之後云：「世所傳他事皆非也。」顏師古注曰：「謂如《東方朔別傳》及俗用五行時日之書，皆非實事也。」《東方朔別傳》初稱《東方朔傳》，則《漢書》所錄東方朔事跡之外，凡云出《東方朔傳》者，或即《東方朔別傳》之文也。今將諸書所引之可疑者，附錄於此，略加辨析。凡見《漢書・東方朔傳》者，皆不錄。

武帝時上林獻棗〔一〕，上以杖擊未央殿檻〔二〕，呼朔曰〔三〕：「叱叱！先生來來。〔四〕先生知此篋裏何物〔五〕？」朔曰〔六〕：「上林獻棗四十九枚〔七〕。」上曰：「何以知之？」朔曰：「呼朔者，上也；〔八〕以杖擊檻，兩木，林也；朔來來者〔九〕，棗也；叱叱者〔一○〕，四十九也〔一一〕。」上大笑，帝賜帛十匹〔一二〕。（《齊民要術》卷十。又見於《藝文類聚》卷八十七《太平御覽》卷九百六十五《太平廣記》卷一百七十四。諸書云出《東方朔傳》。案：《齊民要術》卷十引《東方朔傳》「士不長貧」事，《太平御覽》卷四百八十五作《東方朔別傳》；《藝文類聚》引《東方朔別傳》，或稱《東方朔傳》，或稱《東方朔記》；《太平御覽》所引，亦有稱《東方朔別傳》爲《東方朔傳》者：此事不見《漢書》所載，則似亦當爲《別傳》之文。）

〔校記〕

〔一〕此句，《太平廣記》作「漢武帝嘗以隱語召東方朔，時上林獻棗」。

〔二〕上，《太平廣記》作「帝」。「殿」上，《藝文類聚》《太平御覽》《太平廣記》並有「前」字，此蓋脫之。

〔三〕呼朔，《太平廣記》無。

〔四〕以上六字，《藝文類聚》作「叱來叱來」，《太平御覽》作「喑叱！先生來來」，《太平廣記》作「叱叱！先生束束」。據下「叱叱者，四十九枚」，此必有兩「叱」字，《御覽》作「喑」者，誤也。《廣記》作「束」者，據「棗」字改也，「束束」不成義。

〔五〕裏，《藝文類聚》《太平御覽》作「中」。「物」上，《太平御覽》有「等」字；「物」下，《太平御覽》有「也」字。此句，《太平廣記》無。

〔六〕「朔」下，《太平廣記》有「至」字。

〔七〕「枚」下，《太平廣記》有「乎」字。

〔八〕「上曰」以下十三字，《太平廣記》節作「朔見上」三字，連下讀。此有脫，若無「呼朔者，上也」五字，則「上林」之「上」字無著落。

〔九〕此句，《藝文類聚》作「曰朔來朔來者」，《太平御覽》作「來來者」，《太平廣記》作「束束」。

〔一〇〕者，《太平廣記》無。

〔一一〕也，《藝文類聚》無，《太平御覽》作「枚」。又《太平廣記》引至此止。

〔一二〕匹，《藝文類聚》作「疋」，「疋」爲「匹」之異體字。

郭舍人曰〔一〕：「願問朔一事〔二〕，朔得，臣願榜百〔三〕；朔窮，臣當賜帛。」曰：「客從東方來〔四〕，歌謳且行〔五〕。不從門入，踰我垣牆。遊戲中庭，上入殿堂。擊之桓桓〔六〕，死者穰穰〔七〕。格鬥而死，主人被創。是何物也？」朔曰：「長喙細身，晝亡夜存〔八〕。嗜肉惡煙，爲指所捫〔九〕。臣朔愚戇，名之曰蟁〔一〇〕。」舍人辭窮，當復脫褌。（《藝文類聚》卷九十七　又見於《太平廣記》卷一百七十四《事文類聚》後集卷四十九《事類備要》別集卷九十四。諸書云出《東方朔傳》。案：此事不見《漢書・東方朔傳》，《藝文類聚》所引《東方朔別傳》或稱《東方朔傳》，上條《太平御覽》引《東方朔傳》亦或《東方朔別傳》，則此條或即出《別傳》也。）

〔校記〕

〔一〕此句之前，《太平廣記》有「東方朔常與郭舍人於帝前射覆」十三字，此句節作「郭曰」。

〔二〕「願」上，《太平廣記》有「臣」字。

〔三〕百，《事文類聚》作「一百」，《事類備要》作「一日」，「日」乃「百」之訛，又或「一日」乃「百」之誤分。

〔四〕此句，《太平廣記》作「客來東方」。此以四字爲句，觀東方朔對句，首句入韻，則「東方來」之「來」字似不當有。

〔五〕謳，《事文類聚》《事類備要》作「謠」。

〔六〕桓桓，《太平廣記》作「拍拍」，此爲擊打之聲，則似以「拍」字爲上。

〔七〕穰穰，《太平廣記》《事文類聚》《事類備要》並作「攘攘」。穰穰，糧食豐盈之貌；攘攘，紛亂雜多之貌，似以「攘攘」爲上。

〔八〕亡，《太平廣記》作「匿」。存，《太平廣記》作「行」。作「行」誤，不入韻。

〔九〕此句，《太平廣記》作「常所拍捫」，《事文類聚》《事類備要》作「爲掌指所捫」。《廣記》之「常」字當爲「掌」之誤，「拍」當即「指」之誤。

〔一〇〕蟁，《事類備要》作「蚊」，「蟁」爲「蚊」之異體字。

〔一一〕辭，《事文類聚》作「詞」。

武帝微行，西至黃山宮。（《水經注・渭水注》　又見於《長安志》卷四《雍錄》卷三。原云出《東方朔傳》。《漢書・東方朔傳》云：「初，建元三年，微行始出，北至池陽，西至黃山，南獵長陽，東遊宜春。」即此事。然此文多一「宮」字，又略不同，未詳出《別傳》或《漢書》也。）

詔賜之肉於前，飯既盡，懷其餘肉持去，衣盡汗。（《北堂書鈔》卷一百四十五。原云出《東方朔傳》。案：此文見《史記·滑稽列傳》褚少孫補，難明是否爲《別傳》文。）

郭舍人曰：「四銖籠文章，背有組索。兩人相見，朔能知之爲上客。」朔曰：〔一〕「此玉之塋〔二〕、石之精。表如日光〔三〕，裏如眾星。兩人相覩〔四〕，見相知情〔五〕。此名爲鏡。」（《太平御覽》卷七百一十七　又見於《北堂書鈔》卷一百三十六《初學記》卷二十五《白氏六帖》卷四。《太平御覽》原云出《漢書·東方朔傳》，然今《漢書》無此文，「漢書」二字當後人所加。此或即《別傳》之文。）

〔校記〕
〔一〕以上諸句，《北堂書鈔》作「郭舍人四餘籍文章英」，脫誤甚重；《初學記》《白氏六帖》無。
〔二〕此，《初學記》《白氏六帖》無。「此」下，《北堂書鈔》有「乃」字。塋，《北堂書鈔》作「塋」，《初學記》、《白氏六帖》作「榮」，作「塋」字爲上。
〔三〕日，《北堂書鈔》作「月」，作「日」字爲上。
〔四〕「兩」上，《北堂書鈔》有「而」字。覩，《初學記》作「睹」，「覩」爲「睹」之異體字。
〔五〕見，《初學記》《白氏六帖》無。
〔六〕爲，《北堂書鈔》作「之曰」。「鏡」下，《北堂書鈔》《初學記》有「也」字。

武帝問朔，何知鳥之雌雄，對曰：「雄左翼加右，聲高；雌右翼加左，聲小。」（《藝文類聚》卷九十。原云出《東方朔傳》。案：四庫本《藝文類聚》云出《東方朔記》，此不見《漢書·東方朔傳》，或即《別傳》之文。）

武帝時，有神雀下。丞相、御史、中丞、二千石、諫議臣、博士皆上壽，東方朔獨不賀。帝曰：「群臣皆賀，而獨不賀，何也？」對曰：「恐後有巫爲國害者。」朔因謝疾去。其後卒有巫蠱之事，不知朔竟所終也。（《太平御覽》卷七百三十五。原云出《東方朔傳》。案：此不見《漢書·東方朔傳》。《天中記》卷二十五、《廣博物志》卷四十五引此文，皆云出《東方朔別傳》，名時《別傳》已亡，疑即以《御覽》此條爲《別傳》文也。）

武帝乘長安舟遊洛水。（四庫本《北堂書鈔》卷一百三十七。案：此云出《東方朔傳》，三十三萬卷堂影宋本《書鈔》無「傳」字。《水經注·洛水注》引戴延之《西征記》曰：「塢在川南，因高爲塢，高十餘丈。劉武王西入長安，舟師所保也。」曰「武王」，曰「長安，舟師」，曰「洛水」，極相近，疑故與東方朔無關，後世因劉武王事傳訛也。）

南郡有萬里沙祠，自湘川至東萊地可萬里，故曰長沙。(《元和郡縣志》卷三十。原云出《東方朔記》。此見《史記·貨殖列傳》正義引《十三州記》，疑爲《十洲記》之文，非屬《別傳》也。)

釋阿城者，曰秦阿房宮，牆壁崇廣，故俗呼阿城也。(《雍錄》卷一)

《劉向別傳》

《劉向別傳》不題撰人，《隋書·經籍志》、兩《唐志》均不見著錄。《太平御覽經史圖書綱目》列之，則是書北宋之時尙見存，后散佚，今主要見於《藝文類聚》《北堂書鈔》《太平御覽》等。劉向，原名更生，字子政，西漢楚國彭城（今江蘇徐州）人，事跡見於《漢書》卷三十六《劉向傳》。

燕地寒谷不生五穀，鄒衍吹律呂以煖之。溫氣至，五穀生，因名黍谷。(《歲華紀麗》卷四)

鄒衍所言五德之始終，天地廣大，盡云天事，故號曰「談天」。(《北堂書鈔》卷九十九)

都尉有種葱書，曹公既與先生言，細人覘之，見其拔葱。(《藝文類聚》卷八十二)

蹴鞠者，傳言黃帝所作，或曰起戰國之時。蹴鞠，兵勢所以陳之，知武材也，皆因熙戲而講習也。(《太平御覽》卷二百九十七)

楊信字子烏，雄第二子，幼而明慧。雄筆玄經，不會子烏，令作九數而得之。雄又疑《易》「羝羊觸藩」，彌日不就。子烏曰：「大人何不云荷戟入榛？」(《太平御覽》卷三百八十五)

所校讎中《易傳》、淮南九師《道訓》，除復重定，著十二篇。淮南王聘善爲者九人，從之探獲，故中書署曰《淮南九師書》。(《太平御覽》卷六百九)

孫子書以殺青，簡編以縹絲繩。(《太平御覽》卷六百六)

讎校者，一人持本，一人讀析，若怨家相對，故曰讎也。(《太平御覽》卷六百一十八)

待詔馮商作《燈賦》。(《藝文類聚》卷八十)

淮南王有《薰籠之賦》。(《北堂書鈔》卷一百三十五)

有《麒麟角杖賦〔一〕》。(《編珠》卷三補遺　又見於《太平御覽》卷七百一十)

〔校記〕

〔一〕《太平御覽》無「賦」字。

向有《合賦》。(《太平御覽》卷七百一十七)

尹都尉書有《種蓼篇》。(《太平御覽》卷九百七十九)

《三將敘》　　漢嚴尤撰

　　《三將敘》，諸家目錄不見著錄，今最早見於《世說新語》注，是書主要記述評論戰國時期名將白起、廉頗等事跡。嚴尤，生平不詳。兩漢之際有一將軍名爲嚴尤，王莽遣十二將軍討匈奴，尤以征穢將軍出征。後封武建伯、任大司馬。嚴尤有智略，反對王莽對周邊少數民族用兵，爲莽免官。後舉兵，自稱漢將，戰敗而卒，《三將敘》或即爲此人所作。姑存疑。

　　白起，〔一〕平原君勸趙孝成王受馮亭，王曰：「受之，秦兵必至，武安君必將，誰能當之者乎？」〔二〕對〔三〕曰：「澠池之會，臣察武安君小頭而面〔四〕銳，瞳子白黑分明，視瞻不轉。小頭而面銳者，敢斷決也；〔五〕瞳子白黑分明者，〔六〕見事明也；〔七〕視瞻不轉者〔八〕，執志強也。可與持久，難與爭鋒〔九〕。廉頗爲人，勇鷙而愛士，知難而忍恥，與之野戰則不如，持守足以當之。」〔一〇〕王從其計。(《世說新語‧言語篇》注　又見於《藝文類聚》卷十七《杜工部草堂詩箋》卷三十九)

　　〔校記〕

〔一〕白起，《杜工部草堂詩箋》無。

〔二〕者，《杜工部草堂詩箋》無。《藝文類聚》引文始於此而作「趙孝成王曰：『誰能當武安君？』」

〔三〕對，《藝文類聚》作「平原君」。

〔四〕面，《藝文類聚》無，《杜工部草堂詩箋》作「靣」。

〔五〕面銳者，《藝文類聚》作「銳斷」；敢斷決也，《藝文類聚》作「敢行也」。

〔六〕瞳子、者，《藝文類聚》皆無。

〔七〕「視瞻不轉」以下四句，《杜工部草堂詩箋》無。

〔八〕者，《藝文類聚》無。

〔九〕爭鋒，《杜工部草堂詩箋》下有「也」。

〔一〇〕「廉頗爲人」以下四句，《藝文類聚》略引作「廉頗足以當之」。《藝文類聚》《杜工部草堂詩箋》引文皆止此。

《漢明帝內傳》

《漢明帝內傳》，不題撰人，《隋書·經籍志》、兩《唐志》均不見著錄，佚文見於《初學記》。漢明帝，漢明帝劉莊，光武帝劉秀第四子，母光烈皇后陰麗華，其事跡見於《後漢書》卷二。

摩騰竺法蘭，漢地僧之始也。（《初學記》卷二十三）

《王閎本事》

《王閎本事》，不題撰人，《隋書·經籍志》、兩《唐志》均不見著錄，《太平御覽經史圖書綱目》列之，則是書北宋之時尚見存，後散佚。佚文見於《太平御覽》。王閎，魏郡（今河北省南部）人，王莽叔父平阿侯王譚之子，哀帝時爲中常侍，王莽篡位時爲莽所忌，出爲東郡太守。王莽敗後降於更始，任瑯琊太守，後降於光武帝。事跡散見於《後漢書·張步傳》《東觀漢紀》等書。

閎爲瑯琊太守，張步欲誅之。閎出東武城門，馬奔墮車折齒，閎心惡，移病歸府，遂得免。（《太平御覽》卷三百六十八）

《漢名臣奏》曰：王莽斥出王閎，太后憐之，閎伏泣失聲，太后親自以手巾拭閎泣。（《太平御覽》卷七百一十六　案：姚振宗《後漢書藝文志》卷二曰：「王

闕實乃心漢室者，自建武五年歸降後，不復見其事蹟。《御覽》七百十六引《漢名臣奏》曰……前、後《書》不載此事，當亦在本事中。」姚氏所論誠是。）

《樊英別傳》

《樊英別傳》，不題撰人，卷數不詳，《隋書·經籍志》、兩《唐志》皆不著錄，《太平御覽經史圖書綱目》則列之。樊英，東漢方士，其事跡主要見於《後漢書》卷八十二《樊英傳》。

詔書告南陽太守曰：〔一〕五官中郎將樊〔二〕英，委榮辭祿，不降其節，〔三〕今以英爲光祿大夫〔四〕，賜歸〔五〕家，所在縣〔六〕穀千斛，常以八月〔七〕，致牛一頭，〔八〕酒三斛〔九〕。（《藝文類聚》卷四十九　又見於《北堂書鈔》卷五十六《太平御覽》卷二百四十三《職官分紀》卷四十八）

〔校記〕
〔一〕詔書告南陽太守曰，《北堂書鈔》作「詔曰」，《太平御覽》作「詔書告南陽太守」。
〔二〕五官中郎將樊，《北堂書鈔》無。
〔三〕不降其節，《北堂書鈔》下有「志不可辱」一句，《太平御覽》《職官分紀》下則爲「志不可奪」。
〔四〕大夫，《太平御覽》《職官分紀》無。
〔五〕歸，《職官分紀》無，《太平御覽》作「還」。
〔六〕所在縣，《太平御覽》作「在所縣」，誤，當爲「所在縣」。
〔七〕常以八月，《北堂書鈔》《太平御覽》《職官分紀》下並有「存高年」三字。
〔八〕致牛一頭，《太平御覽》《職官分紀》作「給羊一頭」，《後漢書》本傳亦作「給牛一頭」，似是形近而訛。
〔九〕斛，《北堂書鈔》後有「劉也」二字，誤，當爲衍文。

漢順帝時，殿下鐘鳴，問英。對曰：「蜀岷山崩。山於銅爲母，母崩子鳴，非聖朝災。」後蜀果上山崩，日月相應。（《世說新語·文學篇》注）

英隱于壺山〔一〕，常〔二〕有黑風從西方起，英謂學者曰：「成都市火甚盛。」因含水西向漱之，乃令記其日，後有〔三〕從蜀來者，云是日大火，黑雲平旦從東起，須臾大雨，火遂得〔四〕滅。（《藝文類聚》卷八十　又見於《太平御覽》卷八百六十八《事類賦》卷八）

〔校記〕

〔一〕壺山，《太平御覽》作「苑山」，未知何據；《事類賦》作「壺山」。《後漢書》本傳謂
　　　英「隱于壺山之陽」，當以「壺山」爲是。

〔二〕常，《太平御覽》《事類賦》作「嘗」，作「嘗」是。

〔三〕有，《太平御覽》《事類賦》下有「客」字。

〔四〕得，《事類賦》無。

樊英既見陳畢，西南向唾，天子問其故，對曰：「成都今日失火。」後蜀
郡太守上火災，言時雲雨從東北來，故火不爲害。（《太平御覽》卷三百八十七）

英被髮，忽拔刀斫舍中，妻問故，曰：「郤生道遇鈔。」郤生還云：「道
遇賊，賴被髮老人相救得全。」郤生名巡，字仲信，陳郡夏陽人，能傳英業。
（《太平御覽》卷三百七十三）

樊漢樊英善圖緯，洞達幽微，永太中見帝，因向西南日巽之，詔問其故，
對曰：「成都今日火。」後蜀郡言火災，正符其日。又云：時有雨從東北來，
故火不大爲害。英嘗忽被髮拔刀，斫擊舍中。妻怪問其故，英曰：「郤生遇賊。」
郤生者名巡，是英弟子，時遠行。後還說，於道中逢賊，賴一被髮老人相救，
故得全免。永建時，殿上鐘自鳴，帝甚憂之，公卿莫能解，乃問英，英曰：「蜀
岷山崩，母崩子故鳴。非聖朝災也。」尋奏蜀山崩。（《太平廣記》卷七十六　又
卷一六一　案：《太平廣記》卷一六一亦微引此條，內容相同，列爲《樊英列傳》，而
《後漢書》卷八十二樊英本傳不載此事，則此《樊英列傳》不是本傳，又不見於後世
目錄之記載，疑此列傳即爲別傳，是爲「列」「別」形近而訛也。另，《太平廣記》所
引之三事，《世說新語》《藝文類聚》《太平御覽》《事類賦》注皆有著錄，然文字頗有
差異，故分別列出，不再一一出校。）

順帝策書備禮，玄纁御英，詔切郡縣駕載上道。英不得已到京師。稱疾
不肯赴。乃強輿入殿，猶不以禮屈。帝怒曰：「朕能生君，能殺君；能貴君，
能賤君；能富君，能貧君。君何慢朕？」英曰：「臣受命於天，生盡其命，天
也；死得其命，亦天也。陛下焉能生臣，焉能殺臣！臣見暴君，如見仇讎，
立朝猶不肯，可得貴乎？雖在布衣之列，環堵之中，晏然自得，不易萬乘之
尊，又何得而賤乎？陛下焉能貴臣，焉能賤臣！臣非禮之祿，萬鍾不受也；
若申其志，雖簞食不厭也。陛下焉能富臣，焉能貧臣！」帝不能屈，而敬其
名，使出就太醫養疾，日置羊酒。（《太平御覽》卷四百二十八　案：此事亦見於
《後漢書》本傳。）

英嘗〔一〕病臥便〔二〕室中，英妻遣婢拜問疾〔三〕。英下牀〔四〕答拜。陳寔問英：〔五〕「何答婢拜？」英曰：「妻，齊也，共奉祭祀。禮，無往而不反。」（《太平御覽》卷五百四十二　又見於《北堂書鈔》卷八十五《太平御覽》卷四百三十二《記纂淵海》卷三十九）

〔校記〕

〔一〕嘗，《北堂書鈔》作「常」，形近而訛。

〔二〕便，《北堂書鈔》無。

〔三〕疾，《太平御覽》卷四百三十二無。

〔四〕下牀，《太平御覽》卷四百三十二無。

〔五〕陳寔問英，《太平御覽》卷四百三十二作「或問之」。

《蔡邕別傳》

《蔡邕別傳》，諸家書目未見著錄，撰者、作年、亡佚時間皆不可知。《北堂書鈔》已引其文，則是書之出當在隋前。

邕與李則遊學鄙士，時在弱冠，始其讀《左氏傳》，通敏兼人，舉一反三。（《北堂書鈔》卷九十八。此節兩引是文，此爲首引，次則節引，作「與李則始共讀《左氏傳》通敏兼人」。）

〔校記〕

〔一〕「鄙土」二字不辭，陳、俞本《書鈔》無。

邕豪，子弟遊吳門，彈琴後廚中，聞爨火聲，驚往問之。吳人云：「桐材也。」請以爲琴，聲絕妙世，謂燋尾琴也。（《北堂書鈔》卷一百〇九。事又見《後漢書·蔡邕列傳》、《藝文類聚》卷四十四引《搜神記》。）

〔校記〕

〔一〕「豪」字義不相屬，疑「攜」之形訛；或「常」之形訛，復脫「與」字，難明。

邕常遊遷亭，見屋椽竹可以爲籬，因取用之，果有異聲，其知音皆如此者也。（《北堂書鈔》卷一百一十一。事又見《後漢書·蔡邕列傳》注引張騭《文士傳》。）

〔校記〕

〔一〕「遷」上，《文士傳》有「高」字，此脫之。

東國宗敬邕，不言名，咸稱蔡君。兗州、陳留並圖畫蔡邕形像而頌之曰：「文同三閭，孝齊參、騫。」（《太平廣記》卷一百六十四。）

邕昔作《漢記》十意，未及奏上，遭事流離，因上書自陳曰：「臣既到徙所，乘塞守烽，職在候望，憂怖焦灼，無心能復操筆成草，致章闕廷。誠知聖朝不責臣謝，但懷愚心有所不竟。臣自在布衣，常以爲《漢書》十志下盡王莽而止，光武已來唯記紀傳，無續志者。臣所事師故太傅胡廣，知臣頗識其門戶，略以所有舊事與臣。雖未備悉，粗見首尾，積累思惟二十餘年。不在其位，非外史、庶人所得擅述。天誘其衷，得備著作，即建言十志皆當撰錄。會臣被罪，逐放邊野，恐所懷隨軀朽腐，抱恨黃泉，遂不設施，謹先顛踣，科條諸志，臣欲刪定者一，所當接續者四，前《志》所無臣欲著者五，及經典群書所宜捃摭，本奏詔書所當依據，分別首目，并書章左，惟陛下留神省察。臣謹因臨戎長霍圉封上。」有《律曆意》第一，《禮意》第二，《樂意》第三，《郊祀意》第四，《天文意》第五，《車服意》第六。（《後漢書·蔡邕列傳》注）

《張純別傳》

《張純別傳》，不題撰人，卷數不詳，不見載於史志目錄，佚文見於《太平御覽》所引一條，內容記其校訂朝廷禮儀以及甚受皇帝重用。張純，東漢初人，其事跡見於《後漢書》卷三十五《張純傳》。

純字伯仁，郊廟、冠婚、喪紀禮儀多所正定。上甚重之，以純兼虎賁中郎將，一日數見。（《太平御覽》卷二百四十一）

《鍾離意別傳》

《鍾離意別傳》，不題撰人，卷數不詳。《隋書·經籍志》、兩《唐志》不見著錄，《太平御覽經史圖書綱目》列之，清人王仁俊輯有一卷，乃是據《後漢書·鍾離意傳》注與《續漢郡國志》注採得二節而成。王氏輯本今

存於《玉函山房輯佚書續編·史編總類》。《鍾離意別傳》原文雖佚，然存文篇幅較大且相對完整，其事多本傳所不載。鍾離意，東漢初人，其事跡見於《後漢書》卷四十一《鍾離意傳》。

　　意爲魯相，〔一〕到官，出私錢萬三千文，付戶曹孔訢修夫子車，〔二〕身入廟，拭几席劍履。〔三〕男子張伯除堂下草，〔四〕土中得玉璧〔五〕七枚〔六〕，伯懷其一，〔七〕以六枚〔八〕白意。意令主簿安置几前。〔九〕孔子教授堂下〔一〇〕牀首有懸甕，意召孔訢問：「此何甕也？」〔一一〕對曰〔一二〕：「夫子〔一三〕甕也，背有丹書，人莫敢發也。〔一四〕」意曰：「夫子聖人，所以遺甕，欲以懸示後賢〔一五〕。」因發之，〔一六〕中得素書，〔一七〕文曰〔一八〕：「後世〔一九〕修吾書，董仲舒。護〔二〇〕吾車，拭吾履，發吾笥，會稽〔二一〕鍾離意。璧有七，張伯藏其一。〔二二〕」意即召問伯，〔二三〕果服焉。〔二四〕（《後漢書·鍾離意傳》注　又見於《分門古今類事》卷十五《捫蝨新話·下集》卷四《玉海》卷一百十三《太平御覽》卷八百六《事類賦》卷九）

〔校記〕

〔一〕意爲魯相，《玉海》卷一百十三無；意，《分門古今類事》作「鍾離意」。

〔二〕「到官」以下二句，《太平御覽》卷八百六、《事類賦》皆無；《分門古今類事》無「出私錢萬三千文」一句，且「付」作「令」；《玉海》卷一百十三無「到官」「文」三字。

〔三〕身入廟，拭几席劍履，二句《太平御覽》卷八百六、《事類賦》並無；《分門古今類事》無「几席」二字；拭几席，《捫蝨新話》作「拂拭」；《玉海》卷一百十三無「身」字。

〔四〕男子張伯除堂下草，《分門古今類事》、《玉海》卷一百十三皆無「男子」二字；《太平御覽》卷八百六作「男子張伯刬草墌下」，《事類賦》作「男子張伯刬草階下」，階与墌同；「男子」一句，《太平御覽》卷八百六、《事類賦》上有「省視孔子教授堂」一句。

〔五〕玉璧，《太平御覽》卷八百六、《事類賦》無「玉」字。

〔六〕枚，《分门古今類事》无。

〔七〕伯懷其一，《太平御覽》卷八百六、《事類賦》作「懷藏其一」，

〔八〕枚，《太平御覽》卷八百六、《事類賦》無。

〔九〕「意令主簿」一句，《分門古今類事》、《太平御覽》卷八百六、《事類賦》皆無。

〔一〇〕下，《分门古今類事》作「前」。

〔一一〕「孔」、「也」二字，《分門古今類事》無。

〔一二〕對曰，《捫蝨新話》作「訢曰」。

〔一三〕夫子，《捫蝨新話》作「孔子」。

〔一四〕人莫敢發也，《分門古今類事》作「人莫發也」，《捫蝨新話》作「人不敢發也」。

〔一五〕欲以懸示後賢，《捫蝨新話》作「欲示後賢」。

〔一六〕因發之，《分門古今類事》作「遂命發之」。「意令主簿安置几前」以下十二句，《太平御覽》卷八百六、《事類賦》皆無，《玉海》卷一百十三則作「堂下有甕背，有丹書，意發之」。

〔一七〕中得素書，《分門古今類事》作「得素書」，《太平御覽》卷八百六作「意開甕中素書」，《事類賦》作「意開解中素書」，《玉海》卷一百十三作「中有素書」。

〔一八〕文，《分門古今類事》無。

〔一九〕後世，《玉海》卷一百十三無。

〔二〇〕護，《太平御覽》卷八百六、《事類賦》作「摸」。

〔二一〕會稽，《玉海》卷一百十三無。

〔二二〕張伯藏其一，《太平御覽》卷八百六作「張取一」，《事類賦》作「張伯取其一」；《捫蝨新話》、《玉海》卷一百十三引文止此。

〔二三〕意即召問伯，《分門古今類事》作「即召張伯問」，《太平御覽》卷八百六作「意召伯問」，《事類賦》作「意召問伯」。

〔二四〕果服焉，《太平御覽》卷八百六、《事類賦》作「甓有七，何藏一耶，伯叩頭出之」。

意爲魯相，修孔子廟，孔子堂道有甕，意召守廟孔訢問曰：「此何等甕？」訢曰：「夫子甕，背皆有書，故自夫子亡後，無敢發者。」意乃發，得素書焉。（《藝文類聚》卷三十八）

意爲魯相，孔子堂有甕，皆有丹書。自夫子亡後，無敢發者。意乃發甕，得素書，爲學。（《太平御覽》卷七百五十八）

意爲魯相，修孔子廟。孔子教授堂下，牀首有懸甕，意召守廟孔訢問曰：「此何等甕？」訢曰：「夫子甕。背有丹書，自夫子亡後，無敢發者。」意乃發，索得書焉。（《太平御覽》卷五百三十五）

意省堂有孔子小車乘，皆朽敗，意自糶俸雇漆膠之直，請魯民治之，及護几席（嗣）〔劒〕履。後得甕中素書，曰「護吾履，鍾離意」。（《後漢書·郡國志》注）

意省堂有孔子小車乘，皆朽敗，意治之，及護几杖劍履，後得甕中。（《玉海》卷七十八）

意爲尙書〔一〕僕射，其年匈奴兗州來降，〔二〕詔賜縑三百匹〔三〕，尙書侍郎廣陵暨酆受詔〔四〕，誤以三千匹賜匈奴，〔五〕詔大怒，鞭酆數十欲死，〔六〕意獨排省閣入諫曰〔七〕：「海內遐邇，〔八〕謂陛下貴於財而賤人命也〔九〕，愚臣

所不安。」〔一○〕明帝以意陳合大義，〔一一〕恚損怒霽，〔一二〕敕太官掾賜酒樂，〔一三〕詔〔一四〕謂意曰：「非鍾離尚書，朕幾〔一五〕降威於此郎。」（《北堂書鈔》卷五十九　又見於《藝文類聚》卷四十八《初學記》卷十一《太平御覽》卷二百一十一《職官分紀》卷八）

〔校記〕

〔一〕尚書，《藝文類聚》《初學記》《太平御覽》《職官分紀》皆無。

〔二〕匈奴兗州來降，《藝文類聚》作「匈奴羌胡歸義」，《職官分紀》作「匈奴羌胡歸義來降」，《初學記》《太平御覽》皆作「匈奴來降」。

〔三〕匹，《初學記》《太平御覽》《職官分紀》皆作「疋」，疋爲匹之異體字，下同。

〔四〕尚書侍郎，《職官分紀》作「尚書郎」；「廣陵」，《初學記》《太平御覽》《職官分紀》皆無；「受詔」，《藝文類聚》無。

〔五〕誤以三千匹賜匈奴，《藝文類聚》作「誤以爲三千匹」，《職官分紀》作「誤以爲三千疋」；「匹」，《初學記》《太平御覽》皆作「疋」。

〔六〕數十，《藝文類聚》《初學記》《太平御覽》皆無，《職官分紀》作「殿下」。

〔七〕《職官分紀》「意」上有「諸尚書莫不慴怖失色」一句。獨排省閤，《藝文類聚》無，《職官分紀》無「省」字。曰，《初學記》《太平御覽》皆無。

〔八〕海內遐邇，《職官分紀》上有「陛下德被四海，恩及夷狄，是以左袵之徒，皆頓首服義。鄧小子受詔誤賞，臣聞刑疑從輕，今陛下以鄧誤賞，發雷霆之威殺鄧」數句。

〔九〕於財，《職官分紀》作「微財」，《藝文類聚》作「微財」，然而小字注曰「《太平御覽》六百四十九引《會稽典錄》作『微』」，當爲「微財」。

〔一○〕所，《職官分紀》無。「意獨排省閤入諫曰」以下三句，《初學記》、《太平御覽》皆無。

〔一一〕明帝以意陳合大義，《藝文類聚》作「明帝以意諫」；意陳，《初學記》《太平御覽》《職官分紀》皆無。

〔一二〕怒霽，《初學記》《太平御覽》《職官分紀》皆作「怒消」；恚損怒霽，《藝文類聚》作「且鄧錯合大義，貰鄧」。

〔一三〕敕太官掾賜酒樂，《藝文類聚》作「勅大官賜酒藥」，「勅」爲「敕」之異體字，「太」與「大」通。

〔一四〕詔，《初學記》《太平御覽》《職官分紀》皆作「帝」。

〔一五〕朕幾，《初學記》作「幾誤」。

　　意爲尚書，交阯太守張恢居官貪亂，贓踰千金。珠璣玩寶乃有石數。收贓薄入司農，詔悉以珠賜諸尚書，尚書皆拜受，意獨委珠璣於地，不拜受。明帝問：「委珠何也？」對曰：「愚聞孔子忍渴不飲盜泉之水，曾子還車不入勝母之閭，惡其名也。陛下以贓珠賜忠臣，以故臣不拜受耳。」（《太平御覽》

卷四百二十六　案：鍾離意受贓珠之賜不拜之事，《太平御覽》所載較爲完整，《北堂書鈔》亦略有所載，然文字記載頗有差異，附列於後耳。）

顯宗以意爲尙書。時交趾太守坐贓千金，徵還，伏法。以資物簿入大司農，詔班賜群臣。意得珠璣，悉以委地，不拜賜。帝怪而問其故，對曰：「臣聞孔子忍渴於盜泉之水，曾參回車于聖母之閭，惡其名也。此贓穢之寶，誠不敢拜授。」帝嗟歎曰：「清乎尙書之言！」乃更以庫錢三十萬賜意。（《太平御覽》卷六百四十一）

鍾離意不受珠璣賜錢三十萬。（《北堂書鈔》卷十九　案：此條，孔廣陶校注曰，范《書》七十一《鍾離意傳》同，又本《鈔》「公正篇」「廉潔篇」引《鍾離意別傳》亦有此文，知此注「列」字乃「別」字之訛也。）

爲尙書，明帝以贓珠賜之，諸尙書皆拜，受意獨委於地而不拜。帝問之，對曰：「以贓珠賜忠臣，故不拜。」帝喟然嘆曰：「忠乎！」（《北堂書鈔》卷三十八）

嚴遵昔與光武俱爲諸生，〔一〕遊涉汝潁，〔二〕同行精學，〔三〕暮習宿息。〔四〕二人懃學，夜寒不歸寢，〔五〕更相謂曰：「豪貴憶此勿相忘。〔六〕」別後數年，光武即位〔七〕，有天下，徵遵，遵〔八〕不至。（《北堂書鈔》卷一百五十六　又見於《太平御覽》卷三十四、卷三百九十三）

〔校記〕

〔一〕嚴遵，《太平御覽》卷三百九十三下有「者」字；光武，《文選》《天監三年策秀才文三首》李善注、《文選》《百辟勸進今上箋》李善注、《太平御覽》卷三百九十三下皆有「皇帝」二字。《文選》引文止此。
〔二〕遊涉汝潁，《太平御覽》卷三十四無；汝潁，《太平御覽》卷三百九十三作「他縣」。
〔三〕同行精學，《太平御覽》卷三十四無。
〔四〕暮習宿息，《太平御覽》卷三十四作「暮夜宿息」，卷三百九十三作「暮夜宿」。
〔五〕二人懃學，《太平御覽》作「二人寒不得寢臥」。
〔六〕豪貴憶此勿相忘，《太平御覽》卷三十四作「後日豪貴，憶此勿相忘」，《太平御覽》卷三百九十三作「後若豪貴，憶此之難，宜勿相忘」，且引文止此。
〔七〕即位，《太平御覽》卷三十四無。
〔八〕遵，《太平御覽》卷三十四無。

意字子阿，會稽山陰人也。〔一〕太守竇翔召意署功曹吏，〔二〕意乃爲府立條式，〔三〕威儀嚴肅，莫不靖恭。後日，竇君與意相見曰：「功曹湞立嚴科，太守觀察朝晡。〔四〕」吏無大小，莫不畏威。（《太平御覽》卷二百六十四　又見於《職官分紀》卷四十一《北堂書鈔》卷三十四）

〔校記〕

〔一〕「意字子阿」二句，《職官分紀》無。

〔二〕太守，《北堂書鈔》無；「署功曹吏」，《北堂書鈔》作「署爲功曹」，且引文止此一句，《職官分紀》作「功曹」。

〔三〕意乃爲府立條式，《職官分紀》作「乃爲立條式」。

〔四〕太守觀察朝晡，《職官分紀》無。

《周書》言：秦吏趙覸〔一〕以私恨告園民吳且生盜食宗廟御桃，且生對曰：「民不敢食也〔二〕！」王曰：「剖其腹，出其桃！」〔三〕史記惡而書之，曰：「桃，食之當有遺核。王不知此，而剖人腹以求桃，非理也！」（《太平御覽》卷九百六十七　又見於《事類賦》卷二十六）

〔校記〕

〔一〕秦吏趙覸，《事類賦》作「秦史趙凱」。

〔二〕也，《事類賦》無。

〔三〕《事類賦》引文止此。

意〔一〕遷東平瑕丘令。男子倪直勇悍有力，〔二〕便弓弩，〔三〕飛射走獸，百不脫一，桀悖好犯長吏。〔四〕意到官，召署捕賊掾，〔五〕勅謂之云〔六〕：「令昔嘗破三軍之眾，〔七〕不用尺兵；嘗縛暴虎，不用尺繩，但以良詐爲之耳。〔八〕掾之氣勢安若？〔九〕」宜慎之。因復召直子涉署門下，〔一〇〕將游〔一一〕徼私出入寺門，無所關白。收涉鞭之，直走之寺門，吹氣大言，言無上下。意氣勅直，能爲子屈者，〔一二〕自縛誡〔一三〕令，不則〔一四〕鞭殺其子。直果自縛。意告曰：「令前告〔一五〕汝，嘗縛暴虎，不用尺繩。汝自視何如，虎自縛耶？」勅獄〔一六〕械直父子，結連其〔一七〕頭，對榜欲〔一八〕死。掾吏陳諫乃貸之，〔一九〕由是相率〔二〇〕爲善。所謂上德之政，鷹化爲鳩，暴虎成狸，此之謂〔二一〕也。（《太平御覽》卷二百六十八　又見於《職官分紀》卷四十二《北堂書鈔》卷七十八、卷一百四十三）

〔校記〕

〔一〕意，《職官分紀》《北堂書鈔》無。

〔二〕男子，《北堂書鈔》卷一百四十三上有「瑕丘」二字；「倪直」，《職官分紀》作「兒直」，倪與兒通，《北堂書鈔》卷一百四十三無「倪」《北堂書鈔》卷七十八作「兒姪」，疑誤，《書鈔》所引原文當是「兒直」，誤以親屬關係而改，音同而訛。「勇悍有力」，《北堂書鈔》卷七十八下有「三日一飯，十斤肉、五升米」，卷一百四十三「五升米」下尚有「飯」字且引文止此，《職官分紀》下有「三日一飯，十觔肉五斗米飯」。

〔三〕便弓弩，《北堂書鈔》卷七十八作「飯便弓兵弩」，《職官分紀》作「便弓弩」。

〔四〕桀悖好犯長吏，《北堂書鈔》卷七十八作「桀敦恣情」。

〔五〕召署捕賊掾，《職官分紀》作「公署捕賊掾」，《北堂書鈔》卷七十八作「召署補賊掾」；補，疑當爲「捕」，爲傳寫之誤。

〔六〕勑謂之云，《北堂書鈔》卷七十八作「敕曰」；云，《職官分紀》作「曰」。

〔七〕令昔嘗，《職官分紀》作「令當」，「當」疑當作「嘗」，形近而訛。下同；之衆，《北堂書鈔》卷七十八無。

〔八〕但以良詐爲之耳，《職官分紀》作「但以食詐僞之肉」。

〔九〕氣勢安若，《職官分紀》作「風勢焉若」。「但以良詐」二句，《北堂書鈔》卷七十八無。

〔一〇〕因復召直子涉署門下，《職官分紀》作「因復直，直子涉在門下」。

〔一一〕游，《職官分紀》作「遊」。

〔一二〕意氣勑直，能爲子屈者，《職官分紀》作「意勑爲子屈者」。

〔一三〕誠，《職官分紀》作「謝」，以「謝」字爲上，疑當爲形近而訛。

〔一四〕則，《職官分紀》作「便」。

〔一五〕告，《職官分紀》作「語」。

〔一六〕勑獄，《職官分紀》作「勑械」。

〔一七〕其，《職官分紀》無。

〔一八〕欲，《職官分紀》作「之將」。

〔一九〕掾吏陳諫乃貸之，《職官分紀》作「掾入陳謝乃貰之」。「因復召直子涉署門下」至「掾吏陳諫乃貸之」《北堂書鈔》皆無。

〔二〇〕由是，《北堂書鈔》無；相率，《北堂書鈔》作「相帥」，《職官分紀》作「相師」。

　　意爲瑕兵。今立春〔一〕遣戶曹史檀建齎青幘幡白督郵，督郵不受，〔二〕建留於家，還白意言受。他日，意見督郵，而督郵謝意，言所以不受青幘幡者，已自有也。意還，召建問狀，建惶怖叩頭。意曰：「勿叩頭使外聞也。」出因轉署主記史假，遣無期。建歸家，父問之曰：「朝大士衆賢能者多，子何功才既獲顯榮，假乃無期，寵厚將何謂也？得無有不信於賢主耶？」建長跪以青幘幡意語父。父嘿然，有頃，令妻設酒殺雞與建相樂，謂建曰：「吾聞有道之君，以義理殺人；無道之君，以血刃加人。長假無期，唯死不還，將何以自裁乎？」酒畢進藥，建遂物故。（《太平御覽》卷三百四十一　又見於《北堂書鈔》卷一百二十）

〔校記〕

〔一〕「意爲瑕兵」二句，《北堂書鈔》作「意爲瑕丘令，正月立春」，鍾離意爲瑕丘令，未見爲瑕兵，《御覽》引文當是形近而訛，以《北堂書鈔》引文爲上。

〔二〕《北堂書鈔》引文止此。

　　司徒侯霸辟意，署議曹掾，〔一〕以詔書〔二〕送囚徒〔三〕三百餘人〔四〕到河北連陰〔五〕。多盛寒，〔六〕徒皆貫連械，不復能行。〔七〕到弘農縣，〔八〕使令出見錢爲徒作襦袴，〔九〕各有升數。〔一〇〕令對〔一一〕曰：「被詔書，不敢妄出錢。〔一二〕」意曰：「使者奉詔命，寧私行耶？」出錢使上尙書，〔一三〕使者亦當上之。〔一四〕光武皇帝得上狀，見司徒侯霸曰〔一五〕：「所使吏何乃仁怒用心乎？〔一六〕誠良吏也。」〔一七〕襦袴既且悉到，前縣給賜糜粥。後謂徒曰：「使者不忍善人嬰刑，饑寒感惻於心。今以得衣矣，欲悉解善人械桎，得逃去耶？」皆曰：「明使君哀徒，恩過慈父，身成灰土，不敢逃亡。」意復曰：「徒中無欲歸候親者耶？」其有節義名者五六十人，悉解械桎，先遣之，與期日會作所，徒皆先期至也。（《太平御覽》卷六百四十二　又見於《北堂書鈔》卷六十八、卷一百二十九《太平御覽》卷二百九、卷六百九十五《職官分紀》卷五）

　　〔校記〕

〔一〕司徒侯霸辟意，署議曹掾，《北堂書鈔》卷一百二十九作「意爲司徒議曹掾」，《太平御覽》卷六百九十五作「意爲司徒侯霸府議曹掾」，《職官分紀》作「司徒侯霸辟意爲議曹」。

〔二〕以詔書，《北堂書鈔》卷六十八無「書」字，《太平御覽》卷六百九十五無「以」「書」二字。

〔三〕囚徒，《太平御覽》卷六百九十五無，《北堂書鈔》卷一百二十九、《太平御覽》卷二百九、《職官分紀》皆無「囚」字，《北堂書鈔》卷六十八作「獄徒」。

〔四〕三百餘人，《北堂書鈔》卷一百二十九作「二百餘人」，《太平御覽》卷六百九十五作「三百人」。

〔五〕連陰，《北堂書鈔》《太平御覽》《職官分紀》皆無。

〔六〕多盛寒，《北堂書鈔》卷六十八作「遇盛寒」，《北堂書鈔》卷一百二十九、《太平御覽》卷六百九十五作「遇隆多」，《太平御覽》卷二百九作「遭遇隆多盛寒」，《職官分紀》作「遇隆多盛寒」。

〔七〕徒皆貫連械，不復能行，《太平御覽》卷二百九作「徒衣被單，手足不能復行」，《職官分紀》作「徒衣被單，不能復行」，《北堂書鈔》、《太平御覽》卷六百九十五則無此二句。

〔八〕到弘農縣，《北堂書鈔》卷六十八無，卷一百二十九則作「到洪農縣」，誤，《太平御覽》卷六百九十五無「縣」字。

〔九〕使令出見錢爲徒作襦袴，「使令」《北堂書鈔》卷六十八作「命縣」且引文至於此句；《北堂書鈔》卷一百二十九則無「見」字，《職官分紀》無「袴」字。

〔一〇〕各有升數，《太平御覽》卷二百九、《職官分紀》皆無。

〔一一〕對，《太平御覽》卷二百九、《職官分紀》皆無。

〔一二〕「被詔書」二句，《太平御覽》卷二百九作「不被詔」，《職官分紀》作「不被詔，
　　　　不出錢」。

〔一三〕出錢使上尙書，使，《太平御覽》卷二百九作「便」；錢，《職官分紀》作「之」。

〔一四〕之，《職官分紀》無。「各有升數」至「使者亦當上之」數句，《北堂書鈔》卷一百
　　　　二十九、《太平御覽》卷六百九十五皆無。

〔一五〕「光武皇帝得上狀」二句，《北堂書鈔》卷一百二十九、《太平御覽》卷六百九十五
　　　　皆作「光武謂侯霸曰」，《太平御覽》卷二百九作「光武皇帝得上狀，見霸曰」，《職
　　　　官分紀》作「光武帝得上狀，見霸曰」。

〔一六〕所使吏何乃仁怒用心乎，《北堂書鈔》卷一百二十九作「所使掾仁恕，爲國用心」，
　　　　《太平御覽》卷二百九「所使掾何仁恕，爲國用心乎」，卷六百九十五作「君所
　　　　使吏仁恕用心乎」且引文止此，《職官分紀》作「所使掾何仁恕，爲國用心平」。
　　　　「仁怒」當爲「仁恕」，「平」當作「乎」，皆形近而訛。

〔一七〕《北堂書鈔》卷一百二十九、《太平御覽》卷二百九、《職官分紀》引文皆止此。

《李郃別傳》

　　《李郃別傳》，不題撰人，卷數不詳，《隋書・經籍志》、兩《唐志》皆
不著錄，《太平御覽經史圖書綱目》則列有《李邰別傳》，「邰」當爲「郃」
之誤。李郃，東漢末年方士，其事跡主要見於《後漢書》卷八十二《李郃傳》。

　　公耳有奇表，腦枕如鼎形。(《太平御覽》卷三百六十四)

　　公長七尺八寸，多鬚髯，手握三公之字。(《太平御覽》卷三百七十)

　　公居貧而不好治產，有稻田三十畝，第宅一區。至京學問，〔一〕常以賃書
自給，爲人沉深弘雅，有大度。(《太平御覽》卷四百八十五　又見於《北堂書鈔》
卷一百一十七)

〔校記〕

〔一〕至京學問，《北堂書鈔》作「至京師學」。

　　郃居漢中，〔一〕和帝即位，分遣使者，循行郡，〔二〕觀風俗，皆微服單行。
使者二人到益州，投公舍宿，公察其人異焉。〔三〕時月下露坐，出酒與談，公
仰視星〔四〕問曰：「二君發京師時，寧〔五〕知二使者何日發耶？」二人驚相視，
問公何以知之。郃指星曰：「有二使星來向益郡。」〔六〕二人知其深明，遂共
談，甚嘉異焉。〔七〕(《北堂書鈔》卷四十　又見於《太平御覽》卷七百七十九　案：
《太平御覽》原云出《華陽李郃別傳》)

〔校記〕

〔一〕郃居漢中，《太平御覽》作「郃字孟君，漢中人」。《後漢書》本傳曰：「李郃字孟節，漢中南鄭人」，則字孟君之誤，明矣！

〔二〕循行郡，《太平御覽》作「循州郡」。

〔三〕到益州，《太平御覽》上有一「當」字。

〔四〕「公察其人異焉」句，《太平御覽》無。

〔五〕星，《太平御覽》無。

〔六〕窓，《太平御覽》作「牖」，窓與牖為異體字。

〔七〕二人驚相視，《太平御覽》作「二人驚相視而曰：不聞」。

〔八〕「郃指星曰」二句，《太平御覽》作「公指星，有二使星向益部」。

〔九〕「二人知其深明」以下三句據《太平御覽》補。

郃好天文術，和帝遣使者微服觀之。（《北堂書鈔》卷一百五十）

郃字君換，南鄭人。太常豐欲遣吏通厚，竇憲公苦諫之。竇氏敗時，書收交通者，豐奇公能絕榮，舉孝廉。（《北堂書鈔》卷七十九　案：《後漢書》本傳「字孟節」，「君換」者，誤也。）

郃以郎謁者，為上林苑令。（《太平御覽》卷二百三十二）

郃〔一〕上書太后，數陳忠言，其辭不能〔二〕盡施用，輒有策詔褒贊焉，博士著兩梁冠，朝會〔三〕隨將大夫〔四〕例，時賤經學，博士乃在市長下，公奏以為非所以敬儒德，明國體也，上善公言，正月大朝，引博士公府長史前。（《藝文類聚》卷四十六　又見於《太平御覽》卷二百三十六）

〔校記〕

〔一〕郃，《太平御覽》作「邰」，形近而訛。

〔二〕不能，《太平御覽》上有「雖」字。

〔三〕朝會，《太平御覽》下有「宜」字。

〔四〕將大夫，《太平御覽》作「士大夫」。

鄧騭弟豹為將作大匠。河南尹缺〔一〕，豹欲得之。上及〔二〕騭兄弟亦欲用，難便〔三〕召拜，下詔令公卿舉，騭以旨遣人諷公卿悉舉豹。李郃〔四〕曰：「司隸河南尹，當整頓京師，檢御貴戚，今反使親家為之，必不可為後法。」公舉司隸羊浸〔五〕不舉豹。豹竟不得尹，恨公卿不舉，對士大夫曰：「李公寧能不舉我，故我〔六〕不得尹耶！」（《太平御覽》卷二百五十二　又見於《職官分紀》卷三十八　案：《事類備要》後集卷七十一、《翰苑新書》前集卷四十二亦有徵引，僅「尹當整頓京師，檢御貴戚」兩句耳。）

〔校記〕

〔一〕缺，《職官分紀》作「闕」。

〔二〕及，《職官分紀》作「凡」，誤。

〔三〕便，《職官分紀》作「使」。

〔四〕李郃，《職官分紀》作「李公」。

〔五〕羊浸，《職官分紀》作「羊祴」。案：《後漢書・鄧隲傳》作「羊浸」，係與李郃同時被推爲賢士者。

〔六〕我，《職官分紀》上有「使」字。

郃侍祠南郊，不見六宗祠，奏曰：「按尚書肆類於上帝，禋于六宗。漢興於甘泉汾陽，祭天地亦禋六宗。至孝成時，匡衡奏立北郊，復祠六宗。至建武都洛陽，制郊祀不道祭，六宗由是廢，不血食。今宜復舊。」上從公議。由是遂祭六宗。（《太平御覽》卷五百二十八）

《李固別傳》

《李固別傳》，不題撰人，《隋書・經籍志》不見著錄，兩《唐志》均著錄爲「七卷」，《太平御覽經史圖書綱目》亦列之。《太平御覽》卷四百二十八引《李固外傳》，侯康《補後漢書藝文志》謂其與《李固別傳》「當爲一書」，姚振宗《後漢書藝文志》則說「固弟子趙承等所集《德引》一篇，及《御覽》所引外傳，或皆編入此七卷中」，侯、姚二人之言盡皆推測之言，今將《別傳》與《外傳》兩列之。李固，東漢時人，其事跡主要見於《後漢書》卷六十三《李固傳》。

固隱狼澤山，以六經教授，漢中太守暹五官遂就，舉孝廉不就。（《北堂書鈔》卷七十九）

益州及司隸辟，皆不就。門徒或稱從事掾，固曰：「未曾受其位，不宜獲其號。」（《太平御覽》卷二百六十五）

質帝暴得疾，云食煑餅，腹中悶，遂崩。（《太平御覽》卷八百六十　案：事又見於《後漢書・李固傳》）

梁冀誅固而露屍於四衢，命有敢臨者加其罪。固弟子汝南郭況，年始成童，遊學洛陽，乃左提章鍼，右秉鈇鑕，詣闕上書，乞收固屍，不許，往臨

哭，陳辭於前，遂守喪不去。(《太平御覽》卷五百四十九　案：此事《御覽》卷三百八十五亦引，言辭差異頗爲細碎，附列於後。)

附：

固被誅，弟子汝南郭亮始成童，遊學洛下，乃詣闕上書，乞收固屍，不許。因往臨哭喪，不去。太后聞而誅之。(《太平御覽》卷三百八十五　案：《御覽》所記與《後漢書》不同，《後漢書・李固傳》載「太后憐之，乃聽得襚斂歸葬」，當從《後漢書》本傳。)

《李固外傳》

《李固外傳》，見《李固別傳》條。

梁冀欲立清河王蒜，常侍曹騰聞議定，見冀曰：「清河爲人嚴明，若遂即位，將軍受禍不久矣。」冀更會議立蠡吾侯子，唯固與杜喬深據本議。桓帝立，固與杜喬以本立蒜下獄。太后詔出固，冀乃復令黃門常侍作飛章虛奏，收固等繫獄，皆死。京師諺曰：「直如絃，死道邊；曲如鉤，反封侯。」(《太平御覽》卷四百二十八)

《李燮別傳》

《李燮別傳》，不題撰人，卷數不詳，《隋書・經籍志》、兩《唐志》皆不見著錄，《太平御覽經史圖書綱目》列之。李燮，東漢時人，李固第三子，其事跡見於《後漢書》卷六十三《李固傳》附列《李燮傳》，《別傳》所記之事，皆不見於《後漢書》本傳。

燮年逃亡，匿臨淄界，爲酒家傭。靈帝即位，時月經陰道暈五車，史官曰：「有流星昇漢而北，陽芒迫卯，熒惑入大角，犯帝座，其占當有大臣被誅者。故太尉李固，西土人，占在固。今月經陰道，圍五車，宜有赦令，以除

此異。」上感此變，大赦天下，求公子孫，酒家且車乘厚送之。(《太平御覽》
卷六百五十二)

變字德公，〔一〕拜〔二〕京兆尹，領盜寇將軍，加幢盖鼓吹〔三〕，詔發西園
錢三億。尹上封事，拒此橫調，并陳禍敗，辭義深切，遂止不發。〔四〕尹履潔
白之節，秉執忠良，〔五〕吏民愛敬，作歌〔六〕曰：「我府君，道教舉。恩如春，
威如虎。愛如母，訓如父。」(《職官分紀》卷三十八　又見於《太平御覽》卷二百
五十二　宋敏求《長安志》卷二《事類備要》後集卷七十一《翰苑新書》前集卷四十
二　駱天驤《類編長安志》卷一)

〔校記〕

〔一〕變字德公，《太平御覽》《長安志》《類編長安志》下有「京兆人」一句。

〔二〕拜，《事類備要》後集上有「李變」二字，《翰苑新書》前集上則有「變」字，當爲
　　徵引者所加。

〔三〕幢盖，《事類備要》後集作「幢蓋」，《翰苑新書》前集作「幢盖」，蓋與盖同，當以
　　「幢蓋」爲是。《事類備要》後集引文止此。

〔四〕「詔發西園」以下六句，《太平御覽》《長安志》《翰苑新書》《類編長安志》皆無。

〔五〕尹，《翰苑新書》前集作「變」；「尹履潔白之節」二句，《太平御覽》《長安志》《類
　　編長安志》皆無。

〔六〕作歌，《太平御覽》《長安志》《類編長安志》上皆有「乃」字。

《梁冀別傳》

《梁冀別傳》，不題撰人，或作《梁冀傳》，《隋書·經籍志》不見著錄，
兩《唐志》著錄《梁冀傳》二卷，《太平御覽經史圖書綱目》則列有《梁冀
別傳》。《梁冀傳》佚文僅存一條，與《梁冀別傳》內容大致相同，《梁冀傳》
與《梁冀別傳》或爲一書，然諸家目錄皆未見說明或提供堅實證據，且諸
書徵引則多爲《梁冀別傳》，今作輯本，從諸書徵引之題目，分作《梁冀別
傳》與《梁冀傳》兩條出之。梁冀，東漢後期權臣，其事跡主要見於《後
漢書》卷三十四《梁統傳》附列之《梁冀傳》。

冀之專政，天爲見異，眾災並湊，蝗蟲滋生，河水逆流，五星失次，太
白經天，人民疾疫，出入六年，羌戎叛戾，盜賊略平〔民〕，皆冀所致。(《後

漢書・五行志》卷一百零五　又見於《文獻通考》卷二百九十六　案：梁冀，也寫作梁異；異，古同冀，今皆統一爲冀。）

　　常侍徐璜白言：「臣切〔一〕見道術家常言，漢死在戌亥。今太歲在丙戌，五月甲戌〔二〕，日蝕〔三〕柳宿。朱雀，漢家之貴國，宿分周地，今京師是也。史官上古，去重見輕。」璜召太史陳援詰問，乃以實對。冀怨援不爲隱諱，使人陰求其短，發摘〔四〕上聞。上以亡失候儀不肅〔五〕，有司奏收殺獄中。（《後漢書・五行志》卷一百零八　又見於《文獻通考》卷二百八十二）

　　〔校記〕

　　〔一〕切，《文獻通考》作「竊」。

　　〔二〕甲戌，《文獻通考》作「丙戌」。

　　〔三〕蝕，《文獻通考》作「食」。

　　〔四〕摘，《文獻通考》作「摘」，摘与摘同。

　　〔五〕不肅，《文獻通考》作「不敬」，兩者皆通。

　　元嘉二年，又加冀禮儀。大將軍朝，到端門若龍門〔一〕，謁者將引。增掾屬、舍人、令史、官騎、鼓吹各十人。（《後漢書・百官志》卷一百一十四　又見於《通典》卷二十九《職官分紀》卷三十三《文獻通考》卷五十九）

　　〔校記〕

　　〔一〕若龍門，《通典》《文獻通考》皆無。

　　太倉令秦宮，出入冀妻壽所，語言、飲食獨往獨來，屏去御者。（宮，冀倉頭）壽姊夫宗忻不知書，因壽氣力起家，拜太倉令。〔一〕（《太平御覽》卷二百三十二　又見於《北堂書鈔》卷五十五）

　　〔校記〕

　　〔一〕「壽姊夫宗忻不知書」以下三句，《北堂書鈔》作「孫壽姊夫宗炘不知書，因壽氣力，爲太倉令」，且徵引止此。姊爲姊的異體字；宗忻與宗炘，文獻缺載，未知孰是，並列之，以俟博雅。

　　冀妻孫壽從弟安，以童幼拜黃門侍郎、羽林監。（《太平御覽》卷二百四十二）

　　冀鳶肩，文傳曰：「趙壹肩高二尺，高自抗竦，爲鄉黨所擯。」（《太平御覽》卷三百六十九　又見於《緯略》卷七）

　　子嗣爲河南尹。嗣一名胡狗，時年十六，容皃甚陋，不勝冠帶，道路見者，莫不嗤笑焉。（《太平御覽》卷三百八十二）

梁冀奢僭，四方調發，歲時貢獻，皆先輸上第於冀，乘輿乃其次焉。又廣開園囿，採土築山，十里九坂，以象二崤，深林邃間，有若自然，奇禽怪獸，飛走其間，妻共冀乘輦，張羽蓋飾以金銀，遊第內。(《太平御覽》卷四百九十)

冀爲河南尹，居職恣暴，多爲非法。遼東太守侯猛初拜不謁，冀託以它事，乃腰斬之。郎中汝南袁著年十九，見冀凶縱，不勝其憤，乃詣闕上書，冀聞而密遣掩捕得，笞殺之。(《太平御覽》卷四百九十二)

梁冀愛監奴秦宮，官至太倉令，得出入妻所，每見輒屏御者，託以言事，因通焉。宮內外兼寵，刺史、二千石皆謁拜之。扶風人士孫奮居富，冀從貸錢五千萬，奮以三千萬與之，冀大怒，乃告郡縣，認奮母爲守臧婢，云盜白珠十斛、紫磨金千斤以叛，遂牧考奮兄弟，死於獄中，悉沒貨財。(《太平御覽》卷五百　案：「牧考」誤，當爲「收考」。)

子產治鄭，鴟梟不鳴。(《北堂書鈔》卷三十五)

冀作狐尾單衣，上短下長。(《太平御覽》卷六百九十一　又見於《事類賦》卷十二)

冀好格五、六博。(《太平御覽》卷七百五十四)

冀好蹴鞠。(《太平御覽》卷七百五十四)

冀好彈棊。(《太平御覽》卷七百五十五)

冀好意錢。(《太平御覽》卷七百五十五)

冀未誅時，〔一〕婦人〔二〕作不聊生髻。(《太平御覽》卷三百七十三　又見於《後漢書·五行志》注《文獻通考》卷三百十)

〔校記〕

〔一〕冀未誅時，《後漢書》《文獻通考》皆無。

〔二〕婦人，《後漢書》《文獻通考》上皆有「冀」字。

《梁冀傳》

《梁冀傳》，見前述《梁冀別傳》。

冀善彈棊，格五。(《世說新語·巧藝篇》注)

《馬融別傳》

　　《馬融別傳》，不題撰人，卷數不詳，《隋書·經籍志》、兩《唐志》皆不著錄，《太平御覽經史圖書綱目》列之。馬融，字季長，東漢時人，經學大師，其事跡見於《後漢書》卷六十《馬融傳》。

　　馬融爲儒，〔一〕教養諸生，常有千數，〔二〕善鼓琴，好吹笛，達生任性，不拘儒者之〔三〕節，居宇器服，多存〔四〕侈飾，常坐高堂，施絳紗帳，前授生徒，後列女樂，〔五〕弟子以次相傳〔六〕，鮮有入其室者。(《藝文類聚》卷六十九　又見於《太平御覽》卷六百九十九《北堂書鈔》卷一百三十二　案：事又見於《後漢書·馬融傳》。又：《真誥》載馬融之事後，云「《融別傳》復小異此耳」，則《真誥》之記載當與《馬融別傳》差異不大。今所見《馬融別傳》此段文字不傳，附錄《真誥》所載，以略存其所載之事也。)

〔校記〕
〔一〕馬融爲儒，《太平御覽》作「融爲通儒」。
〔二〕「教養諸生」二句，《太平御覽》無。
〔三〕之，《太平御覽》無。
〔四〕存，《太平御覽》作「在」，以「存」爲上。
〔五〕「施絳紗帳」句，《北堂書鈔》上有「馬融」二字，《北堂書鈔》引文止此。
〔六〕以次相傳，《太平御覽》作「次相傳授」。

附：
　　馬融，字季長，扶風人也。博學有才理，鄭玄之師也，仕後漢爲南郡太守，未嘗按劍殺人，忤梁冀，被徙朔方，於路自刺不死。後赦還拜議郎，延壽九年病亡，年八十九。《融別傳》復小異此耳。(《真誥》卷十五　案：「延壽」當爲「延熹」。)

《鄭玄別傳》

　　《鄭玄別傳》，諸家史志書目未見著錄。觀文中稱鄭玄爲「鄭君」、稱孔融爲「國相」、云張逸爲「故尚書左丞同縣」，皆似當時人著作之語，則

是書之成，去鄭玄之卒當未遠。《太平御覽》尙見徵引，則是書北宋之時尙存也。亡佚時間則不能知。洪頤煊《經典集林》輯有《鄭玄別傳》一卷，共二十五事，略依鄭玄生平，部次其文，下詳注出處，並有淺校。然二十五事實拆分諸書所徵引，不能知其原貌也。《太平御覽經史圖書綱目》有《鄭玄別傳》，則其書北宋之事或尙見存也。

鄭玄少好學書數，十三誦五經，好天文、占侯、風角、隱術。年十七，見大風起，詣縣曰：「某時當有火災。」至時果然，智者異之。年二十一，博極羣書，精歷數圖緯之言，兼精籌術。遂去吏，師故兗州刺史第五元先。就東郡張恭祖受《周禮》《禮記》《春秋傳》，周流博觀，每經歷山川，及接顏一見，皆終身不忘。扶風馬季長以英儒著名，玄往從之，參考同異。季長后戚，嫚於待士，玄不得見，住左右，自起精廬，既因紹介得通。時涿郡盧子幹爲門人冠首，季長又不解剖裂七事，玄思得五，子幹得三。季長謂子幹曰：「吾與汝皆弗如也。」季長臨別，執玄手曰：「大道東矣，子勉之！」後遇黨錮，隱居著述，凡百餘萬言。大將軍何進辟玄，乃縫掖相見。玄長八尺餘，鬚眉美秀，姿容甚偉。進待以賓禮，授以几杖。玄多所匡正，不用而退。袁紹辟玄，及去，餞之城東，欲玄必醉。會者三百餘人，皆離席奉觴，自旦及暮，度玄飲三百餘梧，而溫克之容，終日無怠。獻帝在許都，徵爲大司農，行至元城卒。（《世說新語·文學》注。　案：此文綜玄一生，最爲完備，然亦爲節引。諸條目分見於他書，今別爲數條，分置此下，以便省覽。）

玄〔一〕秀眉明目。（《藝文類聚》卷十七　又見於《太平御覽》卷三百六十六、《事文類聚》後集卷十九。案：此即上「鬚眉美秀」之句。）

〔校記〕

〔一〕「玄」上，《事文類聚》有「鄭」字。秀，《太平御覽》誤作「玄」。

玄年十七，在家見大風起，詣縣曰：「某時當有火災，宜祭爟禳〔一〕，廣設禁備。」時火果起〔二〕，而不爲害。（《太平御覽》卷八百六十八　又見於《事類賦》卷八）

〔校記〕

〔一〕「祭爟禳」三字，《事類賦》無。

〔二〕時，《事類賦》無。

大將軍何進禮待甚優，玄不受朝服，而以幅巾見進，一宿而逃去。（《北堂書鈔》卷一百二十七。事又見《後漢書・鄭玄傳》、《藝文類聚》卷六十九引《續漢書》。）

馬季長以英儒著名，玄往從，參考異同。時與盧子幹相善，在門下七年，以母老歸養。玄餞之〔一〕，會三百餘人〔二〕，皆離席奉觴〔三〕，度玄所飲三百餘杯，而溫克之容，終日無怠。（《酒譜》　又見於《北堂書鈔》卷一百四十八。）

〔校記〕

〔一〕此句上有脫文。《北堂書鈔》自此句引起，作「袁紹與玄飲于城東，必欲玄醉」，與《世說新語》注相似，是也。

〔二〕此句，《北堂書鈔》作「會者三百人」，當脫「餘」字。

〔三〕此句，《北堂書鈔》作「酣酒之後，人人進爵」。

〔四〕此句，《北堂書鈔》作「元飲三百杯」，「元」乃宋人避聖祖趙玄郎諱而改，「杯」乃「杯」之異體字。

〔五〕以上兩句，《北堂書鈔》節作「終日溫克」。

玄年十三〔一〕，隨母還家，正臘會〔二〕，同列十數人〔三〕，皆美服盛飾，語言閑通〔四〕。玄獨漠然如不及〔五〕，母私督數之〔六〕。乃曰〔七〕：「此非我志〔八〕，不在所願也。」（《後漢書・鄭玄傳》注　又見於《北堂書鈔》卷一百五十五《藝文類聚》卷五《太平御覽》卷三十三《太平廣記》卷二百一十五。《太平御覽》原云出《鄭玄列傳》，《太平廣記》原云出《玄列傳》，「列」當即「別」之形訛。）

〔校記〕

〔一〕此句之上，《太平廣記》有「鄭康成以永建二年七月戊寅生，玄八九歲，能下籌乘除」二十二字。玄，《北堂書鈔》《太平廣記》無。十三，《太平廣記》作「十一二」，「一二」當即「三」之誤分。

〔二〕正臘，《太平廣記》作「臘日」。臘，《北堂書鈔》作「臈」，「臈」爲「臘」之異體字。「會」上，《北堂書鈔》、《太平御覽》有「讌」字，《藝文類聚》、《太平廣記》作「宴」，「讌」、「宴」通。此有「讌（宴）」字爲上，謂正臘祭祀畢而行讌享之禮也，然《冊府元龜》卷七百七十二、元郝經《續後漢書》錄《後漢書・鄭玄傳》正文及注文，皆無「讌（宴）」字，是《後漢書》宋元本皆無此字，疑其早脫。

〔三〕列，《太平廣記》作「時」。數，《太平御覽》作「餘」，《太平廣記》作「許」。

〔四〕通，《北堂書鈔》作「遂」，《太平御覽》作「適」。「適」字誤，「閑適」，作清閑安逸解，與此不辭。此指善於言辭，「通」作通達解，「遂」亦有通、達之義，難辨其是非。閑通，《太平廣記》作「通了」。

〔五〕玄，《北堂書鈔》、《藝文類聚》作「君」。「如」上，《太平廣記》有「狀」字。

〔六〕「母」上，《藝文類聚》有「父」字。數，《北堂書鈔》無。之，《藝文類聚》《太平御覽》無。

〔七〕乃，《北堂書鈔》作「玄」。

〔八〕我，《太平廣記》作「玄之」。「志」下，《北堂書鈔》《太平廣記》有「也」字。又《北
　　堂書鈔》《太平廣記》引至此止。
〔九〕所，《太平御覽》作「此」。也，《藝文類聚》《太平御覽》無。

　　玄年十六，號曰神童。〔一〕民有獻嘉禾者〔二〕，欲表府〔三〕，文辭鄙略。
玄爲改作〔四〕，又著頌一篇〔五〕。侯相高其才，爲修冠禮〔六〕。（《太平御覽》卷
八百三十九　又見於《太平御覽》卷五百八十八、卷九百七十八。）

〔校記〕
〔一〕以上兩句，《太平御覽》卷五百八十八、卷九百七十八無。
〔二〕獻，《太平御覽》卷五百八十八脫。禾，《太平御覽》卷五百八十八、卷九百七十八
　　作「瓜」。此句下，《太平御覽》卷五百八十八、卷九百七十八有「異本同實」四字。
　　案：此條屬《五穀部・禾》，卷九百七十八爲《荣茹部・瓜》，則作「禾」、作「瓜」
　　皆不誤，當李昉事，《鄭玄別傳》有至少兩版本，故文有不同也。
〔三〕「欲」上，《太平御覽》卷五百八十八、卷九百七十八有「縣」字。府，《太平御覽》
　　卷五百八十八作「附」，「附」當爲「府」之音訛。
〔四〕玄，《太平御覽》卷五百八十八、卷九百七十八作「君」。
〔五〕一，《太平御覽》卷五百八十八作「二」。
〔六〕此句，《太平御覽》卷五百八十八、卷九百七十八無。冠，當是「冠」之形訛。

　　淵始未知名，玄稱之曰：「國子尼，美才也，吾觀其人，必爲國器。」（《三
國志・魏志・國淵傳》注）

　　故尚書左丞同縣張逸年十三，爲縣小史〔一〕。君謂之曰〔二〕：「尔有贊道
之質〔三〕，玉雖美，須雕琢而成器。能爲書生以成尔志不？」對曰：「願之。」
乃遂拔於其輩〔四〕，妻以弟女。（《太平御覽》卷五百四十一　又見於《職官分紀》
卷四十二）

〔校記〕
〔一〕史，《職官分紀》作「吏」，是。
〔二〕君，《職官分紀》作「玄」。
〔三〕質，《職官分紀》誤作「賢」。
〔四〕此句，《職官分紀》僅餘「遂」字，屬下讀。

　　何休字邵公，作《公羊解注》，妙得公羊本意。〔一〕作《公羊墨守》、《左
氏膏肓》、《穀梁廢疾》〔二〕。玄後乃發墨守〔三〕，鍼膏肓〔四〕，起廢疾。休
見而歎曰：「康成入吾室、操吾矛以伐我乎？」（《太平御覽》卷六百一十　又
見於《北堂書鈔》卷九十九《藝文類聚》卷五十五　案：事又見《後漢書・鄭玄
傳》。）

〔校記〕

〔一〕以上三句，《北堂書鈔》作「時任城何休好公羊學」，《藝文類聚》無「時」字。

〔二〕作，《北堂書鈔》《藝文類聚》作「遂著」。

〔三〕玄，《北堂書鈔》作「鄭君」。後，《北堂書鈔》《藝文類聚》無。

〔四〕鍼，《藝文類聚》作「針」，「鍼」爲「針」之異體字。

〔五〕「休見」以下十七字，《北堂書鈔》《藝文類聚》無。

建安元年，自徐州還高密，〔一〕道遇黃巾賊數萬人〔二〕，見玄，皆再拜〔三〕。（《太平御覽》卷五百四十二　又見於《北堂書鈔》卷八十五　案：事又見《後漢書・鄭玄傳》。）

〔校記〕

〔一〕以上兩句，《北堂書鈔》無。

〔二〕「道」上，《北堂書鈔》有「玄」字。

〔三〕此句下，《北堂書鈔》有「相戒不入玄境」六字。

國相孔文舉敎高密縣曰：「公者，人德之正號，不必三事大夫也。今鄭君鄉宜曰鄭公鄉。」（《太平御覽》卷一百五十七　案：事又見《後漢書・鄭玄傳》、孔融《告高密縣立鄭公鄉敎》。）

〔校記〕

〔一〕人，《後漢書・鄭玄傳》、孔融《告高密縣立鄭公鄉敎》並作「仁」，是也。

玄病困，戒子益恩曰：「吾家舊貧，爲父母群弟所容〔一〕，去廝役之吏，遊周秦之都，往來幽、并、兗、豫之役。候覲通人大儒，得意者咸從捧手，有所受焉。遂博稽六藝，究覽傳記。今我告尔以事，將閑居以安性，覃思以終業。自非國君之命，問親族之憂，展孝墳墓，觀省野物，曷常扶杖出門乎？家事大小，汝一承之。吾煢煢一夫，曾無同生相依，其勖求君子之道，研鑽勿替，恭愼威儀，以近有德。顯譽成於僚友，德行立於己志，若致聲稱，亦有榮於所生耳。」（《太平御覽》卷四百五十九　案：事又見《後漢書・鄭玄傳》。）

〔校記〕

〔一〕此句，《後漢書・鄭玄傳》、宋劉清之《戒子通錄》卷三作「不爲父母群弟所容」，《冊府元龜》卷八百一十六作「爲父母群弟所不容」，多一「不」字，義則相反。此兩通之，若有「不」字，則解爲其群弟不能容，故去鄉謀事。若無「不」字，則解爲少爲鄉嗇夫以謀食，後得親戚資助，得以遊學。然終以無「不」字爲上，若無親戚資助，其下遊歷候覲之事，非家貧者所能爲也。

〔二〕「國」上，《後漢書・鄭玄傳》有「拜」字，《藝文類聚》卷二十三引《戒子書》、《戒子通錄》卷三亦有之，是也。「拜國君之命」言出仕，「國君之名」則爲簒位，不當無也。

　　玄病篤，與益恩書曰：「吾預黨禁錮十四年也。」(《太平御覽》卷六百五十一　案：事又見《後漢書·鄭玄傳》；據《後漢書》，此條與上條皆在一篇書中，惟節引不同。)

　　玄卒，遺令薄葬〔一〕，自郡守以下嘗受業者衰絰赴者千餘人。(《太平御覽》卷五百五十五　又見於《北堂書鈔》卷九十二〔兩引〕、《太平御覽》卷五百四十七　案：事又見《後漢書·鄭玄傳》。)

　　〔校記〕

　　〔一〕此句，《北堂書鈔》卷九十二首引、《太平御覽》卷五百四十七無。

　　〔二〕此句，《北堂書鈔》卷九十二首引作「會葬者千餘人」，次引作「自郡守以下嘗受業者千餘人衰絰赴會」，《太平御覽》卷五百四十七作「受業者衰絰于千餘人」。《御覽》卷五百四十七所引不辭，當有脫誤。

　　玄一子名益，字益恩，年二十三，相國孔府君舉孝廉。府君以多寇屯都昌，爲賊管亥所圍，乃令從家將兵奔救，遇賊見害，時年二十七也。〔一〕妻有遺體生男〔二〕，玄以太歲在丁卯生，此男以丁卯日生，〔三〕生又手理與玄相似，故名曰小同。(《太平御覽》卷三百六十二　又見於《三國志·魏志·高貴鄉公紀》注《白氏六帖》卷六《太平御覽》卷三百七十　案：《三國志》注云出《玄別傳》。事又見《後漢書·鄭玄傳》。)

　　〔校記〕

　　〔一〕自開篇至此，《三國志》注作「玄有子，爲孔融吏，舉孝廉。融之被圍，往赴，爲賊所害」，《白氏六帖》作「玄子爲孔融吏，舉孝廉。融被圍，往赴難，被賊害」，《太平御覽》卷三百七十作「玄惟有一子益恩」。

　　〔二〕此句，《三國志》注、《白氏六帖》、《太平御覽》卷三百七十作「有遺腹子」，此處「體」當爲「腹」之誤。

　　〔三〕以上兩句，《三國志》注作「以丁卯日生，而玄以丁卯歲生」，《白氏六帖》與《三國志》類而無「而」字，《太平御覽》卷三百七十無。

　　〔四〕此句，《三國志》注、《白氏六帖》無，《太平御覽》作「玄以其手文似己」。

　　〔五〕故，《太平御覽》卷三百七十無。

　　北海有鄭玄儒林講堂。(《初學記》卷二十四　又見於《玉海》卷一百六十一)

　　〔校記〕

　　〔一〕《玉海》無「鄭玄」二字。

存疑

集諸生講論終日。（《北堂書鈔》卷九十八　案：別書無云出《鄭玄別傳》者。《後漢書‧周磐傳》云：「建光元年，〔周磐〕年七十三，歲朝會，集諸生講論終日。」《太平御覽》兩引《續漢書》，亦屬之周磐。陳、俞本《書鈔》因改出范曄《後漢書》。今姑置此。）

玄在袁紹坐，汝南應邵因自贊曰：「故太山太守應仲遠，北面稱弟子何如？」玄笑曰：「仲尼之門，考以四科，回賜之徒，不稱官閥。」邵有慙色。（《太平御覽》卷四百九十一。原云出《鄭玄傳》。洪頤煊《經典集林》錄此條。案：此見《後漢書‧鄭玄傳》。然《太平御覽》所引，不當獨云《鄭玄傳》；未知其「傳」上脫「別」字，亦或是「鄭」上脫「後漢書」三字。今姑置此。）

《荀氏別傳》

《荀氏別傳》，不題撰人，卷數不詳，《隋書‧經籍志》、兩《唐志》皆不著錄。佚文見《太平御覽》，所記爲荀遂妻事。

荀遂，字仲陽，隱居不仕。時歲饑荒，來糴者，遂妻常叩其斛。糴者歸，量，輒過其本，時人號爲「㧻斛夫人」。（《太平御覽》卷七百六十五）